DEUTSCHES INSTITUT FÜR WIRTSCHAFTSFORSCHUNG

BEITRÄGE ZUR STRUKTURFORSCHUNG   HEFT 93 · 1987

Friederike Behringer und Klaus-Peter Gaulke

An der Schwelle zum Beruf

Erfahrungen und Erwartungen von Prüfungsteilnehmern
zur betrieblichen Berufsausbildung in Berlin (West)

DUNCKER & HUMBLOT · BERLIN

Verzeichnis der Mitarbeiter

Wissenschaftliche Mitarbeiter:

Friederike Behringer (Abschnitt 3.3, teilweise Kapitel 4)
Klaus-Peter Gaulke (Koordination, Kapitel und Abschnitte 1 bis 3.2 und 3.4, teilweise Kapitel 4, Anhang)
Zu Projektbeginn hat Christoph F. Büchtemann am Projektentwurf
sowie an der Erstellung des Erhebungsinstrumentariums mitgearbeitet.

EDV-Auswertung:

Wolfdietrich Herter
Barbara Meisner

Wissenschaftlich-technische Mitarbeiter:

Regina Brell
Helmut Götz
Vera Harnack
Ronald Moritz
Hella Steinke
Christina Straßburg
Klaus-Rüdiger Willfarth

Textverarbeitung:

Monika Olbrisch-Neuwald
Roswitha Richter
Ulrike Schmidt

Herausgeber: Deutsches Institut für Wirtschaftsforschung, Königin-Luise-Str. 5, D-1000 Berlin 33
Telefon (0 30) 82 99 10 — Telefax (0 30) 82 99 12 00
BTX-Systemnummer * 2 99 11 #
Schriftleitung: Dr. Oskar de la Chevallerie
Verlag Duncker & Humblot GmbH, Dietrich-Schäfer-Weg 9, D-1000 Berlin 41. Alle Rechte vorbehalten.
Druck: 1987 bei ZIPPEL-Druck, Oranienburger Str. 170, D-1000 Berlin 26.
Printed in Germany.
ISBN 3-428-06209-4

Inhaltsverzeichnis

Verzeichnis der Übersichten im Text

Verzeichnis der Abbildungen

Verzeichnis des Anhangs

Verzeichnis der Tabellen im Anhang

1   Einleitung

Der Übergang der Jugendlichen von der betrieblichen Berufsausbildung in die Erwerbstätigkeit hat unter sozialen und ökonomischen Aspekten besondere Bedeutung. Mit der Erwerbstätigkeit gehen Entwicklung von Selbstwertgefühlen, Integration in eine neue soziale Umgebung und nicht zuletzt Bestimmung der eigenen Stellung in der Gesellschaft einher. Ferner schafft die effektive ökonomische Umsetzung von Ausbildung in Arbeitsleistung die Grundlage zur materiellen Selbständigkeit, die in vielen Fällen die Gründung eines eigenen Hausstandes und einer eigenen Familie erst ermöglicht. Darüber hinaus soll die Heranbildung von Fachkräften nicht nur den Ersatz für ausscheidende Arbeitskräfte sicherstellen, sondern auch die Qualifikationsstruktur des Arbeitskräftepotentials und damit die Bedingungen zur Schaffung höherwertiger Arbeitsplätze verbessern helfen, die wiederum Voraussetzung für die ökonomische Leistungsfähigkeit der Stadt sind.

Eine erste Analyse der beruflichen Einmündungsprozesse von betrieblich Ausgebildeten wurde bereits mit Hilfe einer Auswertung der Beschäftigtenstatistik der Bundesanstalt für Arbeit durchgeführt.[1] Die eingeschränkten Analysemöglichkeiten, die die Beschäftigtenstatistik bietet, sollte durch die - hier vorzustellende - eigene Erhebung bei Teilnehmern an der Abschlußprüfung zur betrieblichen Berufsausbildung ausgeweitet werden. In dieser Befragung wurden Daten zur Bildungsbiographie und zum soziodemographischen Umfeld (zum Beispiel Wohnsituation und beruflicher Status der Eltern) sowie subjektive Aussagen über berufliche Wünsche, Orientierungen und Zukunftspläne erhoben. Besonderer Wert wurde darauf gelegt, Zufriedenheit oder Enttäuschungen festzustellen, und zwar bei der Suche nach einer Ausbildungsstelle, während der Ausbildung und beim Übergang in das Arbeitsleben. Auch das Ausbildungs- und Arbeitsumfeld einschließlich des Arbeits- und Wohnortes Berlin gingen mit in die Betrachtung ein.

Dieser Teil der Untersuchung informiert über die Ergebnisse der ersten Erhebungswelle, stellt also die Situation der Befragten zum Zeitpunkt der Abschlußprüfung der betrieblichen Berufsausbildung dar. In einem später vorzulegenden weiteren Teilbericht des Untersuchungsprojekts werden die Ergebnisse der zweiten Befragungswelle, die ein Jahr nach der ersten erfolgte, veröffentlicht. Dann werden insbesondere die Daten zur Situation der Prüfungsteilnehmer im zeitlichen Längsschnitt individuell zusammengeführt und der Berufseingliederungsprozeß verdeutlicht, wie er sich innerhalb eines Jahres seit der Abschlußprüfung darstellt. Dieser weitere Teil der Untersuchung soll also Aufschluß geben über den eigentlichen Erfolg der Ausbildung durch Umsetzung in adäquate Tätigkeiten.

2 Untersuchungsbeschreibung und Definitionen

Die Befragung richtete sich an einen vollständigen Jahrgang von Teilnehmern an der Abschlußprüfung zur betrieblichen Berufsausbildung in Berlin:
Es wurden die Prüfungsteilnehmer der Sommerprüfung 1984 und der Winterprüfung 1984/85 befragt, insgesamt 15 040 Personen.[2]

2.1 Erhebungsinstrumentarium

Die Befragungsunterlagen umfaßten den Fragebogen und ein Anschreiben
des DIW - beides ist im Anhang[3] abgedruckt - sowie ein Antwortkuvert.
Die zuständigen Stellen haben in der Regel von sich aus Anschreiben
beigefügt. Im Falle der Handwerkskammer waren es die Innungen, die auch
die Verteilung der Fragebogen übernommen hatten.

Der Fragebogen umfaßt insgesamt 45 Fragen in größtenteils geschlossener
Form, d. h. mit vorgegebenen Antwortalternativen. Es wurde versucht, ein
Optimum an Informationen zu erlangen. Allzu hohe Anforderungen an die
Befragten hätten den Rücklauf beeinträchtigt.

Folgende Themenbereiche wurden erhoben:

- Allgemeine und berufliche Vorbildung, Beschäftigung und Arbeitslosigkeit vor der Ausbildung (Fragen 1 bis 4);

- Ausbildungsberuf und Wirtschaftszweig (Fragen 5 und 10);

- Art des Ausbildungsverhältnisses (Fragen 6 bis 9);

- Ausbildungsumfeld (Fragen 11 bis 15);

- Übernahmechancen in ein Arbeitsverhältnis und Verbleibabsichten (Fragen 16 bis 18);

- Erfahrungen bei der Ausbildungsstellensuche (Fragen 19 bis 22);

- Zufriedenheit mit der Ausbildung (Fragen 23 und 24);
- Berufliche Pläne und Verhalten bei Arbeitsmarktschwierigkeiten (Fragen 25 bis 29);

- Berlin-Bindung (Fragen 30 bis 36);

- Familiäres Umfeld (Fragen 39 bis 41, 43 und 44);

- Demographische Angaben (Fragen 37, 38 und 42).

2.2 Befragungsablauf

Die Durchführung der Befragung erfolgte in enger Kooperation mit den für die Berufsausbildung in Berlin zuständigen Stellen - also in erster Linie den Kammern -, die allein über die Adressen der Prüfungsteilnehmer verfügen: Alle sechzehn zuständigen Stellen, die Prüflinge zu betreuen hatten (die Evangelische Kirche hatte im Untersuchungszeitraum keine Prüfungsabnahmen und kam deshalb nicht in Betracht), haben sich dankenswerterweise bereiterklärt, den Prüfungsteilnehmern mit der Einladung zur Prüfung die Befragungsunterlagen zu überreichen. Daraus ergab sich eine Befragungssituation wenige Tage oder Wochen vor der letzten Prüfung und noch vor der Gewißheit darüber, ob die Prüfung bestanden wurde oder nicht. Allerdings war zu diesem Zeitpunkt der weitere berufliche Werdegang bereits relativ weit vorgeklärt.

Die Zusammenarbeit mit den zuständigen Stellen war auch aus Datenschutzgründen erforderlich, denn die Übermittlung der Adressen an das DIW wäre nur mit vorheriger Zustimmung aller Befragten möglich gewesen. Bei diesem Vorgehen wäre mit hohen Ausfällen zu rechnen gewesen.

Die ausgefüllten Fragebogen wurden - wahlweise - von den Prüfungskommissionen in geschlossenen Briefumschlägen wieder eingesammelt oder von den Prüflingen direkt per Post an das DIW gesandt. Die Ausgabe der Fragebogen erstreckte sich auf den Zeitraum Mai 1984 bis Mai 1985. Zeitliche Schwerpunkte des Rücklaufs waren die Monate Mai bis Juli 1984 für die Sommerprüfung (mehr als zwei Drittel des Rücklaufs) sowie Nobember 1984 bis Januar 1985 für die Winterprüfung.

Weil aus Datenschutzgründen Rücklaufkontrollen durch die zuständigen Stellen nicht vorgenommen werden durften und durch das DIW nicht vorgenommen werden konnten, war eine gezielte Mahnaktion nicht möglich. Die Prüfungskommissionen haben auf Wunsch des DIW lediglich allgemein an die Abgabe der Fragebogen erinnert.

Trotz eindringlicher Zusagen des DIW, alle Datenschutzbestimmungen strikt einzuhalten, und trotz Unterstützung der Untersuchung insbesondere durch die Kammern und sonstigen zuständigen Stellen, waren vielfältige Widerstände und Skepsis gegenüber der Befragung vorhanden. Wohl auch durch die öffentliche Diskussion über Datenschutzprobleme im allgemeinen und im Zusammenhang mit der Volkszählung sowie der Einführung des fälschungssicheren Personalausweises im besonderen wurden viele Prüflinge von der Teilnahme an der Befragung abgehalten. Es gab dem Vernehmen nach auch Diskussionen an den Berufsschulen, die das DIW veranlaßten, eine gezielte Information der Lehrer an diesen Schulen durchzuführen. Desgleichen wurden der Deutsche Gewerkschaftsbund Berlin und der Landesausschuß für Berufsbildung informiert und um Unterstützung gebeten.

Als Anreiz für die Teilnahme an der Befragung wurde ein Motorrad verlost, das von den Bayerischen Motoren Werken AG kostenlos zur Verfügung gestellt[4] und vom Senator für Wirtschaft und Arbeit, Herrn Elmar Pieroth, dem Gewinner im Juli 1985 übergeben wurde.

2.3 Untersuchungsbeteiligung und Gewichtung der Antworten

Von 15 040 ausgegebenen Fragebogen sind 5 378 ausgefüllt im DIW eingegangen. Die Beteiligungsquote von 36 vH gilt für derartige Befragungen als beachtlich, insbesondere angesichts der geschilderten vielfältigen Widerstände.

Der Rücklauf war in den einzelnen Ausbildungsbereichen unterschiedlich hoch: Er reichte - betrachtet man zunächst die zuständigen Stellen - von unter 10 vH bis zu vollständigem Rücklauf. Einzelheiten sind aus Übersicht 1 zu ersehen.

Prüfungsteilnehmer Sommer 1984 und Winter 1984/85

an der Abschlußprüfung zur betrieblichen Berufsausbildung in Berlin (West)

sowie zurückerhaltene Fragebogen nach für die Berufsausbildung zuständigen Stellen

	Zuständige Stelle	Prüfungsteilnehmer[1]			Im DIW eingegangene Fragebogen	Rücklauf-quote in vH
		Männer	Frauen	Zusammen		
1	Industrie- und Handelskammer zu Berlin	5 175	3 450	8 625	3 220	37,3
2	Handwerkskammer Berlin	2 977	1 110	4 087	1 181	28,9
3	Berufsamt	148	149	297	76	25,6
4	Apothekerkammer Berlin	-	60	60	16	26,7
5	Zahnärztekammer Berlin	4	312	316	152	48,1
6	Ärztekammer Berlin	1	526	527	221	41,9
7	Tierärztekammer Berlin	-	30	30	2	6,7
8	Rechtsanwaltskammer Berlin	4	274	278	68	24,5
9	Steuerberaterkammer Berlin	84	199	283	134	47,3
10	Senator für Inneres	46	139	185	90	48,6
11	Landesversicherungsanstalt Berlin	5	6	11	11	100,0
12	Allgemeine Ortskrankenkasse Berlin	10	32	42	42	100,0
13	Evangelische Kirche	-	-	-	-	-
14	Landesarbeitsamt Berlin	4	14	18	16	88,9
15	Landespostdirektion Berlin	90	1	91	83	91,2
16	Bundesversicherungsamt	54	128	182	58	31,9
17	Bundesverwaltungsamt	1	7	8	8	100,0
	Zusammen	8 603	6 437	15 040	5 378	35,8

1) Ohne Wiederholer der Sommerprüfung 1984 im Winter 1984/85.

Quellen: Für die Berufsausbildung zuständige Stellen, Geschlechtsdifferenzierung teilweise Schätzung des DIW, Erhebung des DIW.

Die Beteiligung nach Berufen und Geschlecht ist im Anhang 6[5] ausführlich dargestellt.

Von der Gesamtheit der Prüfungsteilnehmer sind drei wesentliche Merkmale bekannt: Ausbildungsberuf, Geschlecht und die für die Berufsausbildung zuständige Stelle. Durch ein Gewichtungsverfahren[6], das die drei genannten Merkmale einbezog, wurde der Rücklauf den Strukturen aller Prüfungsteilnehmer angepaßt. Dies und die beachtliche Zahl von fast 5 400 Befragungsfällen ermöglichen wesentliche Einblicke in Struktur und Verhalten des untersuchten Jahrgangs von Prüfungsteilnehmern, die in dieser Form für Berlin bisher nicht vorgelegen haben.

4 979 Befragungsteilnehmer oder 92,6 vH haben zusammen mit dem beantworteten Fragebogen ihre Adresse dem DIW bekanntgegeben. Dieser Teil der Fragebogen ist Grundlage für die Fortführung der Untersuchung in der zweiten Befragungswelle, über die in dem erwähnten weiteren Teil dieser Untersuchung berichtet werden wird.

2.4 Fragebogenüberprüfung und Codierung offener Angaben

Im DIW wurde bei allen Fragebogen zunächst der Adreßteil vom Fragebogen getrennt. Die Fragebogen wurden einzeln durchgesehen; offene Angaben über Berufe beziehungsweise Ausbildungen, Wirtschaftszweige oder zur Kategorie "Sonstiges" bei einer Reihe von Fragen wurden codiert.

Die beruflichen Angaben in den Fragebogen wurden in den Fällen, in denen sie sich auf anerkannte Ausbildungsberufe beziehen, nach dem offiziellen Verzeichnis hierzu[7] mit vierstelligen Kennziffern für Berufsklassen versehen.[8] Andere Berufsangaben wurden nach der Klassifizierung der Berufe des Statistischen Bundesamtes[9] geordnet.

Die Angaben zu den Wirtschaftszweigen wurden mit den Kennziffern der zweistelligen Wirtschaftsgruppen der Systematik der Bundesanstalt für Arbeit[10] codiert.

Bei den übrigen offenen Angaben wurde auf der Grundlage einer ersten Durchsicht von Fragebogen ein Codeplan entwickelt; die entsprechenden Kennziffern wurden jeweils zugeordnet und in den Datensatz übernommen.

Nach der Datenaufnahme wurden die nunmehr maschinell verarbeitbaren, anonymen Datensätze zunächst auf Fehler bei der Datenerfassung und anschließend auf logische Konsistenz hin überprüft. Offenbar unrichtige oder unlogische Angaben wurden gelöscht, soweit durch nochmalige Prüfung der ursprünglichen anonymisierten Fragebogen Zweifelsfälle nicht geklärt werden konnten.

2.5 Definitionen

Falls keine andere Quelle genannt wurde, handelt es sich bei allen Zahlenangaben um gewichtete Ergebnisse der eigenen Erhebung des DIW zum Berufsstart in Berlin.

Der befragte Personenkreis wurde verkürzt - auch in den Übersichten - als "Prüfungsteilnehmer" bezeichnet. Es handelt sich um die "Prüfungsteilnehmer an der Abschlußprüfung zur betrieblichen Berufsausbildung in Berlin (West) im Sommer 1984 und im Winter 1984/85".

Unter betrieblicher Berufsausbildung ist dabei - wie im allgemeinen Sprachgebrauch üblich - das duale System der Berufsausbildung, also die Kombination von theoretischem Unterricht in der Berufsschule und praktischer Ausbildung im Betrieb (teilweise ergänzt durch zusätzlichen betrieblichen Unterricht), zu verstehen. In dieser Untersuchung werden hierzu auch außerbetriebliche Ausbildungsgänge mit Abschlußprüfung vor den für die Berufsausbildung zuständigen Stellen sowie die Vorbereitung auf die Prüfung als Externer gerechnet.

Bei außerbetrieblicher Berufsausbildung findet der praktische Teil der Ausbildung in besonderen Einrichtungen - etwa den Ausbildungsstätten des Berufsamtes Berlin - statt. Externe Ausbildungen sind dadurch gekennzeichnet, daß der Abschlußprüfung - zumindest unmittelbar - keine formale Ausbildung im dualen System vorausgegangen ist.[11]

Weitere Definitionen werden im Zusammenhang mit der Darlegung der Untersuchungsergebnisse angegeben, wenn der unmittelbare Bezug dazu besteht.

3 Untersuchungsergebnisse

Schwerpunkte der Untersuchung sind die Darstellung von Merkmalsstrukturen der Prüfungsteilnehmer und Analysen ihrer Ausbildungsplatzsuche und Ausbildungszufriedenheit. In beiden Komplexen werden mögliche Auslöser für Mobilitätsprozesse gesehen. Weiterhin werden die Übernahmechancen in ein Arbeitsverhältnis zum Befragungszeitpunkt sowie die beruflichen Perspektiven der Prüflinge aufgezeigt. Als Teil der Analyse überregionaler Mobilitätsprozesse werden schließlich die Bindung der Befragten an Berlin, eventuelle Wegzugsgründe und Möglichkeiten zur Beeinflussung dieser Gründe untersucht.

3.1 Strukturen der Prüfungsteilnehmer und der Ausbildungsverhältnisse

Die Strukturen werden nach demographischen, sozialen und bildungsrelevanten Merkmalen der Prüfungsteilnehmer sowie ihrer Berufs- und Branchenzugehörigkeit während der Ausbildung dargestellt. Danach folgt eine Strukturbetrachtung der Ausbildungsverhältnisse.

3.1.1 Demographische Merkmale und Allgemeinbildung

Nach dem Geschlecht differenziert gab es unter den Prüfungsteilnehmern 56,3 vH Männer und 43,7 vH Frauen.

Die Verteilung nach Deutschen und Ausländern war 92,6 vH zu 6,4 vH; 1,0 vH der Prüfungsteilnehmer machten keine Angaben zur Nationalität (vgl. Übersicht 2). Von den Ausländern waren rund 60 vH Türken, der Rest verteilte sich auf unterschiedliche Nationalitäten.

Mehr als drei Viertel aller Prüfungsteilnehmer sind in Berlin geboren und lebten seitdem in der Stadt. Darunter waren auch einige Ausländer (vgl. Übersicht 3). Fast 90 vH aller Prüfungsteilnehmer haben länger als 10 Jahre hier ihren Wohnsitz, sind also relativ fest in der Stadt verwurzelt. Davon entfallen 2,6 vH-Punkte auf Ausländer.

Übersicht 2

Prüfungsteilnehmer nach Nationalität und Geschlecht
- vH-Struktur der gewichteten Fallzahlen -

Nationalität	Männer	Frauen	Insgesamt
deutsch	91,2	94,4	92,6
türkisch	5,2	3,4	4,4
jugoslawisch	0,3	0,6	0,4
griechisch	0,2	0,0	0,1
andere EG-Staaten	0,7	0,3	0,5
sonstige europäische Staaten	0,2	0,4	0,3
außereuropäische Staaten	1,0	0,3	0,7
ohne Angabe	1,2	0,6	1,0
Zusammen	100,0	100,0	100,0
Basis	3 026	2 352	5 378

Übersicht 3

Prüfungsteilnehmer nach Länge des Berlin-Aufenthaltes, Nationalität und Geschlecht

- vH-Struktur der gewichteten Fallzahlen -

Länge des Berlin-Aufenthalts	Deutsche			Türken			Sonstige Ausländer			Insgesamt
	Männer	Frauen	Insgesamt	Männer	Frauen	Insgesamt	Männer	Frauen	Insgesamt	Insgesamt
seit Geburt	84,5	83,7	84,1	0,6	-	0,4	5,6	22,5	11,7	78,4
länger als 10 Jahre, aber nicht seit Geburt	8,3	9,6	8,9	34,6	43,0	37,4	31,0	40,0	34,3	10,6
länger als 4 Jahre, aber höchstens 10 Jahre	3,3	2,7	3,0	40,3	43,0	41,2	38,0	17,5	30,6	5,2
4 Jahre und weniger	2,9	3,4	3,2	23,9	12,7	20,2	24,0	20,0	22,5	4,3
Ohne Angabe	1,0	0,6	0,8	0,6	1,3	0,8	1,4	-	0,9	1,5
Zusammen	100,0	100,0	100,0	100,0	100,0	100,0	100,0	100,0	100,0	100,0
Basis	2 759	2 220	4 979	159	79	238	70	40	110	5 378

Von den Prüfungsteilnehmern, die vier Jahre und weniger hier lebten, kann angenommen werden, daß sie hauptsächlich wegen der Ausbildung hergezogen sind. Bei Ausländern kann zusätzlich der Gesichtspunkt eine Rolle gespielt haben, daß bei nachziehenden Kindern ein Ausbildungsvertrag die Arbeitserlaubnis sichert.[12] Der Anteil von Prüfungsteilnehmern mit einer Aufenthaltsdauer von 4 Jahren und weniger beträgt 4,3 vH, davon 2,9 vH-Punkte Deutsche, 1,4 vH-Punkte Ausländer.

Das Alter der Befragten ist in Übersicht 4 dargestellt: Zwei Drittel aller Prüflinge waren 20 Jahre und jünger, knapp 5 vH 25 Jahre und älter. 2,6 vH der Befragten gaben ein Lebensalter von 30 und mehr Jahren an.

Insgesamt waren Frauen jünger als Männer, ausländische Männer älter als deutsche.

Das allgemeine Schulbildungsniveau der Prüfungsteilnehmer war hoch: Fast 70 vH hatten mindestens einen Realschul- oder gleichwertigen Abschluß, 13,7 vH sogar das Abitur oder die Fachhochschulreife (vgl. Übersicht 5). Nur 3,3 vH hatten einen Sonderschul- oder keinen Abschluß, 26,8 vH einen Hauptschulabschluß. Hierin zeigt sich deutlich die Bedeutung der allgemeinen Schulbildung für die Chancen auf dem Ausbildungsstellenmarkt. Dies scheint besonders für Frauen zu gelten, die bei den Deutschen zu mehr als drei Vierteln einen Schulabschluß von mindestens der mittleren Reife aufwiesen.

Bei Ausländern ist ein durchschnittlich niedrigeres Schulbildungsniveau als bei Deutschen festzustellen. Der Anteil von Realschul- und höher qualifizierten Absolventen zusammen betrug bei dieser Personengruppe nur 45 vH. Auch hier waren die Frauen höher qualifiziert als die Männer.

Das allgemeine Schulbildungsniveau der Ausbildungsabsolventen hat in den letzten Jahren zugenommen.[13] Dies zeigt sich auch in den Ergebnissen dieser Untersuchung: Bei der vorangegangenen Auswertung der Beschäftigtenstatistik wurde ein Abiturientenanteil von 7,6 vH beim Absolventenjahrgang 1979 ermittelt,[14] der deutlich unter dem hier für 1984/85 errechneten Anteil von 13,7 vH (einschließlich Fachhochschulreife) lag.

Übersicht 4

Prüfungsteilnehmer nach Alter, Nationalität und Geschlecht
- vH-Struktur der gewichteten Fallzahlen -

Alter	Deutsche			Ausländer			Insgesamt
	Männer	Frauen	Insgesamt	Männer	Frauen	Insgesamt	
17 Jahre	0,3	1,0	0,6	0,4	0,8	0,6	0,6
18 Jahre	7,4	16,2	11,3	3,5	11,8	6,3	10,9
19 Jahre	26,7	30,1	28,2	20,5	31,1	24,1	27,7
20 Jahre	30,8	23,6	27,6	28,4	24,4	27,0	27,3
21 Jahre	15,9	13,1	14,7	23,6	13,4	20,1	14,9
22 Jahre	7,1	7,3	7,2	10,5	10,1	10,3	7,4
23 Jahre	4,2	3,2	3,8	3,1	0,8	2,3	3,6
24 Jahre	1,5	1,0	1,3	0,4	1,7	0,9	1,2
25 - 29 Jahre	2,6	1,8	2,2	3,1	3,4	3,2	2,3
30 Jahre u. älter	2,8	2,2	2,5	5,7	2,5	4,6	2,6
ohne Angabe	0,7	0,5	0,6	0,8	-	0,6	1,5
Zusammen	100,0	100,0	100,0	100,0	100,0	100,0	100,0
Basis	2 759	2 220	4 979	229	119	348	5 378

Übersicht 5

Prüfungsteilnehmer nach allgemeinbildendem Schulabschluß, Nationalität und Geschlecht

- vH-Struktur der gewichteten Fallzahlen -

Allgemein-bildender Schulabschluß	Deutsche			Ausländer			Insgesamt
	Männer	Frauen	Insgesamt	Männer	Frauen	Insgesamt	
Abschlußzeugnis einer Sonderschule	1,0	0,2	0,6	-	-	-	0,6
Hauptschulabschluß	28,7	20,9	25,2	51,3	40,3	47,5	26,8
Mittlere Reife oder gleichwertiger Abschluß	55,8	59,2	57,3	37,4	44,5	39,8	56,0
Fachhochschulreife	0,5	0,9	0,7	0,4	1,7	0,9	0,7
Abitur oder gleich-wertiger Abschluß	11,4	16,3	13,6	3,5	5,0	4,0	13,0
Ohne Abschluß	2,4	2,4	2,4	6,5	7,6	6,9	2,7
Ohne Angabe	0,2	0,1	0,2	0,9	0,9	0,9	0,2
Zusammen	100,0	100,0	100,0	100,0	100,0	100,0	100,0
Basis	2 759	2 220	4 979	229	119	348	5 378

3.1.2 Ausbildungsberufe, Ausbildungsbereiche, Wirtschaftszweige

Ausbildungsberufe

Für die Darstellung der Untersuchungsergebnisse nach Berufen wurden zwei Gliederungsschemata erstellt:

Ein feineres Gliederungsschema - vgl. Anhang 2 - weist vierstellige Berufs-klassen dann aus, wenn eine bestimmte Mindestfallzahl erreicht war.[15] Die übrigen Berufsklassen wurden zu zweistelligen Berufsgruppen zusam-mengefaßt. Aus den insgesamt 126 Berufsklassen wurden 42 Kategorien gebildet. Damit wurde die Übersichtlichkeit für die Ergebnispräsentation erhöht, ohne gleichzeitig auf Detailinformationen dort zu verzichten, wo dies von der Quantität her sinnvoll ist.

Im Text und in den Übersichten wird dieses Schema "Ausbildungsberufe" genannt, weil es in dieser Arbeit die stärkste Annäherung an die amtliche Gliederung der Ausbildungsberufe[16] darstellt. Die Bezeichnungen weichen jedoch auch bei Berufsklassen in einigen Fällen von denen der Ausbildungs-berufe ab, weil es sich teilweise schon bei Berufsklassen um Zusammen-fassungen mehrerer Ausbildungsberufe handelt.

Ferner ist für globalere Darstellungen eine Aufteilung nach 11 Kategorien gewählt worden, die im wesentlichen Zusammenfassungen von Berufsgrup-pen enthält (vgl. Anhang 3).

In der zuletzt genannten Gliederung ist für einen ersten Überblick in Übersicht 6 eine Strukturbetrachtung vornommen worden.[17] Es wird deut-lich, daß berufliche Schwerpunkte bei männlichen Prüfungsteilnehmern bei Metallberufen (27,6 vH), Elektroberufen (19,6 vH), Bau- und Bauneben-berufen (17,6 vH) sowie Waren- und Dienstleistungskaufleuten (17,1 vH) liegen. Für weibliche Prüfungsteilnehmer ist der Bereich der Waren- und Dienstleistungskaufleute noch bedeutender: 32,9 vH aller Frauen legten hier die Prüfung ab. Weitere Schwerpunkte für Frauen sind Organisations-, Verwaltungs- und Büroberufe (27,9 vH), Arzthelferberufe (13,8 vH) sowie Körperpfleger, Gästebetreuer, Hauswirtschafts- und Reinigungsberufe (zu-sammen 12,2 vH).

Übersicht 6

Prüfungsteilnehmer nach zusammengefaßten Berufsgruppen und Geschlecht
- vH-Struktur der gewichteten Fallzahlen -

Zusammengefaßte Berufsgruppen		Männer	Frauen	Insgesamt	Frauen-anteil in den Berufs-kategorien	Basis
Nr.	Bezeichnung					
21 - 30	Metallberufe	27,6	0,8	15,9	2,1	856
31	Elektroberufe	19,6	1,1	11,6	4,3	622
34 - 37	Textil-, Bekleidungs- und Lederberufe	0,2	4,5	2,0	95,5	110
39 - 43	Ernährungsberufe	4,5	0,5	2,7	8,2	147
44 - 51	Bau- und Bauneben-berufe einschließl. Tischler, Maler und Lackierer	17,6	0,7	10,2	3,1	549
63	Technische Sonderfachkräfte	1,0	1,9	1,4	61,6	73
68 - 70	Waren- und Dienst-leistungskaufleute	17,1	32,9	24,0	59,9	1 292
75 - 78	Organisations-, Verwaltungs- und Büroberufe	6,4	27,9	15,8	77,3	849
85	Arzthelferberufe	0,1	13,8	6,1	99,4	327
90 - 93	Körperpfleger, Gäste-betreuer, Hauswirt-schafts- und Reinigungsberufe	1,9	12,2	6,4	83,1	344
Sonstige Berufsgruppen[1]		4,0	3,7	3,9	41,6	209
Zusammen		100,0	100,0	100,0	43,7	5 378
Basis		3 026	2 352	5 378		

1) Vgl. hierzu Anhang 3.

Definiert man in Anlehnung an den Berufsbildungsbericht 1981[18] Männer- und Frauenberufe durch einen Anteil von mindestens 80 vH eines Geschlechts an den Auszubildenden des jeweiligen Berufs[19], dann zeigt sich, daß zwei von drei Prüfungsteilnehmern in solchen Berufen ausgebildet wurden, die als Männerberuf (42,9 vH) oder Frauenberuf (24,6 vH) zu bezeichnen sind (vgl. Übersicht 7). Jeder dritte Prüfungsteilnehmer erlernte einen Beruf, der nicht so stark geschlechtsspezifisch geprägt ist (Mischberuf).

Übersicht 7

**Prüfungsteilnehmer nach Männer-, Frauen-
und Mischberufen und Geschlecht**
- vH-Struktur der gewichteten Fallzahlen -

Berufszuordnung	Männer	Frauen	Insgesamt
Männerberufe	73,0	4,1	42,9
Frauenberufe	2,2	53,5	24,6
Mischberufe	24,8	42,4	32,5
Zusammen	100,0	100,0	100,0
Basis	3 026	2 352	5 378

Wie zu erwarten, wurde in den Männer- beziehungsweise Frauenberufen nur eine sehr kleine Zahl des jeweils anderen Geschlechts ausgebildet.

Bevor näher auf Zusammenhänge von sozialer Stellung der Eltern und Berufsstruktur der Prüfungsteilnehmer eingegangen wird, soll die Verteilung dieses Merkmals auf die Prüfungsteilnehmer zunächst allein nach dem Geschlecht differenziert und für beide Elternteile in Übersicht 8 vorgestellt werden. Es ergeben sich keine bedeutsamen Unterschiede bei männlichen und weiblichen Prüfungsteilnehmern. Auf eine nach dem Geschlecht der Prüfungsteilnehmer differenzierte Betrachtung der sozialen Stellung

Prüfungsteilnehmer nach der sozialen Stellung der Eltern
- vH-Struktur der gewichteten Fallzahlen -

Soziale Stellung	Geschlecht der Prüfungsteilnehmer bei sozialer Stellung					
	des Vaters			der Mutter		
	Männer	Frauen	Insgesamt	Männer	Frauen	Insgesamt
Arbeiter	33,1	32,2	32,7	18,5	18,3	18,4
davon:						
einfache Arbeiter	10,0	12,9	11,3	14,2	14,5	14,3
Facharbeiter, Vor- arbeiter, Gesellen	19,0	15,7	17,5	4,2	3,6	4,0
Meister, Poliere	4,1	3,6	3,9	0,1	0,2	0,1
Angestellte	21,5	22,7	22,1	32,0	34,4	33,1
davon:						
einfache Angestellte	5,1	5,7	5,4	15,2	15,8	15,5
mittlere Angestellte	9,0	9,6	9,3	13,9	15,2	14,5
leitende Angestellte	7,4	7,4	7,4	2,9	3,4	3,1
Beamte	12,0	13,0	12,4	2,0	1,6	1,8
davon:						
einfacher/mittlerer Dienst	6,3	6,9	6,5	1,4	1,1	1,3
gehob./höherer Dienst	5,7	6,1	5,9	0,6	0,5	0,5
Selbstränd./Mithelfende	8,3	9,8	9,0	6,1	6,6	6,3
davon:						
Selbständige mit bis zu 5 Beschäftigten	5,2	6,5	5,8	3,1	3,2	3,1
Selbständige mit mehr als 5 Beschäftigten	2,5	2,4	2,5	0,7	0,9	0,8
Mithelfende Familien- angehörige	0,6	0,9	0,7	2,3	2,5	2,4
Nicht erwerbstätig	9,2	7,4	8,4	29,6	29,4	29,5
Verstorben, verschollen u. ä.	7,9	6,6	7,3	3,3	2,0	2,8
Ohne Angabe	8,0	8,3	8,1	8,5	7,7	8,1
Zusammen	100,0	100,0	100,0	100,0	100,0	100,0
Basis	3 026	2 352	5 378	3 026	2 352	5 378

des Elternhauses konnte daher im weiteren Untersuchungsablauf verzichtet werden.

Weiterhin wurde für die soziale Stellung des Elternhauses der Berufsstatus des Vaters als prägend unterstellt. Dies erschien insbesondere deshalb vertretbar, weil die Partnerwahl der Eheleute nach allgemeiner Erfahrung in der Regel nicht in beliebigen Statuskombinationen erfolgt. Zumindest scheinen Familien, in denen die Ehefrau einen dominierenden beruflichen Status hat, zu den seltenen Ausnahmen zu gehören.

In Einzelfällen wurde hiervon jedoch abgewichen: Wenn zur sozialen Stellung des Vaters keine Angaben gemacht wurden, sind hilfsweise die der Mutter herangezogen worden, falls hier Angaben vorlagen. Dadurch konnte der Anteil der Fälle ohne Angabe von 8,1 vH auf 4,5 vH reduziert werden.

Die Strukturen nach Ausbildungsberufen der Prüfungsteilnehmer und sozialer Stellung des Elternhauses sind in Übersicht 9 dargestellt worden. Um einen Überblick über typische Kombinationen zu erhalten, wurden für jede Kategorie der sozialen Stellung die fünf auffälligsten Berufswahlentscheidungen hervorgehoben (Übersicht 10). Die angegebenen vH-Anteile geben dabei beispielsweise an, wieviel Prozent der Väter der Prüfungsteilnehmer im Ausbildungsberuf Bekleidungsnäher Arbeiter sind (erste Position in Übersicht 10).

Aus dieser Auflistung wird deutlich, daß gewerblich-technische Berufe zu den Berufswahlfeldern gehören, die die höchsten Anteile von Prüfungsteilnehmern aus Arbeiterfamilien aufweisen, während die Prüfungsteilnehmer aus Angestellten- und Selbständigenhaushalten überdurchschnittlich hohe Anteile in kaufmännischen Berufen verzeichnen. Bei Beamtenfamilien spielen neben kaufmännischen Berufen auch die post- und daher beamtennahen Fernmeldeberufe sowie die Verwaltungsberufe des öffentlichen Dienstes eine Rolle.

Nach dem Abschluß der allgemeinbildenden Schule differenziert ist die Berufswahl in Übersicht 11 dargestellt worden. Auch in diesem Fall wurde durch Auflistung der fünf auffälligsten Berufe pro Art des Schulabschlusses

Prüfungsteilnehmer nach der sozialen Stellung des Vaters[1] und Ausbildungsberufen
- vH-Struktur der gewichteten Fallzahlen -

Berufsgruppen darunter: Berufsklassen	Soziale Stellung des Vaters[1]							Zusammen	Basis
	Arbeiter	Ange-stellte	Beamte	Selbstän-dige/Mit-helfende Familien-angehörige	Nicht erwerbs-tätig	Verstor-ben/Ver-schollen	Ohne Angabe		
05 Gartenbauer	36,9	18,4	16,5	9,7	17,5	1,0	-	100,0	104
26 Feinblechner, Installateure	37,9	25,9	17,8	5,2	5,8	4,0	3,4	100,0	174
dar.: 2621 Gas-, Wasserinstallateure	33,7	21,4	15,7	10,1	10,1	5,6	3,4	100,0	90
27 Schlosser	37,8	19,8	8,8	5,3	12,2	6,9	9,2	100,0	261
dar.: 2710 Bauschlosser	39,8	18,1	9,6	8,4	13,3	6,0	4,8	100,0	82
2730 Maschinenschlosser	27,7	26,7	8,9	3,0	11,9	8,9	12,9	100,0	102
28 Mechaniker	40,9	19,6	13,3	8,1	7,7	6,3	4,1	100,0	273
dar.: 2811 Kraftfahrzeuginstand-setzer	41,7	19,6	14,1	8,0	7,4	6,1	3,1	100,0	163
30 Metallfeinbauer und zugeordnete Berufe	4,5	17,8	11,1	11,1	28,9	24,4	2,2	100,0	46
31 Elektriker	36,9	22,4	13,0	6,6	7,9	8,7	4,5	100,0	621
dar.: 3110 Elektroinstallateure, -monteure	43,4	18,6	8,2	7,5	7,2	8,6	6,5	100,0	280
3120 Fernmeldemonteure, -handwerker	43,9	17,6	17,5	3,5	7,0	3,5	7,0	100,0	58
3143 Elektrofeingeräte- mechaniker	33,1	26,2	15,9	6,2	6,2	9,0	3,4	100,0	145
35 Textilverarbeiter	43,8	18,1	6,7	9,5	10,5	6,7	4,7	100,0	105
dar.: 3520 Bekleidungsnäher	49,4	18,0	-	7,9	11,2	7,9	5,6	100,0	89
39 Back-, Konditorwarenhersteller	25,0	28,3	6,7	10,0	18,3	10,0	1,7	100,0	61
48 Bauausstatter	39,6	18,8	10,4	6,2	6,3	10,4	8,3	100,0	48
51 Maler, Lackierer u. verwandte Berufe	41,1	14,6	8,7	9,7	16,2	6,5	3,2	100,0	184
63 Technische Sonderfachkräfte	34,2	31,5	9,6	15,1	2,7	5,5	1,4	100,0	73
68 Warenkaufleute	32,6	26,6	11,6	8,9	7,9	7,3	5,1	100,0	969
dar.: 6811 Groß-, Außenhandelskaufl.	26,5	32,8	9,4	20,3	6,3	3,1	1,6	100,0	64
6812 Einzelhandelskaufleute	30,4	28,3	11,7	10,0	9,2	8,7	1,7	100,0	240
6820 Verkäufer	36,1	24,4	10,7	7,5	6,8	6,8	7,7	100,0	467
6821 Gewerbegehilfen	34,2	27,5	14,2	4,2	8,3	8,3	3,3	100,0	120
69 Bank-, Versicherungskaufleute	24,1	28,8	21,4	10,5	8,6	5,8	0,8	100,0	257
dar.: 6910 Bankkaufleute	23,8	30,0	22,4	10,0	8,6	4,3	0,9	100,0	211
6940 Versicherungskaufleute	25,5	23,4	17,0	12,8	8,5	12,8	-	100,0	46
70 Andere Dienstleistungskaufleute und zugehörige Berufe	20,6	33,8	11,8	17,7	4,4	8,8	2,9	100,0	67
dar.: 7011 Speditionskaufleute	27,3	27,3	9,1	21,2	6,0	9,1	-	100,0	34
7535 Fachgehilfen in steuer- und wirtschaftsberatenden Berufen[2]	18,1	20,0	13,3	23,8	10,5	12,4	1,9	100,0	106
78 Bürofachkräfte	33,0	27,3	13,6	9,3	7,6	6,2	3,0	100,0	729
dar.: 7810 Bürofachkräfte, allgem.	35,1	23,7	13,8	8,6	7,1	9,2	2,5	100,0	324
7811 Verwaltungsfachkräfte öffentlicher Dienst	31,1	29,8	15,9	4,6	10,0	4,0	4,6	100,0	150
7812 Industriekaufleute	28,6	32,9	11,4	14,3	5,7	5,0	2,1	100,0	138
7813 Rechtsanwalts- und Notargehilfen	35,2	26,7	14,3	11,4	8,6	1,9	1,9	100,0	104
85 Arzthelferberufe	28,8	24,5	15,3	11,1	9,8	6,4	4,0	100,0	327
dar.: 8561 Arzthelfer	28,3	24,8	13,1	13,6	8,1	9,1	3,0	100,0	198
8562 Zahnarzthelfer	32,8	26,9	16,0	8,4	8,4	2,5	5,0	100,0	118
9011 Friseure[2]	37,4	18,5	14,0	9,4	8,5	7,2	5,0	100,0	220
91 Gästebetreuer	16,5	34,2	13,9	24,1	2,5	6,3	2,5	100,0	81
dar.: 9113 Hotel-, Gaststättenkaufl.	14,7	32,9	14,7	26,2	3,3	4,9	3,3	100,0	64
Übrige Berufsgruppen[3]	34,3	20,4	9,6	6,6	12,1	9,1	7,9	100,0	670
Insgesamt	33,4	23,7	12,6	9,1	9,3	7,4	4,5	100,0	5 378

1) Soziale Stellung der Mutter, wenn Vater ohne Angabe (3,6 vH der Fälle). - 2) Jeweils einzige Berufsklasse in der Berufsgruppe. - 3) Siehe Anhang 2.

Übersicht 10

Beispiele überdurchschnittlich häufig gewählter Ausbildungsberufe nach sozialer Stellung des Elternhauses

Soziale Stellung des Elternhauses	vH-Anteile der Prüfungsteilnehmer mit jeweiliger sozialer Stellung des Elternhauses in Ausbildungsberufen	
Arbeiter (Durchschnitt: 33,4 vH)	Bekleidungsnäher	(49,4 vH)
	Fernmeldemonteure, -handwerker	(43,9 vH)
	Elektroinstallateure, -monteure	(43,4 vH)
	Kraftfahrzeuginstand-setzer	(41,7 vH)
	Maler, Lackierer und verwandte Berufe	(41,1 vH)
Angestellte (Durchschnitt: 23,7 vH)	Dienstleistungskauf-leute wie Reisever-kehrs-, Werbe- und Speditionskaufleute	(33,8 vH)
	Industriekaufleute	(32,9 vH)
	Hotel- und Gast-stättenkaufleute	(32,9 vH)
	Groß- und Außen-handelskaufleute	(32,8 vH)
	Bankkaufleute	(30,0 vH)
Selbständige/Mithelfende Familienangehörige (Durchschnitt: 9,1 vH)	Hotel- und Gast-stättenkaufleute	(26,2 vH)
	Fachgehilfen in steuer- und wirtschaftsbe-ratenden Berufen	(23,8 vH)
	Speditionskaufleute	(21,2 vH)
	Groß- und Außen-handelskaufleute	(20,3 vH)
	Technische Sonder-fachkräfte	(15,1 vH)
Beamte (Durchschnitt: 12,6 vH)	Bankkaufleute	(22,4 vH)
	Fernmeldemonteure, -handwerker	(17,5 vH)
	Versicherungskaufleute	(17,0 vH)
	Zahnarzthelfer	(16,0 vH)
	Verwaltungsfachkräfte öffentlicher Dienst	(15,9 vH)

ein Überblick über die Schwerpunkte gegeben (Übersicht 12). Dabei gibt es Überschneidungen beim Berufswahlverhalten von Hauptschulabsolventen und Prüfungsteilnehmern ohne allgemeinbildenden Schulabschluß. Überdies sind es nahezu ausschließlich gewerbliche Berufe - von den Gewerbegehilfen mit überwiegend Verkaufstätigkeiten vielleicht abgesehen - die die höchsten Anteile dieser Schulabschlüsse aufweisen.

Die höchsten Anteile von Prüfungsteilnehmern mit Realschulabschlüssen haben Fernmeldemonteure sowie Elektrofeingerätemechaniker. Neben diesen beiden gewerblichen Berufen sind in den fünf Berufen dieser Auswahl Verwaltungs- und Großhandelsberufe sowie Bürofachkräfte zu verzeichnen. Zu den fünf Berufen mit den höchsten Abiturientenanteilen gehören die Metallfeinbauer als einziger gewerblicher Beruf sowie einige kaufmännische Ausbildungen.

Insgesamt wird deutlich, daß die drei betrachteten Variablen Geschlecht, soziale Stellung des Elternhauses und allgemeinbildendes Schulniveau der Prüfungsteilnehmer jeweils Zuordnungen von gewählten Ausbildungsberufen ergeben, die als "typisch" angesehen werden können. Auch ohne daß dies in dieser Übersicht kausalanalytisch belegt ist, spricht die Evidenz dafür, daß diese Merkmale einerseits die Berufswahl entscheidend prägen, andererseits auch untereinander in enger Wechselbeziehung stehen.

Ausbildungsbereiche

Die Ausbildungsbereiche wurden nach den für die Berufsausbildung zuständigen Stellen differenziert (vgl. Anhang 4). Dabei ergab sich folgende Verteilung der Prüfungsteilnehmer (vgl. auch Übersicht 13):

Industrie und Handel	57,4 vH
Handwerk	26,6 vH
Öffentlicher Dienst (einschließlich Sozialversicherung)	3,7 vH
Freie Berufe	10,4 vH
Land- und Hauswirtschaft	1,9 vH

Prüfungsteilnehmer nach Ausbildungsberufen und allgemeinbildendem Schulabschluß
- vH-Struktur der gewichteten Fallzahlen -

| Berufsgruppen darunter: Berufsklassen | Allgemeinbildender Schulabschluß | | | | | | | Zusammen | Basis |
	Sonder-schule	Haupt-schule	Mittlere Reife oder gleich-wertiger Abschluß	Fach-hoch-schul-reife	Abitur oder gleich-wertiger Abschluß	Ohne Abschluß	Ohne Angabe		
05 Gartenbauer	1,9	23,1	49,0	-	26,0	-	-	100,0	104
26 Feinblechner, Installateure	-	31,6	59,2	0,6	5,2	2,8	0,6	100,0	174
dar.: 2621 Gas-, Wasserinstallateure	-	36,7	53,3	1,1	4,5	3,3	1,1	100,0	90
27 Schlosser	2,7	41,6	51,1	-	1,9	2,7	-	100,0	261
dar.: 2710 Bauschlosser	8,5	48,8	39,0	-	-	3,7	-	100,0	82
2730 Maschinenschlosser	-	39,2	54,9	-	3,9	2,0	-	100,0	102
28 Mechaniker	0,7	30,4	62,7	-	2,9	3,3	-	100,0	273
dar.: 2811 Kraftfahrzeuginstand-setzer	0,6	33,1	60,1	-	4,3	1,9	-	100,0	163
30 Metallfeinbauer und zugeordnete Berufe	-	2,1	31,9	-	63,9	2,1	-	100,0	46
31 Elektriker	-	16,9	77,6	0,3	3,2	1,3	0,7	100,0	621
dar.: 3110 Elektroinstallateure, -monteure	-	21,4	69,6	0,4	5,4	2,1	1,1	100,0	280
3120 Fernmeldemonteure, -handwerker	-	3,4	96,6	-	-	-	-	100,0	58
3143 Elektrofeingeräte-mechaniker	-	8,3	91,7	-	-	-	-	100,0	145
35 Textilverarbeiter	2,8	44,8	32,4	-	7,6	12,4	-	100,0	105
dar.: 3520 Bekleidungsnäher	3,4	51,1	26,1	-	4,6	14,8	-	100,0	89
39 Back-, Konditorwarenhersteller	3,3	49,2	42,6	-	1,6	3,3	-	100,0	61
48 Bauausstatter	-	51,1	38,3	-	2,1	8,5	-	100,0	48
51 Maler, Lackierer u. verwandte Berufe	6,5	69,0	13,1	-	1,1	9,2	1,1	100,0	184
63 Technische Sonderfachkräfte	1,3	6,8	71,6	-	20,3	-	-	100,0	73
68 Warenkaufleute	0,1	33,4	55,0	0,8	7,8	2,6	0,3	100,0	969
dar.: 6811 Groß-, Außenhandelskaufl.	-	3,1	79,7	1,6	15,6	-	-	100,0	64
6812 Einzelhandelskaufleute	-	22,1	60,8	2,1	12,9	1,7	0,4	100,0	240
6820 Verkäufer	0,2	38,4	54,3	0,4	4,3	2,0	0,4	100,0	467
6821 Gewerbegehilfen	-	61,2	31,4	-	-	7,4	-	100,0	120
69 Bank-, Versicherungskaufleute	-	0,4	43,0	0,8	55,4	0,4	-	100,0	257
dar.: 6910 Bankkaufleute	-	0,5	41,5	0,9	56,6	0,5	-	100,0	211
6940 Versicherungskaufleute	-	-	50,0	-	50,0	-	-	100,0	46
70 Andere Dienstleistungskaufleute und zugehörige Berufe	-	1,5	58,2	3,0	37,3	-	-	100,0	67
dar.: 7011 Speditionskaufleute	-	3,0	76,5	2,9	17,6	-	-	100,0	34
7535 Fachgehilfen in steuer- und wirtschaftsberatenden Berufen[1]	-	5,6	55,2	1,9	36,4	0,9	-	100,0	106
78 Bürofachkräfte	-	6,8	74,2	1,0	17,7	0,3	-	100,0	729
dar.: 7810 Bürofachkräfte, allgem.	-	13,3	79,0	0,6	6,5	0,6	-	100,0	324
7811 Verwaltungsfachkräfte öffentlicher Dienst	-	0,7	86,0	1,3	12,0	-	-	100,0	150
7812 Industriekaufleute	-	-	57,6	1,4	41,0	-	-	100,0	138
7813 Rechtsanwalts- und Notargehilfen	-	5,8	66,3	-	27,9	-	-	100,0	104
85 Arzthelferberufe	-	10,4	73,1	0,9	14,7	0,6	0,3	100,0	327
dar.: 8561 Arzthelfer	-	10,1	72,7	1,0	15,7	0,5	-	100,0	198
8562 Zahnarzthelfer	-	11,9	76,3	0,8	9,4	0,8	0,8	100,0	118
9011 Friseure[1]	-	48,4	41,2	0,9	0,9	8,6	-	100,0	220
91 Gästebetreuer	-	9,9	37,0	4,9	48,2	-	-	100,0	81
dar.: 9113 Hotel-, Gaststättenkaufl.	-	4,8	34,9	3,2	57,1	-	-	100,0	64
Übrige Berufsgruppen[2]	0,5	44,7	37,8	0,7	11,7	4,6	-	100,0	670
Insgesamt	0,6	26,8	55,9	0,7	13,1	2,7	0,2	100,0	5 378
davon: Männer	1,0	30,4	54,0	0,5	11,0	2,8	0,3	100,0	3 026
Frauen	0,2	22,0	58,3	0,9	15,8	2,7	0,1	100,0	2 352

1) Jeweils einzige Berufsklasse in der Berufsgruppe. - 2) Siehe Anhang 2.

Übersicht 12

Beispiele überdurchschnittlich häufig gewählter
Ausbildungsberufe nach allgemeinbildendem
Schulabschluß der Prüfungsteilnehmer

Allgemeinbildender Schulabschluß der Prüfungsteilnehmer	vH-Anteile der Prüfungsteilnehmer mit jeweiligem allgemeinbildenden Schulabschluß in Ausbildungsberufen	
Hauptschulabschluß (Durchschnitt: 26,8 vH	Maler, Lackierer und verwandte Berufe	(69,0 vH)
	Gewerbegehilfen	(61,2 vH)
	Bekleidungsnäher	(51,1 vH)
	Bauausstatter	(51,1 vH)
	Bauschlosser	(48,8 vH)
Mittlere Reife oder gleichwertiger Abschluß (Durchschnitt: 55,9 vH)	Fernmeldemonteure, -handwerker	(96,6 vH)
	Elektrofeingeräte-mechaniker	(91,7 vH)
	Verwaltungsfachkräfte öffentlicher Dienst	(86,0 vH)
	Groß- und Außenhandelskaufleute	(79,7 vH)
	Bürofachkräfte, allgem.	(79,0 vH)
Abitur oder gleichwertiger Abschluß (Durchschnitt: 13,1 vH)	Metallfeinbauer (z. B. Zahntechniker, Augenoptiker, Goldschmiede)	(63,9 vH)
	Hotel- und Gaststättenkaufleute	(57,1 vH)
	Bankkaufleute	(56,6 vH)
	Versicherungskaufleute	(50,0 vH)
	Industriekaufleute	(41,0 vH)
Ohne allgemeinbildenden Schulabschluß (Durchschnitt: 2,7 vH)	Bekleidungsnäher	(14,8 vH)
	Maler, Lackierer und verwandte Berufe	(9,2 vH)
	Friseure	(8,6 vH)
	Bauausstatter	(8,5 vH)
	Gewerbegehilfen	(7,4 vH)

Prüfungsteilnehmer nach Ausbildungsbereichen und zusammengefaßten Berufsgruppen

- vH-Struktur der gewichteten Fallzahlen -

Zusammengefaßte Berufsgruppen		Ausbildungsbereiche					Zusammen	Basis
		Industrie und Handel	Handwerk	Öffentl. Dienst einschl. Sozialversich.	Freie Berufe	Land- und Hauswirtschaft		
Nr.	Bezeichnung	- Zeilenstruktur -						
21 - 30	Metallberufe	52,8	47,2	-	-	-	100,0	856
31	Elektroberufe	68,3	26,2	5,5	-	-	100,0	622
34 - 37	Textil-, Bekleidungs- und Lederberufe	96,4	3,6	-	-	-	100,0	110
39 - 43	Ernährungsberufe	32,7	67,3	-	-	-	100,0	147
44 - 51	Bau- u. Baunebenberufe einschl. Tischler, Maler und Lackierer	33,5	66,5	-	-	-	100,0	549
63	Technische Sonderfachkräfte	98,6	-	1,4	-	-	100,0	73
68 - 70	Waren- und Dienstleistungskaufleute	89,0	9,3	-	1,7	-	100,0	1 292
75 - 78	Organisations-, Verwaltungs- und Büroberufe	57,6	-	17,7	24,7	-	100,0	849
85	Arzthelferberufe	-	-	-	100,0	-	100,0	327
90 - 93	Körperpfleger, Gästebetreuer, Hauswirtschafts- und Reinigungsberufe	24,1	68,3	-	-	7,6	100,0	344
Sonstige Berufsgruppen[1]		36,5	18,8	7,7	-	37,0	100,0	209
Insgesamt		57,4	26,6	3,7	10,4	1,9	100,0	5 378
		- Spaltenstruktur -						
21 - 30	Metallberufe	14,6	28,3	-	-	-	15,9	
31	Elektroberufe	13,8	11,4	16,9	-	-	11,6	
34 - 37	Textil-, Bekleidungs- und Lederberufe	3,4	0,3	-	-	-	2,0	
39 - 43	Ernährungsberufe	1,5	6,9	-	-	-	2,7	
44 - 51	Bau- u. Baunebenberufe einschl. Tischler, Maler und Lackierer	6,0	25,6	-	-	-	10,2	
63	Technische Sonderfachkräfte	2,3	-	0,5	-	-	1,4	
68 - 70	Waren- und Dienstleistungskaufleute	37,3	8,4	-	3,9	-	24,0	
75 - 78	Organisations-, Verwaltungs- und Büroberufe	15,9	-	74,6	37,6	-	15,8	
85	Arzthelferberufe	-	-	-	58,5	-	6,1	
90 - 93	Körperpfleger, Gästebetreuer, Hauswirtschafts- und Reinigungsberufe	2,7	16,4	-	-	25,2	6,4	
Sonstige Berufsgruppen[1]		2,5	2,7	8,0	-	74,8	3,9	
Zusammen		100,0	100,0	100,0	100,0	100,0	100,0	
Basis		3 085	1 429	103	560	201	5 378	

1) Vgl. hierzu Anhang 3.

Die Bereiche Industrie und Handel sowie Handwerk betreuten 1984/85 somit 84,0 vH der Prüfungsteilnehmer. Auffällig wenig Prüfungsteilnehmer (3,7 vH) legten ihre Prüfung vor zuständigen Stellen des öffentlichen Dienstes ab, obwohl am 30.06.1984 Gebietskörperschaften und Sozialversicherung 10,5 vH, Organisationen ohne Erwerbscharakter - allerdings einschließlich privater Haushalte - nochmals 3,6 vH der sozialversicherungspflichtig Beschäftigten aufwiesen.[20]

Eine weitere Detaillierung der Strukturen nach Ausbildungsbereichen und zusammengefaßten Berufsgruppen ist in Übersicht 13 angegeben. Dabei wurde die Verteilung zusammengefaßter Berufsgruppen auf die Ausbildungsbereiche einerseits (Zeilenstruktur) und die der Ausbildungsbereiche auf diese Berufsgruppen andererseits (Spaltenstruktur) errechnet.

Die Schwerpunkte der Häufigkeiten von Prüfungsteilnehmern liegen im Bereich Industrie und Handel bei den Waren- und Dienstleistungskaufleuten (37,3 vH), beim Handwerk bei den Metallberufen (28,3 vH) und den Bau- und Baunebenberufen (25,6 vH). Im öffentlichen Dienst einschließlich der Sozialversicherung sind erwartungsgemäß die Verwaltungs- und Büroberufe dominierend (74,6 vH), während die Arzthelferberufe im Ausbildungsbereich der freien Berufe den höchsten Anteil stellen (58,5 vH).

Wirtschaftszweigstruktur

Die Gliederung der Prüfungsteilnehmer nach Wirtschaftszweigen erfolgte - entsprechend dem Vorgehen bei den Berufen - in der detaillierteren Zuordnung nach einzelnen Wirtschaftsgruppen dann, wenn bestimmte Mindestbesetzungen vorlagen;[21] sonst sind Zusammenfassungen vorgenommen worden (vgl. Anhang 5).

Die Frage nach der Branche hat offenbar einem größeren Teil der Befragten Probleme bei der Beantwortung bereitet: Die Fälle, in denen entweder keine Zuordnung zu einem Zweig der zugrundegelegten Systematik möglich war oder keine Angaben gemacht wurden, betrug - läßt man externe Prüfungsteilnehmer und solche mit außerbetrieblicher Berufsausbildung außer acht - bei allen Prüfungsteilnehmern 12,0 vH, bei Männern 15,1 vH, bei Frauen 8,0 vH. Damit ist die Verwendung der Branchengliederung zur Untersuchung des Mobilitätsverhaltens nur eingeschränkt möglich. Dies gilt umso mehr, wenn auch die externen Prüfungsteilnehmer und die mit einer außerbetrieblichen Berufsausbildung hinzugerechnet werden, bei denen eine Branchenzuordnung nicht möglich war und die zusammen nochmals 8,9 vH ausmachen.

Dennoch sind Schwerpunkte branchenmäßiger Zuordnung von Prüfungsteilnehmern sowie ihre Geschlechtsstruktur innerhalb der Zweige gut erkennbar (vgl. Übersicht 14). So wurden mehr als die Hälfte der Männer im verarbeitenden Gewerbe und im Baugewerbe ausgebildet (44,7 vH-Punkte von 74,9 vH-Punkten der zugeordneten männlichen Prüfungsteilnehmer), bei den Frauen waren dies nur gut ein Achtel. Mehr als drei Viertel aller Frauen hingegen machten ihre Ausbildung in den Bereichen Handel und Dienstleistungen einschließlich des öffentlichen Bereichs (Spaltenstruktur der Übersicht 14). Dies drückt sich auch in der Geschlechtsstruktur innerhalb einzelner Bereiche aus (Zeilenstruktur der Übersicht 14): Während das verarbeitende Gewerbe mehr als drei Viertel Männer verzeichnete, war dies bei den sonstigen Dienstleistungen und im öffentlichen Dienst weniger als ein Viertel. Im einzelnen waren herausragende Wirtschaftszweige mit männlichen Prüfungsteilnehmern

- Reparatur von Kraftfahrzeugen (99,7 vH Männer),

- Elektrotechnik (89,3 vH Männer),

- Baugewerbe (96,2 vH Männer).

Besonders stark mit weiblichen Prüfungsteilnehmern waren besetzt die Wirtschaftszweige

- Bekleidungsgewerbe, Nähereien (99,0 vH Frauen),

- Friseur- und Körperpflegegewerbe (92,8 vH Frauen),

- Gesundheits- und Veterinärwesen (98,7 vH Frauen),

- Rechtsberatung sowie Wirtschaftsberatung und -prüfung (82,2 vH Frauen).

Prüfungsteilnehmer nach Wirtschaftszweigen und Geschlecht
- vH-Struktur der gewichteten Fallzahlen -

Wirtschaftszweige		Spaltenstruktur			Zeilenstruktur			Basis
		Männer	Frauen	Insgesamt	Männer	Frauen	Zusammen	
Nr.	Bezeichnung							
01	Gartenbau	1,2	0,9	1,1	65,1	34,9	100,0	57
04	Energiewirtschaft	1,2	0,9	1,1	61,2	38,8	100,0	57
09 - 58	Verarbeitendes Gewerbe	27,3	10,2	19,8	77,5	22,5	100,0	1 065
dar.: 09	Chemische Industrie	1,0	1,2	1,1	53,3	46,7	100,0	58
30	Reparatur von Kraftfahr-zeugen ...	3,7	0,0	2,1	99,7	0,3	100,0	113
34	Elektrotechnik	12,4	1,9	7,8	89,3	10,7	100,0	419
52	Bekleidungsgewerbe, Nähereien	0,0	2,6	1,2	1,0	99,0	100,0	62
54	Herst. von Nahrungs-mitteln, Bäckereien	1,0	1,2	1,1	51,1	48,9	100,0	59
59 - 61	Baugewerbe	17,4	0,9	10,2	96,2	3,8	100,0	548
62	Handel	12,6	25,7	18,3	38,6	61,4	100,0	986
63 - 68	Verkehr und Nachrichtenübermittlung	3,0	2,1	2,6	64,8	35,2	100,0	138
69	Kreditinstitute und Versicherungs-gewerbe	4,5	5,4	4,9	51,9	48,1	100,0	265
70 - 86	Sonstige Dienstleistungen	5,7	30,6	16,6	19,4	80,6	100,0	892
dar.: 70	Gaststätten und Beherbergung	2,4	2,4	2,4	56,5	43,5	100,0	129
73	Friseur- und sonst. Körperpflegegewerbe	0,5	8,2	3,9	7,2	92,8	100,0	207
78	Gesundheits- und Veterinärwesen	0,1	12,0	5,3	1,3	98,7	100,0	287
79	Rechtsberatung sowie Wirtschaftsberatung und -prüfung	1,0	6,0	3,2	17,8	82,2	100,0	172
87 - 90	Organisationen ohne Erwerbscharakter	0,1	0,4	0,2	26,7	73,3	100,0	13
91 - 94	Gebietskörperschaften und Sozial-versicherung	1,8	7,5	4,3	23,3	76,7	100,0	230
dar.: 91	Allgemeine öffentliche Verwaltung	0,7	3,7	2,0	20,6	79,4	100,0	108
93	Sozialversicherung	0,9	2,9	1,8	28,5	71,5	100,0	95
98	Nicht zuzuordnen	10,1	2,3	6,7	84,8	15,2	100,0	361
99	Ohne Angaben	15,1	13,1	14,2	59,7	40,3	100,0	766
dar.:	Externe Prüfungsteilnehmer	2,4	2,8	2,6	52,5	47,5	100,0	139
	Außerbetriebliche Berufs-ausbildung	7,7	4,6	6,3	68,8	31,2	100,0	341
Zusammen		100,0	100,0	100,0	56,3	43,7	100,0	5 378
Basis		3 026	2 352	5 378				

Damit spiegelt die geschlechtsspezifische Betrachtung der Wirtschaftszweige weitgehend die bereits bei den Berufen vorgestellten Strukturen wider.

3.1.3   Arten der Ausbildungsverhältnisse und Struktur der Ausbildungsbetriebe

Die Prüfungsteilnehmer wurden zunächst in solche unterteilt, die sich aus einem regulären Berufsausbildungsverhältnis heraus zur Prüfung angemeldet hatten, und solche, die sich extern der Prüfung in einem Ausbildungsberuf unterzogen. Aus der Befragung ergaben sich gewichtet 2,6 vH externe Prüfungsfälle (vgl. Abbildung 1, mittlere Säule). Die Teilnehmer an der Prüfung aus einem regulären Ausbildungsverhältnis wurden wiederum nach Umschülern/Nicht-Umschülern sowie nach Ausbildung in einer außerbetrieblichen Ausbildungseinrichtung oder in einem regulären Ausbildungsbetrieb unterteilt. Die Strukturanteile dieser Gruppierungen sind ebenfalls in Abbildung 1 angegeben.

Die Strukturen von externen Prüfungsteilnehmern, Umschülern und außerbetrieblich Ausgebildeten sollen zunächst kurz betrachtet werden, bevor auf Prüfungsteilnehmer aus regulären Ausbildungsbetrieben näher eingegangen wird.

Struktur bei Externen, Umschülern und außerbetrieblich Ausgebildeten

Die Strukturbetrachtungen dieser drei Untergruppen konnten nur grob sein, weil der Analyse jeweils wenige Fälle zugrunde lagen.

Die Strukturen externer Prüfungsteilnehmer und Umschüler sind in Übersicht 15 nach beruflichen Kategorien, Altersgruppen und Geschlecht angegeben. Die extern geprüften Männer hatten ihre beruflichen Schwerpunkte in Bau- und Baunebenberufen, gefolgt von Metall- und Elektroberufen. Das häufigste Alter lag zwischen 20 und 25 Jahren. Bei den Frauen gab es Häufungen bei den Organisations-, Verwaltungs- und Büroberufen, gefolgt

Abbildung 1

PRÜFUNGSTEILNEHMER
NACH ARTEN DER AUSBILDUNGSVERHÄLTNISSE

vH-Struktur der gewichteten Fallzahlen

Umschüler/ nicht Umschüler	extern/ nicht extern	betrieblich/ außerbetrieblich
	extern 2,6 vH	
Umschüler 2,8 vH		außerbetriebliche Berufsausbildung 6,3 vH
berufliche Erst- ausbildung (nicht Umschüler) 86,8 vH	reguläre Berufs- ausbildung (nicht extern) 96,9 vH	regulärer Ausbildungs- betrieb 89,5 vH
ohne Angabe 7,3 vH	ohne Angabe 0,5 vH	ohne Angabe 1,1 vH

100,0 vH

von kaufmännischen Berufen. Bei der Altersstruktur fällt auf, daß sich relativ mehr junge (unter 20 Jahre) und mehr ältere (30 Jahre und älter) Frauen als Männer einer externen Prüfung unterzogen. Die Altersgruppe 25 bis unter 30 Jahren - also das Alter, in dem Frauen am häufigsten kleine Kinder haben - ist hingegen auffallend schwach besetzt. Insgesamt waren die externen Prüfungsteilnehmer je zur Hälfte Männer und Frauen.

Bei den Umschülern hingegen überwogen die Männer mit drei Vierteln. Berufliche Schwerpunkte waren hier bei den Männern die Elektroberufe mit mehr als der Hälfte aller Umschüler, bei den Frauen - wie schon bei den Externen - die Organisations-, Verwaltungs- und Büroberufe (ein Drittel).

Umschüler waren in der Regel älter als der Durchschnitt der Prüfungsteilnehmer (vgl. Übersicht 4) - drei Viertel älter als 25 Jahre, die Hälfte älter als 30 Jahre. Bei den Frauen gab es jedoch auch in der Altersklasse 20 bis unter 25 Jahre einen hohen Anteil von 42,7 vH. Die geringe Zahl der zugrundeliegenden Fälle verbietet hier jedoch eine detaillierte Interpretation.

Eine außerbetriebliche Berufsausbildung wurde von Männern vor allem in den Metall- und Elektroberufen, aber auch in Bau- und Baunebenberufen, von Frauen in den Textil- und Bekleidungs- sowie den Organisations-, Verwaltungs- und Büroberufen durchgeführt (vgl. Übersicht 16).

Diese Art der Berufsausbildung wurde einerseits für Jugendliche eingerichtet, bei denen die Vermittlung in einen regulären Ausbildungsbetrieb erfolglos war, andererseits zählen zur außerbetrieblichen Berufsausbildung auch einige Ausbildungen bei freien Trägern, die mit der Ausbildung in Berufsfachschulen vergleichbar sind, und die mit einer Prüfung vor den für die Berufsausbildung zuständigen Stellen abschließen. Teilweise sind derartige Ausbildungsgänge - etwa für Bürokaufleute - vorübergehend zur Erhöhung des allgemeinen Ausbildungsstellenangebots eingerichtet worden.

Der Charakter der außerbetrieblichen Berufsausbildung spiegelt sich auch in der Vorbildungsstruktur der Prüfungsteilnehmer wider: Gegenüber dem Durchschnitt der Prüfungsteilnehmer (Übersicht 5) gab es hier deutlich

44

Prüfungsteilnehmer mit Externen-Status[1] sowie Umschüler nach
zusammengefaßten Berufsgruppen, Alter und Geschlecht
- vH-Struktur der gewichteten Fallzahlen -

Zusammengefaßte Berufsgruppen/Alter		Externe			Umschüler		
		Männer	Frauen	Insgesamt	Männer	Frauen	Insgesamt
Nr.	Bezeichnung						
21 - 30	Metallberufe	23,3	-	12,2	14,8	10,6	13,7
31	Elektroberufe	17,8	1,5	10,1	53,0	2,6	40,5
34 - 37	Textil-, Bekleidungs- und Lederberufe	-	10,6	5,0	-	15,8	3,9
39 - 43	Ernährungsberufe	1,4	-	0,7	0,9	-	0,7
44 - 51	Bau- u. Baunebenberufe einschl. Tischler, Maler u. Lackierer	32,9	-	17,3	7,8	-	5,9
63	Technische Sonderfachkräfte	-	1,5	0,7	0,9	-	0,7
68 - 70	Waren- u. Dienstleistungskaufleute	13,7	21,2	17,3	4,3	10,5	5,9
75 - 78	Organisations-, Verwaltungs- und Büroberufe	6,8	37,9	21,6	9,6	34,2	15,6
85	Arzthelferberufe	-	10,6	5,0	-	2,6	0,7
90 - 93	Körperpfleger, Gästebetreuer, Hauswirtschafts- und Reinigungsberufe	2,7	15,2	8,6	1,7	15,8	5,2
Sonstige Berufsgruppen[2]		1,4	1,5	1,5	7,0	7,9	7,2
Zusammen		100,0	100,0	100,0	100,0	100,0	100,0
unter 20 Jahre		13,7	27,3	20,2	0,7	-	0,7
20 bis unter 25 Jahre		54,8	30,3	43,2	12,0	42,7	19,6
25 bis unter 30 Jahre		16,4	15,2	15,8	29,1	14,1	25,5
30 Jahre und älter		15,1	25,7	20,1	51,4	43,2	49,0
ohne Angabe		-	1,5	0,7	6,8	-	5,2
Zusammen		100,0	100,0	100,0	100,0	100,0	100,0
Basis		73	66	139	115	37	152
davon:	Männer	.	.	52,5	.	.	75,2
	Frauen	.	.	47,5	.	.	24,8

1) Prüfungsteilnehmer ohne vorherige reguläre Berufsausbildung. Vgl. auch Abschnitt 2.5 - 2) Vgl. hierzu Anhang 3.

mehr Absolventen von Haupt- und Sonderschulen sowie Schulabgänger ohne Abschluß: Machten diese drei Gruppen zusammen durchschnittlich 30,1 vH aus, so waren es bei Prüfungsteilnehmern aus einer außerbetrieblichen Berufsausbildung 55,9 vH. Der relativ hohe Abiturientenanteil von 12,6 vH, der etwa dem Durchschnitt entspricht, ist durch außerbetriebliche Ausbildungen in den geschilderten berufsfachschulähnlichen Einrichtungen mit Prüfung durch die zuständigen Stellen beeinflußt. Zu nennen sind hier Fotografen und Bürokaufleute, die zusammen etwa die Hälfte dieser Prüflinge ausmachen.

Von allen Prüfungsteilnehmern aus außerbetrieblicher Berufsausbildung waren zwei Drittel Männer.

Strukturen der Prüfungsteilnehmer aus regulären Ausbildungsbetrieben

Bei den Prüfungsteilnehmern aus regulären Ausbildungsbetrieben wurde das Merkmal "Zahl der Auszubildenden im Ausbildungsbetrieb" in den Mittelpunkt der Betrachtung gestellt. Es wird als aussagekräftig für einen Einblick in das Ausbildungsumfeld angesehen, weil höhere Zahlen von Auszubildenden auch einen höheren Standard der Ausbildungsorganisation im Betrieb voraussetzen. Wenn auch Schlüsse auf die Qualität der Ausbildung daraus nicht ohne weiteres gezogen werden können, so kann doch davon ausgegangen werden, daß - weil eine größere Notwendigkeit dafür besteht - bei höheren Auszubildendenzahlen die Ausbildung systematischer, vielleicht auch planvoller, erfolgt.

In Übersicht 17 sind zunächst die Zahlen der Auszubildenden im Betrieb mit denen der Beschäftigten (ohne Auszubildende) in Beziehung gesetzt. Beide entsprechenden Fragen an die Prüfungsteilnehmer (11 und 12) waren mit dem Hinweis versehen, daß bei Mehrbetriebsunternehmen nur die Filiale, Niederlassung, Dienststelle, das Zweigwerk zu berücksichtigen sind, also das unmittelbare Ausbildungsumfeld. Dies wurde als stärker die Ausbildungssituation kennzeichnend angesehen als räumlich verteilte Gesamtzahlen für das Unternehmen, die Behörde etc.

Übersicht 16

Prüfungsteilnehmer aus einer außerbetrieblichen Berufsausbildung nach
zusammengefaßten Berufsgruppen, allgemeinbildendem Schulabschluß und Geschlecht
- vH-Struktur der gewichteten Fallzahlen -

Zusammengefaßte Berufsgruppen/ Allgemeinbildender Schulabschluß		Männer	Frauen	Insgesamt
Nr.	Bezeichnung			
21 - 30	Metallberufe	34,6	3,8	25,0
31	Elektroberufe	30,8	5,7	22,9
34 - 37	Textil-, Bekleidungs- und Lederberufe	-	29,3	9,1
39 - 43	Ernährungsberufe	-	1,9	0,6
44 - 51	Bau- u. Baunebenberufe einschl. Tischler, Maler und Lackierer	19,2	6,6	15,3
63	Technische Sonderfachkräfte	0,9	0,9	0,9
68 - 70	Waren- und Dienstleistungs- kaufleute	0,4	-	0,3
75 - 78	Organisations-, Verwaltungs- und Büroberufe	3,9	23,6	10,0
85	Arzthelferberufe	-	0,9	0,3
90 - 93	Körperpfleger, Gästebetreuer, Hauswirtschafts- und Reinigungsberufe	0,4	16,0	5,3
Sonstige Berufsgruppen[1]		9,8	11,3	10,3
Zusammen		100,0	100,0	100,0
Abschluß einer Sonderschule		4,7	2,8	4,1
Hauptschulabschluß		42,7	34,0	40,0
Mittlere Reife oder gleichw. Abschluß		29,1	33,0	30,3
Fachhochschulreife		0,4	0,9	0,6
Abitur oder gleichwertiger Abschluß		12,8	12,3	12,6
Ohne Abschluß		9,4	17,0	11,8
Ohne Angabe zur Allgemeinbildung		0,9	-	0,6
Zusammen		100,0	100,0	100,0
Basis		233	108	341
davon: Männer		.	.	68,8
Frauen		.	.	31,2

1) Vgl. hierzu Anhang 3.

47

Der Vergleich der Auszubildenden- und Beschäftigtenzahlen läßt die Einteilung in drei ausgewählte Situationsmuster zu, die in Übersicht 17 durch Einrahmungen hervorgehoben sind:

- Mehr als ein Drittel aller Prüfungsteilnehmer (36,7 vH) absolvierte die Ausbildung in größeren und Großbetrieben mit 50 und mehr Beschäftigten bei gleichzeitigen Auszubildendenzahlen von 10 und mehr, der weitaus überwiegende Teil davon bei Auszubildendenzahlen von 20 und mehr (30,2 vH).

- Gut ein Viertel (27,6 vH) war in mittleren Betrieben mit 5 bis 49 Beschäftigten und 2 bis 9 Auszubildenden.

- Ein gutes Sechstel (17,9 vH) war in Kleinbetrieben - vom Ein-Mann-Betrieb bis zu höchstens 4 Beschäftigten - entweder als einziger Auszubildender oder in einer kleinen Gruppe bis zu 4 Auszubildenden.

Ein-Mann-Betriebe betreuten insgesamt lediglich 2,1 vH aller Prüfungsteilnehmer. 38,0 vH wurden in Betrieben mit 100 und mehr Beschäftigten ausgebildet.

Einen relativ geringen Anteil an der Ausbildung hatten Betriebe mit 50 bis 99 Beschäftigten (8,1 vH). Dies dürfte weitgehend ein Reflex der Berliner Betriebsgrößenstruktur sein, über die allerdings neuere Angaben nicht vorliegen.[22)]

Insgesamt wird aus Übersicht 17 eine starke Abhängigkeit der Auszubildendenzahl im Betrieb von der Betriebsgröße nach der Beschäftigtenzahl ersichtlich.

Betrachtet man die Geschlechtsstruktur der Prüfungsteilnehmer nach der Größe des Ausbildungsbetriebs (Übersicht 18), dann ergibt sich als Tendenz, daß der Männeranteil mit der Zahl der Beschäftigten im Betrieb zunimmt, der Frauenanteil abnimmt. Dies hängt vermutlich mit der unterschiedlichen Berufs- und damit auch Branchenstruktur von Männer- und Frauen-Ausbildungsverhältnissen zusammen. Die überwiegende Ausbildung von Frauen in

Übersicht 17

Prüfungsteilnehmer aus regulären Ausbildungsbetrieben

nach Zahlen der Auszubildenden und der Beschäftigten im Betrieb sowie Geschlecht

- vH-Struktur der gewichteten Fallzahlen -

Beschäftigtenzahl im Ausbildungsbetrieb (ohne Auszubildende)[1]	Zahl der Auszubildenden im Betrieb[1]					Insgesamt
	1	2 - 4	5 - 9	10 - 19	20 und mehr	
Ein-Mann-Betrieb	1,2	0,9	0,0	-	-	2,1
2 - 4 Beschäftigte	6,3	9,5	0,4	0,0	0,1	16,3
5 - 9 Beschäftigte	3,0	8,1	1,1	0,1	0,2	12,5
10 - 49 Beschäftigte	2,3	11,1	7,3	1,7	0,6	23,0
50 - 99 Beschäftigte	0,2	1,8	2,7	2,2	1,2	8,1
100 und mehr Beschäftigte	0,2	1,6	2,9	4,3	29,0	38,0
Insgesamt	13,2	33,0	14,4	8,3	31,1	100,0
Basis						4 705

1) Fälle ohne Angabe gingen nicht in die Berechnung ein.

Betrieben mit bis zu 9 Beschäftigten macht jedoch auch deutlich, daß Frauen eher in kleinere Ausbildungsbetriebe und damit später auch unsichere Arbeitsverhältnisse dieser Betriebe abgedrängt werden als Männer.

Nach Ausbildungsbereichen betrachtet (vgl. Übersicht 19) verzeichnen Industrie und Handel zwei Schwerpunkte hinsichtlich der Zahl der Auszubildenden im Betrieb: Der eine Schwerpunkt liegt bei 20 und mehr Auszubildenden pro Betrieb (47,0 vH), der andere bei 2 bis 4 (21,2 vH). Im öffentlichen Dienst einschließlich der Sozialversicherung wurden 65,0 vH der Prüfungsteilnehmer in Betrieben ausgebildet, die 20 und mehr Auszubildende hatten. Die übrigen Bereiche - Handwerk, freie Berufe sowie Land- und Hauswirtschaft - haben im allgemeinen nur wenige Auszubildende im Betrieb, besonders - und nicht überraschend - trifft dies auf freie Berufe zu.

In der Totalbetrachtung hat der Bereich Industrie und Handel mehr als ein Viertel der Prüfungsteilnehmer (27,0 vH) in Gruppen von 20 und mehr Auszubildenden pro Betrieb ausgebildet (vgl. Totalstruktur in Übersicht 19). Weitere auffallende Gruppen mit jeweils einem Fünftel aller Prüfungsteilnehmer aus regulären Ausbildungsbetrieben waren die mit 2 bis 4 Auszubildenden in den Bereichen Industrie und Handel (12,2 vH) sowie Handwerk (13,6 vH). Prüfungsteilnehmer aus Betrieben der freien Berufe wurden zu 4,8 vH der Fälle allein, in weiteren 6,0 vH zusammen mit bis zu 3 anderen Auszubildenden je Betrieb ausgebildet.

Wie im Zusammenhang mit Übersicht 17 gezeigt wurde, gibt es eine starke Abhängigkeit der Auszubildendenzahl von der Betriebsgröße. Die hier vorgefundene Struktur der Auszubildendenzahlen je Betrieb nach den Ausbildungsbereichen ist wohl eine direkte Folge dieser Abhängigkeit sowie der unterschiedlichen Betriebsgrößenstrukturen in den Ausbildungsbereichen.

Prüfungsteilnehmer aus regulären Ausbildungsbetrieben
nach Betriebsgröße und Geschlecht

Beschäftigtenzahl im Ausbildungsbetrieb (ohne Auszubildende)	Männer	Frauen	Zusammen	Basis
Ein-Mann-Betrieb	32,3	67,7	100,0	100
2 - 4 Beschäftigte	30,0	70,0	100,0	766
5 - 9 Beschäftigte	41,0	59,0	100,0	590
10 - 49 Beschäftigte	62,4	37,6	100,0	1 089
50 - 99 Beschäftigte	63,9	36,1	100,0	385
100 und mehr Beschäftigte	65,8	34,2	100,0	1 804
Insgesamt	55,4	44,6	100,0	4 817

Übersicht 19

Prüfungsteilnehmer aus regulären Ausbildungsbetrieben
nach Zahl der Auszubildenden im Betrieb und Ausbildungsbereichen

Ausbildungsbereiche	Zahl der Auszubildenden im Betrieb							Basis
	1	2 - 4	5 - 9	10 - 19	20 und mehr	Ohne Angabe	Zusammen	
	- Zeilenstruktur -							
Industrie und Handel	8,0	21,2	13,8	9,1	47,0	0,9	100,0	2 741
Handwerk	12,9	50,8	20,6	9,0	5,6	1,1	100,0	1 274
Öffentl. Dienst einschl. Sozialversicherung	5,0	11,5	5,5	11,5	65,0	1,5	100,0	200
Freie Berufe	42,5	53,4	2,8	0,9	-	0,4	100,0	537
Land- und Hauswirtschaft	4,7	48,4	34,4	9,4	3,1	-	100,0	64
Insgesamt	12,9	32,6	14,3	8,3	31,0	0,9	100,0	4 816
	- Totalstruktur[1]) -							
Industrie und Handel	4,6	12,2	7,9	5,2	27,0		56,9	
Handwerk	3,5	13,6	5,5	2,4	1,5		26,5	
Öffentl. Dienst einschl. Sozialversicherung	0,2	0,5	0,2	0,5	2,7		4,1	
Freie Berufe	4,8	6,0	0,3	0,1	-		11,2	
Land- und Hauswirtschaft	0,1	0,6	0,5	0,1	0,0		1,3	
Insgesamt	13,2	32,9	14,4	8,3	31,2		100,0	4 733

1) Fälle ohne Angabe gingen nicht in die Berechnung ein.

Integration der Ausbildung in den Betriebsablauf

Intensiver noch als aus der Zahl der Auszubildenden im Betrieb lassen sich Schlüsse auf den Organisationsgrad der Ausbildung aus der Frage nach der Integration der Ausbildung in den Betriebsablauf (Frage 13) ziehen. Es wurde gefragt, ob die praktische Ausbildung durch den Betrieb überwiegend in gesonderten Lehr-/Unterrichtseinrichtungen oder überwiegend im regulären Arbeitsprozeß stattfand, oder ob sich beides etwa die Waage hielt. In Übersicht 20 sind die Strukturen der Antworten zunächst in der weiteren Differenzierung nach der Beschäftigtenzahl angegeben, wobei - wie auch in den folgenden Übersichten 21 und 22 - die Fälle ohne Angaben zu dieser Frage nicht in die Berechnung eingegangen sind. Für jedes Lehrjahr addieren sich die Anteile zu hundert, so daß sowohl ein direkter Vergleich der Lehrjahre als auch der Betriebsgrößenkategorien möglich ist.

Insgesamt wird zunächst deutlich, daß die Ausbildung in gesonderten Lehr-/Unterrichtseinrichtungen mit dem Fortgang der Lehrzeit abnimmt, die Ausbildung im regulären Arbeitsprozeß zunimmt. Weiterhin wächst mit der Zunahme der Betriebsgröße auch der Anteil der Ausbildung in gesonderten Lehr-/Unterrichtseinrichtungen in allen drei/vier Lehrjahren, wenngleich die Unterschiede nach der Betriebsgröße im dritten/vierten Lehrjahr deutlich geringer sind als im ersten Lehrjahr.

Nach Ausbildungsbereichen differenziert (Übersicht 21) waren die Anteile der Ausbildung in gesonderten Lehr-/Unterrichtseinrichtungen in Industrie und Handel sowie im öffentlichen Dienst einschließlich Sozialversicherung beachtenswert hoch (im ersten Lehrjahr ein Drittel beziehungsweise ein Viertel).

Im Bereich öffentlicher Dienst einschließlich Sozialversicherung fand darüber hinaus die Ausbildung nur zu einem Drittel überwiegend im regulären Arbeitsprozeß statt - und zwar in allen drei/vier Lehrjahren - und lag damit weit unter dem Durchschnitt von zwei Dritteln bis vier Fünfteln. Die Ausbildung zu gleichen Teilen in gesonderten Einrichtungen und im Arbeitsprozeß (Spalten 3, 7 und 11 der Übersicht 21) nahm darüber hinaus mit der Zahl der Lehrjahre deutlich zu.

Übersicht 20

Prüfungsteilnehmer aus regulären Ausbildungsbetrieben nach Beschäftigtenzahl im Betrieb und Integration der Ausbildung in den Betriebsablauf

- vH-Struktur der gewichteten Fallzahlen[1] -

Beschäftigtenzahl im Ausbildungsbetrieb (ohne Auszubildende)	Die Ausbildung fand in den einzelnen Lehrjahren überwiegend in folgenden Betriebsbereichen statt:												Pro Lehrjahr zusammen
	Im 1. Lehrjahr				Im 2. Lehrjahr				Im 3./4. Lehrjahr				
	Lehrwerkstatt	Arbeitsprozeß	Teils/teils	Basis	Lehrwerkstatt	Arbeitsprozeß	Teils/teils	Basis	Lehrwerkstatt	Arbeitsprozeß	Teils/teils	Basis	
	(1)	(2)	(3)	(4)	(5)	(6)	(7)	(8)	(9)	(10)	(11)	(12)	(13)
Ein-Mann-Betrieb	9,3	84,5	6,2	97	2,2	90,2	7,6	92	3,2	93,6	3,2	62	100,0
2 - 4 Beschäftigte	5,1	85,1	9,8	752	1,8	87,4	10,8	737	2,0	90,1	7,9	444	100,0
5 - 9 Beschäftigte	5,1	85,2	9,7	587	2,6	88,1	9,3	582	2,5	89,4	8,1	357	100,0
10 - 49 Beschäftigte	13,2	75,6	11,2	1 071	4,5	83,6	11,9	1 059	4,4	85,4	10,2	752	100,0
50 - 99 Beschäftigte	25,6	64,0	10,4	386	7,5	77,3	15,2	375	3,8	85,9	10,3	262	100,0
100 und mehr Beschäftigte	45,1	39,1	15,8	1 792	17,1	59,5	23,4	1 769	6,9	67,0	26,1	1 161	100,0
Insgesamt	24,1	63,6	12,3	4 734	8,9	75,2	15,9	4 666	4,8	79,7	15,5	3 069	100,0

1) Fälle ohne Angabe gingen nicht in die Berechnungen ein.

Übersicht 21

Prüfungsteilnehmer aus regulären Ausbildungsbetrieben nach Ausbildungsbereichen und Integration der Ausbildung in den Betriebsablauf

- vH-Struktur der gewichteten Fallzahlen[1] -

Ausbildungs-bereich	Die Ausbildung fand in den einzelnen Lehrjahren überwiegend in folgenden Betriebsbereichen statt:												Pro Lehrjahr zusammen
	Im 1. Lehrjahr				Im 2. Lehrjahr				Im 3./4. Lehrjahr				
	Lehr-werk-statt	Arbeits-prozeß	Teils/teils	Basis	Lehr-werk-statt	Arbeits-prozeß	Teils/teils	Basis	Lehr-werk-statt	Arbeits-prozeß	Teils/teils	Basis	
	(1)	(2)	(3)	(4)	(5)	(6)	(7)	(8)	(9)	(10)	(11)	(12)	(13)
Industrie und Handel	33,8	52,7	13,5	2 702	12,3	68,2	19,5	2 655	5,1	76,2	18,7	1 570	100,0
Handwerk	12,7	80,9	6,4	1 240	3,2	89,6	7,2	1 239	3,3	91,2	5,5	1 112	100,0
Öffent. Dienst einschl. Sozialversicherung	25,6	33,9	40,5	195	18,8	36,5	44,7	197	14,3	30,8	54,9	182	100,0
Freie Berufe	3,0	86,3	10,7	531	2,4	88,4	9,2	509	2,1	86,8	11,1	189	100,0
Land- und Haus-wirtschaft	3,0	90,9	6,1	66	3,0	95,5	1,5	66	-	93,8	6,2	16	100,0
Insgesamt	24,1	63,6	12,3	4 734	8,9	75,2	15,9	4 666	4,8	79,7	15,5	3 069	100,0

1) Fälle ohne Angabe gingen nicht in die Berechnungen ein.

Prüfungsteilnehmer aus regulären Ausbildungsbetrieben nach Ausbildungsberufen
und Integration der Ausbildung in den Betriebsablauf
- vH-Struktur der gewichteten Fallzahlen[1] -

Berufsgruppen darunter: Berufsklassen	Die Ausbildung fand in den einzelnen Lehrjahren überwiegend in folgenden Betriebsbereichen statt:												Pro Lehrjahr zusammen
	Im 1. Lehrjahr				Im 2. Lehrjahr				Im 3./4. Lehrjahr				
	Lehrwerkstatt	Arbeitsprozeß	Teils/teils	Basis	Lehrwerkstatt	Arbeitsprozeß	Teils/teils	Basis	Lehrwerkstatt	Arbeitsprozeß	Teils/teils	Basis	
	(1)	(2)	(3)	(4)	(5)	(6)	(7)	(8)	(9)	(10)	(11)	(12)	(13)
05 Gartenbauer	2,1	92,5	5,4	93	2,2	95,6	2,2	92	-	97,6	2,4	42	100,0
26 Feinblechner, Installateure	16,6	66,3	17,1	163	4,3	82,1	13,6	162	4,5	82,1	13,4	156	100,0
dar.: 2621 Gas-, Wasserinstallateure	3,5	91,7	4,8	84	3,5	91,7	4,8	84	3,6	88,0	8,4	83	100,0
27 Schlosser	73,4	19,2	7,4	203	24,3	57,9	17,8	202	6,5	75,6	17,9	201	100,0
dar.: 2710 Bauschlosser	39,3	47,6	13,1	61	1,6	82,0	16,4	61	5,0	86,7	8,3	60	100,0
2730 Maschinenschlosser	98,6	-	1,4	69	56,5	18,9	24,6	69	5,8	75,4	18,8	69	100,0
28 Mechaniker	46,0	49,8	4,2	239	20,2	69,7	10,1	236	4,4	85,9	9,7	226	100,0
dar.: 2811 Kraftfahrzeuginstandsetzer	26,7	66,9	6,4	157	5,2	85,8	9,0	155	3,9	89,6	6,5	154	100,0
30 Metallfeinbauer und zugeordnete Berufe	13,3	86,7	-	45	-	88,9	11,1	45	2,2	95,6	2,2	45	100,0
31 Elektriker	69,8	25,0	5,2	524	35,0	38,7	26,3	520	16,9	63,2	19,9	231	100,0
dar.: 3110 Elektroinstallateure, -monteure	51,0	44,0	5,0	241	19,8	54,9	25,3	237	8,6	87,5	3,9	128	100,0
3120 Fernmeldemonteure, -handwerker	86,2	-	13,8	58	44,8	12,1	43,1	58	22,0	15,3	62,7	58	100,0
3143 Elektrofeingerätemechaniker	93,8	3,1	3,1	129	64,6	10,0	25,4	129	100,0	-	-	6	100,0
35 Textilverarbeiter	49,2	40,0	10,8	65	40,5	51,4	8,1	37	11,1	66,7	22,2	9	100,0
dar.: 3520 Bekleidungsnäher	50,0	39,3	10,7	56	41,4	55,2	3,4	29	-	100,0	-	1	100,0
39 Back-, Konditorwarenhersteller	5,1	88,1	6,8	59	1,7	85,0	13,3	59	1,7	79,7	18,6	59	100,0
48 Bauausstatter	58,7	34,8	6,5	46	4,3	78,7	17,0	46	4,5	84,1	11,4	44	100,0
51 Maler, Lackierer u. verwandte Berufe	2,6	94,8	2,6	154	1,3	96,1	2,6	154	-	94,7	5,3	150	100,0
63 Technische Sonderfachkräfte	67,6	26,5	5,9	68	7,4	79,4	13,2	68	14,9	44,7	40,4	47	100,0
68 Warenkaufleute	4,0	82,4	13,6	910	3,1	82,3	14,6	897	4,3	81,3	14,4	278	100,0
dar.: 6811 Groß-, Außenhandelskaufl.	1,7	96,6	1,7	60	-	98,4	1,6	60	-	94,2	5,8	52	100,0
6812 Einzelhandelskaufleute	3,7	80,6	15,7	217	3,3	76,8	19,9	211	5,6	73,4	21,0	143	100,0
6820 Verkäufer	4,0	77,7	18,3	443	3,0	79,8	17,2	435	7,4	77,8	14,8	27	100,0
6821 Gewerbegehilfen	4,3	91,4	4,3	116	4,4	87,8	7,8	115	12,5	87,5	-	8	100,0
69 Bank-, Versicherungskaufleute	3,5	60,3	36,2	257	3,5	57,0	39,5	256	5,7	56,9	37,4	230	100,0
dar.: 6910 Bankkaufleute	0,9	58,3	40,8	211	2,9	53,8	43,3	210	5,3	51,6	43,1	188	100,0
6940 Versicherungskaufleute	15,2	69,6	15,2	46	6,7	73,3	20,0	45	7,1	81,0	11,9	42	100,0
70 Andere Dienstleistungskaufleute und zugehörige Berufe	3,2	93,6	3,2	63	-	98,4	1,6	63	-	96,1	3,9	51	100,0
dar.: 7011 Speditionskaufleute	-	96,8	3,2	31	-	96,8	3,2	31	-	96,4	3,6	28	100,0
7535 Fachgehilfen in steuer- und wirtschaftsberatenden Berufen[2]	2,0	88,1	9,9	101	-	95,1	4,9	101	-	93,3	6,7	89	100,0
78 Bürofachkräfte	5,1	73,3	21,6	648	1,8	76,4	21,8	651	3,9	72,4	23,7	438	100,0
dar.: 7810 Bürofachkräfte, allgem.	2,7	79,8	17,5	257	0,4	83,8	15,8	260	-	96,2	3,8	106	100,0
7811 Verwaltungsfachkräfte öffentlicher Dienst	14,5	38,6	46,9	145	6,1	41,5	52,4	147	9,7	33,6	56,7	134	100,0
7812 Industriekaufleute	1,5	88,1	10,4	135	0,7	90,5	8,8	136	0,8	89,2	10,0	120	100,0
7813 Rechtsanwalts- und Notargehilfen	3,1	85,7	11,2	98	2,1	86,6	11,3	97	4,5	79,1	16,4	67	100,0
85 Arzthelferberufe	2,9	86,1	11,0	308	3,1	86,5	10,4	289	3,3	83,4	13,3	30	100,0
dar.: 8561 Arzthelfer	3,7	86,8	9,5	189	4,0	86,3	9,7	175	-	89,5	10,5	19	100,0
8562 Zahnarzthelfer	1,9	83,3	14,8	108	1,8	86,3	11,9	109	9,1	72,7	18,2	11	100,0
9011 Friseure[2]	10,3	77,3	12,4	194	2,1	89,2	8,7	194	3,1	93,8	3,1	192	100,0
91 Gästebetreuer	10,5	88,2	1,3	76	-	98,7	1,3	76	-	100,0	-	74	100,0
dar.: 9113 Hotel-, Gaststättenkaufl.	11,5	86,9	1,6	61	-	100,0	-	61	-	100,0	-	60	100,0
Übrige Berufsgruppen[3]	48,3	42,3	9,4	518	8,2	80,5	11,3	513	4,0	84,4	11,6	480	100,0
Insgesamt	24,1	63,6	12,3	4 734	8,9	75,2	15,9	4 666	4,8	79,7	15,5	3 069	100,0
davon: Männer	36,3	54,3	9,4	2 636	12,7	71,8	15,5	2 617	4,9	80,5	14,6	2 036	100,0
Frauen	8,8	75,2	16,0	2 098	4,1	79,4	16,5	2 049	4,7	78,1	17,2	1 033	100,0

1) Fälle ohne Angabe gingen nicht in die Berechnungen ein. - 2) Jeweils einzige Berufsklasse in der Berufsgruppe. - 3) Siehe Anhang 2.

Neben dem Bereich Industrie und Handel scheint die Berufsausbildung im öffentlichen Dienst einschließlich Sozialversicherung zu den am stärksten formal organisierten zu gehören.

In den Bereichen Handwerk, freie Berufe sowie Land- und Hauswirtschaft fand die Ausbildung überwiegend im regulären Arbeitsprozeß statt, und zwar bei Anteilen von 80,9 vH bis 95,5 vH der Prüfungsteilnehmer.

Die Angaben über die Integration der Ausbildung in den Betriebsablauf sind weiterhin nach Ausbildungsberufen differenziert angegeben worden (Übersicht 22). In einer derart starken Differenzierung kommen Schwankungen der Anteile auch durch häufigere Zufälle bei nur kleinen Fallzahlen zustande, dies insbesondere im dritten/vierten Lehrjahr, das bei einigen Ausbildungsberufen - wegen unterschiedlicher berufsspezifischer Ausbildungszeiten - nur noch gering besetzt war, in einigen Fällen wohl mit Wiederholern.

Um einen Überblick über berufsspezifische Integrationsschwerpunkte der Ausbildung in den Betriebsablauf zu bekommen, sollen jeweils die zehn Berufe mit den im ersten Lehrjahr höchsten Anteilen von Prüfungsteilnehmern, die in gesonderten Lehr-/Unterrichtseinrichtungen einerseits beziehungsweise im Arbeitsprozeß andererseits ausgebildet wurden, herausgehoben werden.

Die Ausbildungsberufe mit besonders hohen Anteilen der Ausbildung in gesonderten Lehr-/Unterrichtseinrichtungen waren (vH-Anteile aus Spalte 1 der Übersicht 22, Durchschnitt 24,1 vH):

2730	Maschinenschlosser	(98,6 vH)
3143	Elektrofeingerätemechaniker	(93,8 vH)
3120	Fernmeldemonteure, -handwerker	(86,2 vH)
63	Technische Sonderfachkräfte	(67,6 vH)
48	Bauausstatter	(58,7 vH)
3110	Elektroinstallateure, -monteure	(51,0 vH)
3520	Bekleidungsnäher	(50,0 vH)
Übrige Berufsgruppen (siehe Anhang 2)		(48,3 vH)

| 2710 | Bauschlosser | (39,3 vH) |
| 2811 | Kraftfahrzeuginstandsetzer | (26,7 vH) |

Die Ausbildungsberufe mit besonders hohen Anteilen der Ausbildung im regulären Arbeitsprozeß waren (vH-Anteile aus Spalte 2 der Übersicht 22, Durchschnitt 63,6 vH):

7011	Speditionskaufleute	(96,8 vH)
6811	Groß-, Außenhandelskaufleute	(96,6 vH)
51	Maler, Lackierer und verwandte Berufe	(94,8 vH)
05	Gartenbauer	(92,5 vH)
2621	Gas-, Wasserinstallateure	(91,7 vH)
6821	Gewerbegehilfen	(91,4 vH)
7535	Fachgehilfen in steuer- und wirtschaftsberatenden Berufen	(88,1 vH)
7812	Industriekaufleute	(88,1 vH)
39	Back-, Konditorwarenhersteller	(88,1 vH)
91	Hotel-, Gaststättenkaufleute	(86,9 vH)

Die hier ausgewählten Berufe mit besonders hohen Anteilen der Ausbildung in gesonderten Lehr-/Unterrichtseinrichtungen gehören somit nahezu vollständig zum gewerblich-technischen Bereich, die mit auffallend hohen Anteilen der Ausbildung im regulären Arbeitsprozeß sind etwa zur Hälfte kaufmännisch.

Schließlich sei auf geschlechtsspezifische Unterschiede eingegangen, zu denen Angaben am Ende der Übersicht 22 gemacht wurden. In den ersten beiden Lehrjahren überwog bei Männern die Ausbildung in gesonderten Lehr-/Unterrichtseinrichtungen gegenüber den Frauen, was offenbar mit dem Übergewicht der Männer in gewerblich-technischen Berufen zusammenhängt. Darauf dürfte auch die durchschnittlich kürzere Ausbildungszeit der Frauen zurückzuführen sein: Ein drittes/viertes Lehrjahr absolvierten nur etwa die Hälfte der Frauen, gegenüber drei Vierteln bei Männern. Dies ist die Folge der kürzeren Ausbildungszeit in einigen Frauenberufen wie

- Bekleidungsnähern,

- Verkäufern,

- Gewerbegehilfen,

- Arzthelferberufen.

Darüber hinaus dürfte auch das durchschnittlich höhere allgemeine Bildungsniveau der Frauen (vgl. Abschnitt 3.1.1) von Bedeutung sein, das eine kürzere Ausbildungszeit bewirken kann.

3.2 Ausbildungsplatzsuche und Ausbildungszufriedenheit

In diesem Abschnitt sollen die Erfahrungen der Prüfungsteilnehmer mit der Ausbildungs- und Arbeitswelt analysiert werden, die der betrieblichen Berufsausbildung vorausgingen. Neben schon vorher anderweitig begonnener oder abgeschlossener beruflicher Ausbildung sowie Erfahrungen mit Beschäftigung und Arbeitslosigkeit sollen Bedingungen, Strategien und Ergebnisse der Ausbildungsstellensuche und schließlich die Zufriedenheit mit der dann erfolgten Berufswahl untersucht werden.

3.2.1 Berufliche Vorbildung, vorherige Beschäftigung und Arbeitslosigkeit

Berufliche Vorbildung

Drei Viertel der Prüfungsteilnehmer hatten keine berufliche Vorbildung (vgl. Übersicht 23). Bei den Kategorien zur beruflichen Vorbildung waren Mehrfachangaben möglich. Dadurch addieren sich die Anteile zu über hundert. Jeder vierte Prüfungsteilnehmer hatte also bereits mindestens eine berufsbildende Vorerfahrung. Zwei Drittel dieser beruflichen Ausbildungen oder Praktika waren abgeschlossen. Zu den fast vollständig zu Ende geführten Ausbildungen und sonstigen berufsbildenden Vorerfahrungen gehören vorherige Praktika, Volontariate, betriebliche Einarbeitungen sowie berufliche Eingliederungslehrgänge - mit Ausnahme des Berufsgrundbildungsjahres (BGJ), das nur in zwei von drei Fällen abgeschlossen worden ist. Größtenteils nicht zu Ende geführt wurden vorheriges Studium (84,3 vH

Übersicht 23

Prüfungsteilnehmer nach Art
der beruflichen Vorbildung und Geschlecht
- vH-Struktur der gewichteten Fallzahlen -

Berufliche Vorbildung (Mehrfachangaben waren möglich)	Männer	Frauen	Insgesamt
Keine berufliche Vorbildung	76,6	73,6	75,1
Praktikum, Volontariat, betriebliche Einarbeitung	6,0	5,5	5,9
Abgebrochenes BGJ[1], abgebrochene sonstige Eingliederungslehrgänge	2,7	4,2	3,4
BGJ[1], sonstige Eingliederungslehrgänge zu Ende geführt	9,5	8,4	9,1
Berufsfachschule abgebrochen	1,0	2,3	1,6
Berufsfachschule abgeschlossen	0,8	2,0	1,3
Andere Lehre abgebrochen	4,3	5,4	4,8
Andere Lehre abgeschlossen	2,0	2,2	2,1
Studium (abgebrochen oder abgeschlossen)	0,9	1,3	1,0
Sonstige berufliche Vorbildung	1,4	1,2	1,3
Ohne Angabe	0,9	0,8	0,9
Zusammen	106,1	106,9	106,5
Basis	3 026	2 352	5 378

1) Berufsgrundbildungsjahr.

nicht zu Ende geführt), vorherige andere Lehre (68,0 vH nicht zu Ende geführt) und Berufsfachschule (53,8 vH nicht zu Ende geführt).

Beschäftigung vor der Ausbildung

Etwa ein Fünftel aller Prüfungsteilnehmer hatte vor der gerade zu Ende gehenden Berufsausbildung schon mindestens eine regelmäßige Teilzeit- oder Vollzeitbeschäftigung, knapp 2 vH waren in einer Arbeitsbeschaffungsmaßnahme (vgl. Übersicht 24). Männer hatten dabei geringfügig öfter Beschäftigungserfahrungen als Frauen. Erwartungsgemäß war die Erfahrung mit der Arbeitswelt stark mit dem Alter korreliert (vgl. Übersicht 25): Von den Prüfungsteilnehmern im Alter von 23 Jahren und darüber hatte mehr als die Hälfte vorher schon regelmäßig gearbeitet, von den über Dreißigjährigen fast alle.

Die Erfahrungen mit regelmäßiger Beschäftigung vor Beginn der letzten Berufsausbildung wurden im Hinblick auf ihre Abhängigkeit von weiteren Merkmalen untersucht. Zunächst wurde eine Abhängigkeit von der beruflichen Vorbildung festgestellt: Die meisten Arbeitserfahrungen hatten Prüfungsteilnehmer mit einer abgeschlossenen anderen Lehre und "sonstiger" beruflicher Vorbildung (vgl. Übersicht 26). Aber auch bei abgebrochener anderer Lehre, bei Berufsfachschulbesuch und Studium - abgebrochen wie abgeschlossen - waren die Erfahrungen mit einer regelmäßigen Beschäftigung überdurchschnittlich. Auffallend ist auch der Anteil von fast 40 vH Beschäftigungserfahrenen bei abgebrochenem Berufsgrundbildungsjahr oder sonstigen Eingliederungslehrgängen. Offenbar hatten Berufserfahrene mehr Chancen als andere, aus dem BGJ heraus in ein reguläres Ausbildungsverhältnis zu wechseln.

Auch zwischen allgemeinbildendem Schulabschluß und Beschäftigungserfahrung gibt es eindeutige Beziehungen: Fast zur Hälfte hatten Prüfungsteilnehmer mit Hochschul- oder Fachhochschulreife bereits vorher eine Beschäftigung. Aber auch Sonderschüler waren vor der Berufsausbildung überdurchschnittlich häufig erwerbstätig (vgl. Übersicht 27).

Übersicht 24

Prüfungsteilnehmer nach regelmäßiger Teilzeit- oder
Vollzeitbeschäftigung vor Beginn der Berufsausbildung und Geschlecht
- vH-Struktur der gewichteten Fallzahlen -

Vorherige Beschäftigung	Männer	Frauen	Insgesamt
Vor der Berufsausbildung waren in regelmäßiger Beschäftigung	21,8	18,6	20,4
davon waren			
in Arbeitsbeschaffungs- maßnahmen (ABM)	2,0	1,5	1,8
nicht in ABM	17,1	14,8	16,1
ohne Angabe zu ABM	2,7	2,3	2,5
Vor der Berufsausbildung hatten keine regelmäßige Beschäftigung	77,1	80,0	78,4
Ohne Angabe zur Beschäftigung	1,1	1,4	1,2
Zusammen	100,0	100,0	100,0
Basis	3 026	2 352	5 378

Übersicht 25

Anteile von Prüfungsteilnehmern mit regelmäßiger
Teilzeit- oder Vollzeitbeschäftigung vor Beginn der
Berufsausbildung an allen Prüfungsteilnehmern
nach Alter und Geschlecht
- in vH der gewichteten Fallzahlen[1] -

Alter	Anteile von Prüfungsteilnehmern mit regelmäßiger Beschäftigung vor der Berufsausbildung		
	Männer	Frauen	Insgesamt
17 Jahre	9,1	-	3,1
18 Jahre	2,4	2,4	2,4
19 Jahre	5,8	5,7	5,8
20 Jahre	12,0	15,1	13,1
21 Jahre	28,8	29,0	29,0
22 Jahre	39,0	51,2	44,2
23 Jahre	60,2	49,3	56,4
24 Jahre	75,6	61,5	70,1
25 Jahre bis 29 Jahre	80,8	79,1	79,7
30 Jahre und älter	94,4	88,5	92,3
Insgesamt	22,0	18,9	20,7

1) Fälle ohne Angabe gingen nicht in die Berechnungen ein.

Übersicht 26

Anteile von Prüfungsteilnehmern mit regelmäßiger
Teilzeit- oder Vollzeitbeschäftigung vor Beginn der
Berufsausbildung an allen Prüfungsteilnehmern
nach Art der beruflichen Vorbildung und Geschlecht
- in vH der gewichteten Fallzahlen[1] -

Berufliche Vorbildung (Mehrfachangaben waren möglich)	Anteile von Prüfungsteilnehmern mit regelmäßiger Beschäftigung vor der Berufsausbildung		
	Männer	Frauen	Insgesamt
Keine berufliche Vorbildung	15,8	12,0	14,2
Praktikum, Volontariat, betriebliche Einarbeitung	35,0	28,1	32,0
Abgebrochenes BGJ[2], abgebrochene sonstige Eingliederungslehrgänge	45,7	35,1	39,9
BGJ[2], sonstige Eingliederungslehrgänge zu Ende geführt	27,5	21,6	25,2
Berufsfachschule abgebrochen	80,6	46,3	58,8
Berufsfachschule abgeschlossen	54,2	43,5	47,1
Andere Lehre abgebrochen	67,7	51,2	59,6
Andere Lehre abgeschlossen	80,0	78,8	79,5
Studium (abgebrochen oder abgeschlossen)	66,7	63,3	64,9
Sonstige berufliche Vorbildung	78,0	65,5	72,9
Insgesamt	22,0	18,9	20,7

1) Fälle ohne Angabe gingen nicht in die Berechnungen ein. - 2) Berufsgrundbildungsjahr.

Übersicht 27

Anteile von Prüfungsteilnehmern mit regelmäßiger Teilzeit-
oder Vollzeitbeschäftigung vor Beginn der Berufsausbildung
an allen Prüfungsteilnehmern nach allgemeinbildendem
Schulabschluß und Geschlecht
- in vH der gewichteten Fallzahlen[1] -

Allgemeinbildender Schulabschluß	Anteile von Prüfungsteilnehmern mit regelmäßiger Beschäftigung vor der Berufsausbildung		
	Männer	Frauen	Insgesamt
Abschluß einer Sonderschule	29,6	25,0	29,0
Hauptschulabschluß	19,0	16,7	18,2
Mittlere Reife oder gleich-wertiger Abschluß	15,9	13,5	14,8
Fachhochschulreife	43,8	47,6	45,9
Abitur oder gleichwertiger Abschluß	58,7	40,8	49,4
Ohne Abschluß	21,7	14,8	18,8
Insgesamt	22,0	18,9	20,7

1) Fälle ohne Angabe gingen nicht in die Berechnungen ein.

Bei den Abiturienten kann man wohl einerseits in der Erwerbstätigkeit die Überbrückung der Zeit vom Abitur (am Jahresanfang) bis zu Beginn der Lehre (in der Regel Anfang September) vermuten. Andererseits kommt die Vermutung hinzu, daß ein Teil der Abiturienten eigentlich lieber eine andere Ausbildung - etwa ein Studium - begonnen hätte und daher zunächst eine Überbrückungs-Beschäftigung bis zur Einmündung in eine betriebliche Berufsausbildung als "zweitbester" Lösung eingegangen ist. Es gibt also die Vermutung einer gewissen Berufsfindungsphase bei dieser Gruppe.

Sonderschüler hingegen dürften eher mit Schwierigkeiten konfrontiert sein, überhaupt einen Ausbildungsplatz zu bekommen und sich von daher gezwungen sehen, zunächst jede Möglichkeit der Integration ins Erwerbsleben - auch die einer Gelegenheitsarbeit - wahrzunehmen.

Den "normalsten" Übergang in die betriebliche Berufsausbildung hatten Prüfungsteilnehmer mit Realschul- oder gleichwertigem Abschluß: Bei dieser Gruppe war die vorherige Beschäftigungserfahrung am geringsten.

Die These von der vorherigen Erwerbstätigkeit als Berufsfindungsphase bestimmter sozialstrukturierter Gruppen wird auch durch die Betrachtung der Übereinstimmung von Berufswünschen und Berufswahl sowie der Identifikation mit der Ausbildungsentscheidung[23] gestützt: Überdurchschnittlich häufig lag dann eine vorherige Beschäftigung vor, wenn eigentlich eine ganz andere Ausbildung als eine Lehre angestrebt war und wenn auch im nachhinein lieber eine andere Ausbildung gemacht worden wäre (vgl. Übersicht 28).

Aus Übersicht 28 wird schließlich auch eine Wechselwirkung zwischen dem ursprünglichen Wunsch einer Berufstätigkeit ohne Ausbildung und tatsächlich schon vor der Berufsausbildung ausgeübter Berufstätigkeit deutlich. Weshalb trotz ursprünglich anderer Berufsvorstellungen dennoch eine betriebliche Berufsausbildung eingegangen wurde, läßt sich nicht eindeutig nachvollziehen. Eine überdurchschnittlich hohe vorherige Arbeitslosigkeit oder auch Beschäftigung in einer Arbeitsbeschaffungsmaßnahme (ABM), die dies hätten erklären können, wurden nicht festgestellt. Allerdings gab es einen auffallend hohen Anteil von Hauptschulabsolventen (59,2 vH, Durch-

Übersicht 28

Anteile von Prüfungsteilnehmern mit regelmäßiger Teilzeit-
oder Vollzeitbeschäftigung vor Beginn der Berufsausbildung
an allen Prüfungsteilnehmern nach Übereinstimmung von
Berufswunsch und Berufswahl, Identifikation mit der
Ausbildungsentscheidung und Geschlecht
- in vH der gewichteten Fallzahlen[1] -

Berufswunsch vor der Berufsausbildung/ Identifikation mit der Ausbildungsentscheidung	Anteile von Prüfungsteilnehmern mit regelmäßiger Beschäftigung vor der Berufsausbildung		
	Männer	Frauen	Insgesamt
Berufswunsch vor Berufs-ausbildung			
- jetziger Ausbildungsberuf	18,7	15,5	17,5
- andere Lehre	20,1	16,2	18,0
- ganz andere Ausbildung	38,1	34,8	36,4
- Berufstätigkeit ohne Ausbildung	64,1	50,0	60,4
Identifikation mit der Ausbildungsentscheidung Bei einer erneuten Entschei-dungsmöglichkeit würde folgende Wahl getroffen:			
- Wiederwahl des Aus-bildungsberufs	21,2	18,3	20,0
- Wahl einer anderen Lehre	19,3	15,8	17,5
- Wahl einer Alternative ohne Lehre	29,6	29,1	29,4
Insgesamt	22,0	18,9	20,7

1) Fälle ohne Angabe gingen nicht in die Berechnungen ein.

schnitt 26,8 vH) in dieser Gruppe sowie überdurchschnittlich viele Prüfungsteilnehmer mit vorheriger Erfahrung als Praktikanten und Volontäre (36,2 vH, Durchschnitt 5,2 vH). Dies könnte bedeuten, daß der Versuch, eine als angemessen betrachtete Arbeitsstelle ohne besondere Ausbildungsvoraussetzungen zu finden, gerade bei Hauptschulabgängern häufig fehlgeschlagen und dadurch das vielleicht vorher noch nicht voll entwickelte Bewußtsein über den Wert einer Berufsausbildung gewachsen ist. Hierauf deutet auch der überdurchschnittlich hohe Praktikantenanteil hin. Erfahrungen aus einem Praktikum oder Volontariat können bei dieser Personengruppe dazu geführt haben, sich über Bedingungen des Arbeitslebens klar zu werden.

Arbeitslosigkeit vor der Ausbildung

Der Anteil der Prüfungsteilnehmer mit Arbeitslosigkeit vor der Berufsausbildung lag ebenso wie der mit vorheriger Beschäftigung bei etwa einem Fünftel, allerdings waren - anders als dort - die Frauen geringfügig häufiger von Arbeitslosigkeit betroffen als Männer (vgl. Übersicht 29). Bis auf geringe Ausnahmen dauerte die Arbeitslosigkeit nicht sehr lange: Bei über der Hälfte nicht länger als 3 Monate. Ebenfalls die Hälfte aller vorherigen Arbeitslosen hatte sich nicht beim Arbeitsamt gemeldet (vgl. Übersicht 30). Selbst bei einer Dauer der Arbeitslosigkeit von 12 Monaten und mehr haben sich 35 vH nicht beim Arbeitsamt registrieren lassen. Dies kann als ein erneuter Hinweis dafür gewertet werden, daß die Zahl der registrierten jugendlichen Arbeitslosen nur unzureichend die Beschäftigungsproblematik der Jugendlichen widerspiegelt.[24]

6,0 vH aller vorherigen Arbeitslosen waren vor der Berufsausbildung in Arbeitsbeschaffungsmaßnahmen.

Bei der Betrachtung der Arbeitslosigkeit in Abhängigkeit von einer Reihe von Variablen fällt zunächst auf, daß - wie schon die vorherige Beschäftigung - auch die Arbeitslosigkeit mit dem Alter korreliert (vgl. Übersicht 31). Besonders die länger andauernde Arbeitslosigkeit ist nahezu ausschließlich bei den älteren Prüfungsteilnehmern zu beobachten.

Übersicht 29

Prüfungsteilnehmer nach Arbeitslosigkeit vor der Berufsausbildung und Geschlecht
- vH-Struktur der gewichteten Fallzahlen -

Arbeitslosigkeit vor der Berufsausbildung	Männer	Frauen	Insgesamt
Arbeitslos waren insgesamt	20,8	23,2	21,8
davon: 1 Monat arbeitslos	3,6	5,4	4,4
2 Monate arbeitslos	4,3	4,0	4,2
3 Monate arbeitslos	2,9	2,7	2,8
4 bis 6 Monate arbeitslos	3,9	4,3	4,1
7 bis 12 Monate arbeitslos	3,9	4,2	4,0
mehr als 12 Monate arbeitslos	1,5	1,9	1,6
ohne Angabe zur Dauer	0,7	0,7	0,7
Nicht arbeitslos waren	78,4	75,6	77,2
Ohne Angabe zur Arbeitslosigkeit	0,8	1,2	1,0
Zusammen	100,0	100,0	100,0
Basis	3 026	2 352	5 378

Übersicht 30

Prüfungsteilnehmer mit Arbeitslosigkeit vor der Berufsausbildung nach Meldung beim Arbeitsamt, ABM[1]-Förderung und Dauer der Arbeitslosigkeit

- vH-Struktur der gewichteten Fallzahlen -

Dauer der Arbeitslosigkeit	von den Arbeitslosen waren ...					... durch ABM 1) gefördert	Basis
	... beim Arbeitsamt gemeldet						
	Ja	Nein	Teils/teils	Ohne Angabe	Zusammen		
1 Monat arbeitslos	23,8	70,2	3,4	2,6	100,0	5,1	235
2 Monate arbeitslos	19,6	67,9	7,1	5,4	100,0	3,6	225
3 Monate arbeitslos	30,5	54,3	13,2	2,0	100,0	4,6	151
4 bis 6 Monate arbeitslos	50,5	38,6	9,5	1,4	100,0	10,9	221
7 bis 12 Monate arbeitslos	52,1	35,0	10,1	2,8	100,0	5,1	217
mehr als 12 Monate arbeitslos	37,5	34,1	27,3	1,1	100,0	10,0	88
Insgesamt	36,1	50,7	9,8	3,4	100,0	6,0	1 174

1) Arbeitsbeschaffungsmaßnahmen.

Übersicht 31

Prüfungsteilnehmer nach Arbeitslosigkeit vor der Berufsausbildung und Alter
- vH-Struktur der gewichteten Fallzahlen -

| Alter | Arbeitslos waren | | | | | | Nicht arbeitslos waren | Ohne Angabe zur Arbeits-losig-keit | Zu-sammen | Basis |
| | insge-samt | davon | | | | | | | | |
		bis zu 3 Monaten	4 bis 6 Monate	7 bis 12 Monate	mehr als 12 Monate	ohne Angabe zur Dauer				
17 Jahre	-						100,0	-	100,0	32
18 Jahre	7,5	6,0	0,5	0,5	0,2	0,3	91,1	1,4	100,0	587
19 Jahre	10,7	8,3	1,1	1,1	0,1	0,1	88,2	1,1	100,0	1 488
20 Jahre	18,0	11,8	2,9	1,6	0,6	1,1	81,2	0,8	100,0	1 469
21 Jahre	28,7	15,7	6,6	6,0	0,4	-	80,0	0,3	100,0	799
22 Jahre	43,7	19,3	10,6	11,3	2,0	0,5	55,3	1,0	100,0	395
23 Jahre	44,1	18,5	8,5	9,4	6,4	1,3	54,3	1,6	100,0	196
24 Jahre	48,0	15,9	15,2	15,7	1,2	-	49,9	2,1	100,0	67
25 bis 29 Jahre	69,5	14,8	16,4	16,6	17,0	4,7	30,5	-	100,0	122
30 Jahre und älter	53,2	2,3	11,9	16,8	18,0	4,2	44,6	2,2	100,0	143
Insgesamt	21,8	11,4	4,1	4,0	1,6	0,7	77,2	1,0	100,0	5 378

Auch mit der beruflichen Vorbildung kombiniert hat die Erfahrung mit der Arbeitslosigkeit eine starke Entsprechung mit der vorherigen Beschäftigung (vgl. Übersichten 32 und 26). Herausragend waren hier die Abbrecher einer anderen Lehre (58,0 vH vorher arbeitslos), einer Berufsfachschule (57,0 vH vorher arbeitslos) und des BGJ oder eines anderen Eingliederungslehrgangs (44,8 vH vorher arbeitslos).

Es kann festgestellt werden, daß es offenbar Personengruppen mit Kumulierungen negativer Ausbildungs- und Arbeitsmarkterfahrungen gibt, zu denen besonders Abiturienten gehören (vgl. Übersicht 33), aber auch Absolventen ohne Schulabschluß. Die Vermutung, daß Abiturienten eine betriebliche Berufsausbildung oft als zweitbeste Lösung ansehen, wird auch durch die Arbeitslosigkeitserfahrungen dieser Gruppe gestützt: Offenbar sind Erfahrungen mit der Arbeitslosigkeit und erfolglose Versuche in anderen beruflichen Bildungsgängen für diese Gruppe wichtiger Beweggrund für die Wahl einer betrieblichen Berufsausbildung. Dies wird auch bei der Betrachtung der Übereinstimmung von Berufswunsch und Berufswahl sowie der Identifikation mit der Ausbildungsentscheidung[25] im Zusammenhang mit Arbeitslosigkeit deutlich (vgl. Übersicht 34): Insbesondere diejenigen, die ursprünglich eine andere Ausbildung als eine Lehre eingehen wollten, waren ebenso überdurchschnittlich vorher arbeitslos wie diejenigen, die lieber eine andere Ausbildung wählen würden, hätten sie erneut die Möglichkeit dazu.

Abschließend soll die vorherige Erfahrung mit Arbeitslosigkeit nach schließlich gewählten Ausbildungsberufen betrachtet werden. Die Interpretation dieser Kombination ist allerdings mehrdeutig: Ein hoher Anteil vorher Arbeitsloser in einem Beruf kann sowohl bedeuten, daß es besonders schwierig ist, in diesem Beruf einen Ausbildungsplatz zu bekommen und daher Wartezeiten in Form von Arbeitslosigkeit erforderlich sind, als auch, daß diese Berufe als Auffangbecken von in anderen Berufen erfolglosen Ausbildungsplatzbewerbern in Anspruch genommen werden, also zu den Berufen zweiter Wahl gehören.

Die Berufe mit hohen Anteilen vorher Arbeitsloser seien zunächst aufgelistet (vgl. Übersicht 35, Durchschnitt 21,8 vH):

Übersicht 32

Prüfungsteilnehmer nach Arbeitslosigkeit vor der Berufsausbildung und beruflicher Vorbildung
- vH-Struktur der gewichteten Fallzahlen -

Berufliche Vorbildung (Mehrfachangaben waren möglich)	Arbeitslos waren						Nicht arbeitslos waren	Ohne Angabe zur Arbeitslosigkeit	Zusammen	Basis
	insgesamt	bis zu 3 Monaten	4 bis 6 Monate	7 bis 12 Monate	mehr als 12 Monate	ohne Angabe zur Dauer				
Keine berufliche Vorbildung	17,2	10,5	2,6	2,9	0,8	0,4	82,0	0,8	100,0	4 039
Praktikum, Volontariat, betriebliche Einarbeitung	21,8	10,7	3,2	2,8	4,8	0,3	75,7	2,5	100,0	318
Abgebrochenes BGJ[1], abgebrochene sonstige Eingliederungslehrgänge	44,8	13,3	17,7	8,8	3,3	1,7	53,6	1,6	100,0	180
BGJ[1], sonstige Eingliederungslehrgänge zu Ende geführt	23,8	9,6	4,3	5,7	2,0	2,2	75,4	0,8	100,0	486
Berufsfachschule abgebrochen	57,0	13,2	25,3	9,3	7,4	1,8	41,3	1,7	100,0	87
Berufsfachschule abgeschlossen	34,4	7,0	4,2	9,4	9,4	4,4	65,6	-	100,0	72
Andere Lehre abgebrochen	58,0	23,1	14,0	12,1	8,1	0,7	41,4	0,6	100,0	259
Andere Lehre abgeschlossen	51,2	13,6	16,2	8,6	10,8	2,0	47,2	1,6	100,0	113
Studium (abgebrochen oder abgeschlossen)	40,2	17,5	4,6	14,9	3,2	-	59,8	-	100,0	56
Sonstige berufliche Vorbildung	46,7	19,3	4,3	12,8	7,0	3,3	51,2	2,1	100,0	71
Insgesamt	21,8	11,4	4,1	4,0	1,6	0,7	77,2	1,0	100,0	5 378

1) Berufsgrundbildungsjahr.

73

Prüfungsteilnehmer nach Arbeitslosigkeit vor der Berufsausbildung und allgemeinbildendem Schulabschluß
- vH-Struktur der gewichteten Fallzahlen -

Allgemeinbildender Schulabschluß	Arbeitslos waren insgesamt	davon					Nicht arbeitslos waren	Ohne Angabe zur Arbeitslosigkeit	Zusammen	Basis
		bis zu 3 Monaten	4 bis 6 Monate	7 bis 12 Monate	mehr als 12 Monate	ohne Angabe zur Dauer				
Abschlußzeugnis einer Sonderschule	18,9	8,4	2,4	8,1	-	-	79,0	2,1	100,0	32
Hauptschulabschluß	18,1	8,3	2,7	3,6	2,7	0,8	81,0	0,9	100,0	1 440
Mittlere Reife oder gleichwertiger Abschluß	16,9	9,7	3,3	2,2	1,0	0,7	82,1	1,0	100,0	3 011
Fachhochschulreife	22,3	9,2	5,3	2,9	-	4,9	77,7	-	100,0	36
Abitur oder gleichwertiger Abschluß	49,7	24,2	10,2	12,9	2,0	0,4	49,7	0,6	100,0	702
Ohne Abschluß	28,7	14,4	6,2	4,3	2,8	1,0	69,8	1,5	100,0	145
Insgesamt	21,8	11,4	4,1	4,0	1,6	0,7	77,2	1,0	100,0	5 378

Prüfungsteilnehmer nach Arbeitslosigkeit vor der Berufsausbildung und Übereinstimmung von Berufswunsch und Berufswahl sowie Identifikation mit der Ausbildungsentscheidung

- vH-Struktur der gewichteten Fallzahlen -

Berufswunsch vor der Berufsausbildung/ Identifikation mit der Ausbildungsentscheidung	Arbeitslos waren							Nicht arbeitslos waren	Ohne Angabe zur Arbeitslosigkeit	Zusammen	Basis
	insgesamt	davon									
		bis zu 3 Monaten	4 bis 6 Monate	7 bis 12 Monate	mehr als 12 Monate	ohne Angabe zur Dauer					
Berufswunsch vor Berufsausbildung											
- jetziger Ausbildungsberuf	18,0	10,3	3,5	3,1	0,7	0,4		81,0	1,0	100,0	2 978
- andere Lehre	23,1	12,6	3,6	4,5	1,2	1,2		76,1	0,8	100,0	1 633
- ganz andere Ausbildung	39,2	16,6	9,6	7,3	5,2	0,5		59,4	1,4	100,0	429
- Berufstätigkeit ohne Ausbildung	22,8	6,0	6,5	5,2	5,1	-		74,8	2,4	100,0	52
Identifikation mit der Ausbildungsentscheidung											
Bei einer erneuten Entscheidungsmöglichkeit würde folgende Wahl getroffen:											
- Wiederwahl des Ausbildungsberufs	21,1	11,4	4,1	3,5	1,4	0,7		77,9	1,0	100,0	3 312
- Wahl einer anderen Lehre	19,0	10,4	2,9	4,4	0,9	0,4		80,1	0,9	100,0	1 503
- Wahl einer Alternative ohne Lehre	36,0	15,4	10,9	5,4	3,2	1,1		61,9	2,1	100,0	271
Insgesamt	21,8	11,4	4,1	4,0	1,6	0,7		77,2	1,0	100,0	5 378

Prüfungsteilnehmer nach Arbeitslosigkeit vor der Berufsausbildung und Ausbildungsberufen
- vH-Struktur der gewichteten Fallzahlen -

Berufsgruppen darunter: Berufsklassen	Arbeitslos waren insgesamt	davon bis zu 3 Monaten	4 bis 6 Monate	7 bis 12 Monate	mehr als 12 Monate	ohne Angabe zur Dauer	Nicht arbeitslos waren	Ohne Angabe zur Arbeitslosigkeit	Zusammen	Basis
05 Gartenbauer	32,0	15,5	3,9	7,5	5,1	-	68,0	-	100,0	104
26 Feinblechner, Installateure	11,3	7,0	3,7	0,6	-	-	88,2	0,5	100,0	174
dar.: 2621 Gas-, Wasserinstallateure	8,9	7,4	1,5	-	-	-	91,1	-	100,0	90
27 Schlosser	16,5	8,6	2,1	2,6	2,3	0,9	82,3	1,2	100,0	261
dar.: 2710 Bauschlosser	14,4	7,8	0,9	3,8	1,9	-	85,6	-	100,0	82
2730 Maschinenschlosser	22,2	10,8	3,6	2,4	4,2	1,2	76,6	1,2	100,0	102
28 Mechaniker	13,5	7,9	2,1	2,6	0,5	0,4	86,3	0,2	100,0	273
dar.: 2811 Kraftfahrzeuginstandsetzer	12,8	9,9	1,6	1,3	-	-	87,2	-	100,0	163
30 Metallfeinbauer und zugeordnete Berufe	10,3	5,4	0,8	3,3	0,8	-	88,3	1,4	100,0	46
31 Elektriker	18,2	6,3	5,7	3,9	1,8	0,5	81,1	0,7	100,0	621
dar.: 3110 Elektroinstallateure, -monteure	13,7	5,0	2,3	3,6	1,6	1,2	85,8	0,5	100,0	280
3120 Fernmeldemonteure, -handwerker	4,8	4,8	-	-	-	-	94,5	0,7	100,0	58
3143 Elektrofeingerätemechaniker	15,0	9,0	1,5	1,5	3,0	-	83,5	1,5	100,0	145
35 Textilverarbeiter	23,1	7,5	5,3	8,9	1,4	-	74,1	2,8	100,0	105
dar.: 3520 Bekleidungsnäher	22,9	8,2	4,9	8,2	1,6	-	73,8	3,3	100,0	89
39 Back-, Konditorwarenhersteller	9,3	6,6	2,7	-	-	-	89,4	1,3	100,0	61
48 Bauausstatter	25,8	12,5	3,7	5,2	2,6	1,8	74,2	-	100,0	48
51 Maler, Lackierer u. verwandte Berufe	13,6	10,4	-	1,1	2,1	-	85,4	1,0	100,0	184
63 Technische Sonderfachkräfte	20,4	11,1	5,3	4,0	-	-	78,0	1,6	100,0	73
68 Warenkaufleute	20,4	10,8	3,8	4,5	0,6	0,7	78,1	1,5	100,0	969
dar.: 6811 Groß-, Außenhandelskaufl.	26,5	16,1	4,7	4,7	1,0	-	73,5	-	100,0	64
6812 Einzelhandelskaufleute	18,9	8,3	4,0	5,3	0,5	0,8	79,6	1,5	100,0	240
6820 Verkäufer	22,1	13,3	3,0	4,2	0,7	0,9	76,1	1,8	100,0	467
6821 Gewerbegehilfen	10,9	5,5	0,9	2,7	0,9	0,9	87,3	1,8	100,0	120
69 Bank-, Versicherungskaufleute	27,5	16,1	4,6	6,8	-	-	72,0	0,5	100,0	257
dar.: 6910 Bankkaufleute	24,5	16,1	4,0	4,4	-	-	75,2	0,3	100,0	211
6940 Versicherungskaufleute	40,8	16,3	6,9	17,6	-	-	57,3	1,9	100,0	46
70 Andere Dienstleistungskaufleute und zugehörige Berufe	24,7	14,9	6,3	2,6	0,9	-	72,7	2,6	100,0	67
dar.: 7011 Speditionskaufleute	20,2	9,9	5,3	5,0	-	-	76,3	3,5	100,0	34
7535 Fachgehilfen in steuer- und wirtschaftsberatenden Berufen [1]	33,6	19,4	6,7	6,0	1,5	-	64,9	1,5	100,0	106
78 Bürofachkräfte	24,6	13,4	4,4	4,0	2,2	0,6	74,7	0,7	100,0	729
dar.: 7810 Bürofachkräfte, allgem.	21,3	10,3	4,0	2,7	3,2	1,1	77,8	0,9	100,0	324
7811 Verwaltungsfachkräfte öffentlicher Dienst	17,4	11,1	2,4	3,4	-	0,5	82,1	0,5	100,0	150
7812 Industriekaufleute	32,8	20,0	4,7	7,5	0,6	-	67,2	-	100,0	138
7813 Rechtsanwalts- und Notargehilfen	35,8	17,9	8,9	4,5	4,5	-	62,7	1,5	100,0	104
85 Arzthelferberufe	30,9	18,3	5,8	3,2	2,7	0,9	68,4	0,7	100,0	327
dar.: 8561 Arzthelfer	31,8	16,8	7,3	4,1	3,6	-	67,7	0,5	100,0	198
8562 Zahnarzthelfer	22,9	13,1	3,9	2,0	1,3	2,6	75,8	1,3	100,0	118
9011 Friseure [1]	12,7	8,6	0,8	2,5	0,8	-	85,6	1,7	100,0	220
91 Gästebetreuer	34,7	18,6	5,4	9,3	-	1,4	61,4	3,9	100,0	81
dar.: 9113 Hotel-, Gaststättenkaufl.	35,1	19,2	5,3	8,8	-	1,8	61,4	3,5	100,0	64
Übrige Berufsgruppen [2]	27,5	12,5	5,1	4,5	3,4	2,0	72,1	0,4	100,0	670
Insgesamt	21,8	11,4	4,1	4,0	1,6	0,7	77,2	1,0	100,0	5 378

1) Jeweils einzige Berufsklasse in der Berufsgruppe. - 2) Siehe Anhang 2.

6940	Versicherungskaufleute	40,8 vH
7813	Rechtsanwalts- und Notargehilfen	35,8 vH
9113	Hotel- und Gaststättenkaufleute	35,1 vH
7812	Industriekaufleute	32,8 vH
05	Gartenbauer	32,0 vH
8561	Arzthelfer	31,8 vH

Die meisten dieser Berufe weisen - einschließlich der Gartenbauer, aber nur mit Einschränkungen bei den Arzthelfern - relativ hohe Anteile von Abiturienten auf (vgl. Übersicht 11). Dies würde die These stützen, daß es sich bei diesen Berufen um typische Ausweichausbildungen für Abiturienten nach erfolglosen anderweitigen Bemühungen handelt.

3.2.2 Ausbildungsplatzsuche

Bedingungen, Strategien und Ergebnisse der Ausbildungsstellensuche lassen Schlüsse auf den Zustand des Ausbildungsstellenmarktes in der Stadt zu. Dabei sollen zunächst die Vermittlungskanäle für Ausbildungsstellen aufgezeigt werden, um danach anhand der Zahl der Absagen bei Bewerbungen unterschiedliche Realisierungschancen von Ausbildungswünschen zu ermitteln.

Arten der Ausbildungsstellensuche

Überraschend wenig - nur 27,5 vH aller Prüfungsteilnehmer - gaben an, durch das Arbeitsamt auf ihre Ausbildungsstelle vermittelt worden zu sein (Übersicht 36). Dabei war die Vermittlungsrate bei Frauen mit 23,8 vH niedriger als bei Männern (30,3 vH). Frauen wählten dafür doppelt so oft wie Männer den Weg der Bewerbung auf eine Zeitungsanzeige, insgesamt spielte diese Kontaktaufnahme bei einem Fünftel der Prüfungsteilnehmer eine Rolle. Öfter als vom Arbeitsamt vermittelt hatten sich die Prüfungsteilnehmer auf Verdacht bei möglichen Lehrbetrieben beworben (28,4 vH). Hier hatten wiederum die Männer geringfügig mehr Initiative (29,6 vH) als die Frauen (26,8 vH) gezeigt.

Übersicht 36

Prüfungsteilnehmer nach Art der Ausbildungsstellensuche und Geschlecht

- vH-Struktur der gewichteten Fallzahlen -

Art der Ausbildungsstellensuche (Mehrfachangaben waren möglich)	Männer	Frauen	Insgesamt
Bewerbung auf Zeitungsanzeige	14,2	28,2	20,3
Zeitungsanzeige selbst aufgegeben	0,0	0,4	0,2
Auf Verdacht beworben	29,6	26,8	28,4
Vermittelt durch das Arbeitsamt	30,3	23,8	27,5
Ausbildung im elterlichen o. ä. Betrieb	1,8	1,1	1,5
Vermittlung durch Eltern, Verwandte und Bekannte, die im Ausbildungsbetrieb beschäftigt sind	9,0	7,6	8,4
Vermittlung durch Eltern, Verwandte und Bekannte allgemein	11,4	10,9	11,2
Kontaktaufnahme über Schule (Lehrer, Betriebserkundung u. ä.)	4,0	4,6	4,3
Kontaktaufnahme über Berufsinformationszentrum	1,1	0,7	0,9
Kontaktaufnahme über Bildungswerke, Verbände, Kammern u. ä.	1,6	0,8	1,2
Sonstiges	1,3	1,2	1,3
Externe (keine Ausbildungsstellensuche erforderlich)	2,5	2,8	2,6
Ohne Angabe	1,3	1,0	1,2
Zusammen	108,1	109,9	109,0
Basis	3 026	2 352	5 378

Schließlich halfen bei einem Fünftel der Prüfungsteilnehmer Eltern, Verwandte und Bekannte bei der Vermittlung der Ausbildungsstelle. Knapp die Hälfte davon entfiel auf Personen, die im Ausbildungsbetrieb selbst beschäftigt waren.

Der Anteil derjenigen, die sich durch das Arbeitsamt vermitteln ließen, nahm deutlich mit dem allgemeinen Schulbildungsniveau ab, die Eigeninitiative - die Bewerbung auf Verdacht - nahm entsprechend zu (vgl. Übersicht 37).

Bei den Problemfällen - Abgänger einer Sonderschule und ohne allgemeinbildenden Schulabschluß - war die Fremdhilfe bei der Ausbildungsstellensuche am größten. Hier wirkten das Arbeitsamt, die Eltern und die Schule überdurchschnittlich oft mit.

Einschaltung der Berufsberatung

Gut die Hälfte aller Prüfungsteilnehmer gab an, bei der Berufsberatung als Ausbildungsstellensuchender gemeldet gewesen zu sein (Übersicht 38). Dies entspricht etwa dem langjährigen Durchschnitt der Einschaltquote der Berufsberatung auch im Bundesgebiet.[26] Daß einige Prüfungsteilnehmer angegeben haben, vom Arbeitsamt vermittelt worden zu sein, ohne sich vorher bei der Berufsberatung gemeldet zu haben, muß wohl so verstanden werden, daß diesen Bewerbern sofort bei Nachfrage eine Stelle vermittelt wurde, bei den Bewerbern mithin nicht das Gefühl einer besonderen Registrierung entstanden ist. Zu geringen Teilen (etwa einem Fünftel) handelt es sich dabei um Umschüler, die in der Regel nicht die Berufsberatung beanspruchen, sondern die Arbeitsberatung.

Am geringsten war die Einschaltquote bei denjenigen, denen Eltern, Verwandte oder Bekannte die Ausbildungsstelle im eigenen Beschäftigungsbetrieb vermittelt haben (29,5 vH).

Die Einschaltquote zeigt darüber hinaus eine deutliche Abhängigkeit vom allgemeinen Schulbildungsniveau (Übersicht 39). Sie ist aufsteigend in fol-

Prüfungsteilnehmer nach Art der Ausbildungsstellensuche und allgemeinbildendem Schulabschluß

- vH-Struktur der gewichteten Fallzahlen -

Art der Ausbildungsstellensuche (Mehrfachangaben waren möglich)	Allgemeinbildender Schulabschluß				Insgesamt
	Haupt-schule	Mittlere Reife	Abitur, Fachhoch-schul-reife	Sonstiges[1]	
Bewerbung auf Zeitungsanzeige	18,7	22,3	18,0	9,7	20,3
Zeitungsanzeige selbst aufgegeben	0,2	0,2	0,3	-	0,2
Auf Verdacht beworben	20,7	29,4	42,7	15,4	28,4
Vermittelt durch das Arbeitsamt	34,0	26,7	14,6	40,1	27,5
Ausbildung im elterlichen o. ä. Betrieb	1,3	1,3	2,5	1,1	1,5
Vermittlung durch Eltern, Verwandte und Bekannte, die im Ausbildungsbetrieb beschäftigt sind	8,6	8,2	7,9	11,8	8,4
Vermittlung durch Eltern, Verwandte und Bekannte allgemein	10,1	11,5	11,5	13,1	11,2
Kontaktaufnahme über Schule (Lehrer, Betriebserkundung u. ä.)	4,9	4,7	1,2	5,1	4,3
Kontaktaufnahme über Berufsinforma-tionszentrum	0,7	0,7	2,3	-	0,9
Kontaktaufnahme über Bildungswerke, Verbände, Kammern u. ä.	1,9	0,9	1,5	1,1	1,2
Sonstiges	1,1	1,1	2,0	2,4	1,3
Externe (keine Ausbildungsstellensuche erforderlich)	3,9	1,8	2,5	5,3	2,6
Ohne Angabe	1,9	0,9	1,0	1,6	1,2
Zusammen	108,0	109,7	108,0	106,7	109,0
Basis	1 440	3 011	738	189	5 378

1) Abschlußzeugnis einer Sonderschule, ohne Abschluß, ohne Angabe.

Prüfungsteilnehmer nach Meldung bei der Berufsberatung als Ausbildungsstellensuchende und ausgewählten Arten der Ausbildungsstellensuche

– vH-Struktur der gewichteten Fallzahlen –

Ausgewählte Arten der Ausbildungsstellensuche (Mehrfachangaben waren möglich)	Bei der Berufsberatung als Ausbildungs- stellensuchende		Ohne Angabe	Zusammen	Basis
	gemeldet	nicht gemeldet			
Bewerbung auf Zeitungsanzeige	56,2	41,3	2,5	100,0	1 092
Auf Verdacht beworben	41,1	57,1	1,8	100,0	1 527
Vermittelt durch das Arbeitsamt	86,9	11,9	1,2	100,0	1 478
Vermittlung durch Eltern, Ver- wandte und Bekannte, die im Aus- bildungsbetrieb beschäftigt sind	29,5	69,2	1,3	100,0	451
Vermittlung durch Eltern, Ver- wandte und Bekannte allgemein	35,0	63,2	1,8	100,0	602
Insgesamt	52,2	42,8	5,0	100,0	5 378

81

Prüfungsteilnehmer nach Meldung bei der Berufsberatung als Ausbildungsstellensuchende und allgemeinbildendem Schulabschluß

- vH-Struktur der gewichteten Fallzahlen -

Allgemeinbildender Schulabschluß	Bei der Berufsberatung als Ausbildungsstellensuchende		Ohne Angabe	Zusammen	Basis
	gemeldet	nicht gemeldet			
Abschlußzeugnis einer Sonderschule	76,5	16,4	7,1	100,0	32
Hauptschulabschluß	52,4	39,3	8,3	100,0	1 440
Mittlere Reife oder gleichwertiger Abschluß	54,9	41,6	3,5	100,0	3 011
Fachhochschulreife	26,2	62,8	11,0	100,0	36
Abitur oder gleichwertiger Abschluß	40,7	55,8	3,5	100,0	702
Ohne Abschluß	51,5	40,0	8,5	100,0	145
Insgesamt	52,2	42,8	5,0	100,0	5 378

gender Reihe (Fälle ohne Angaben wurden nicht berücksichtigt, Durchschnitt 55,0 vH):

Prüfungsteilnehmer mit	Einschaltquote:
- Fachhochschulreife	31,3 vH
- Abitur oder gleichwertiger Abschluß	46,5 vH
- Ohne Abschluß	56,3 vH
- Mittlere Reife oder gleichwertiger Abschluß	56,9 vH
- Hauptschulabschluß	57,1 vH
- Sonderschulabschluß	83,3 vH

Zahl der Absagen bei der Bewerbung um Ausbildungsstellen

Die Zahl der Absagen bei der Bewerbung um eine Ausbildungsstelle wird als Indikator für die Realisierungschancen der Ausbildungswünsche herangezogen. Er drückt jedoch nicht nur die objektiven Schwierigkeiten hinsichtlich vorhandener Ausbildungsplätze aus, diese Wünsche zu befriedigen, er ist auch abhängig von der subjektiven Bereitschaft der Ausbildungsstellensuchenden, die eigenen Berufswünsche an der Angebotsstruktur zu orientieren. Schließlich spielt der Grad der Unterstützung durch öffentliche oder private Stellen im Einzelfall eine Rolle.

Insgesamt wurden den Prüfungsteilnehmern durchschnittlich 7,3 Absagen erteilt, bevor sie schließlich den Ausbildungsvertrag abschließen konnten, bei Männern waren es mit durchschnittlich 5,5 Absagen deutlich weniger als bei Frauen (9,7 Absagen). Die Häufigkeiten der Absagen sind in ihrer Struktur in Übersicht 40 angegeben. Rund ein Drittel aller Prüfungsteilnehmer erhielt keine Absage, ein weiteres Drittel 5 und weniger Absagen. Der Vorteil der Männer gegenüber den Frauen auch in dieser Aufgliederung wird aus Übersicht 40 deutlich.

Bemerkenswerte Unterschiede bei der Zahl der Absagen gibt es, wenn die Prüfungsteilnehmer nach ihrer Meldung bei der Berufsberatung differen-

Übersicht 40

Prüfungsteilnehmer nach Zahl der Absagen
bei der Bewerbung um Ausbildungsstellen und Geschlecht
- vH-Struktur der gewichteten Fallzahlen -

Zahl der Absagen bei der Ausbildungs-stellensuche	Männer	Frauen	Insgesamt
Keine Absage	36,8	26,3	32,2
1 Absage	7,5	6,1	6,9
2 Absagen	9,3	7,0	8,3
3 Absagen	6,2	6,2	6,2
4 Absagen	5,0	4,4	4,7
5 Absagen	5,8	5,8	5,8
6 bis 10 Absagen	12,4	14,3	13,2
11 bis 20 Absagen	7,0	12,7	9,5
21 bis 30 Absagen	2,8	5,5	4,0
30 und mehr Absagen	2,8	6,7	4,5
Externe (keine Aus-bildungsstellensuche erforderlich)	2,4	2,8	2,6
Ohne Angabe	2,0	2,2	2,1
Zusammen	100,0	100,0	100,0
Basis	3 026	2 352	5 378

ziert werden: Ratsuchende beim Arbeitsamt haben durchschnittlich 9,4 Absagen erhalten (Männer 7,1, Frauen 12,4), während diejenigen, die sich nicht haben registrieren lassen, lediglich durchschnittlich 4,6 Absagen (Männer 3,5, Frauen 6,2) erhielten. Offenbar haben sich Ausbildungsstellensuchende vermehrt dann an die Berufsberatung gewandt, wenn die Realisierung ihrer Berufswünsche besonders schwierig war.

Interessant ist auch, daß Flexibilität hinsichtlich der eigenen Berufswünsche allein die Vermittlungschancen nicht erhöhte. 58,4 vH aller Prüfungsteilnehmer (54,7 vH Männer, 63,2 vH Frauen) gaben an, vorher einen oder mehrere andere Berufswünsche gehabt zu haben. Die durchschnittliche Zahl der Absagen nahm dabei mit der Zahl der Berufsalternativen zu (vgl. Übersicht 41).

Übersicht 41

Durchschnittliche Zahl der Absagen bei der Bewerbung um eine Ausbildungsstelle nach Zahl der vorherigen anderen Berufswünsche
- berechnet nach gewichteten Fallzahlen -

Zahl der anderen Berufswünsche vorher	Durchschnittliche Zahl der Absagen bei der Bewerbung um eine Ausbildungsstelle		
	Männer	Frauen	Insgesamt
1 Alternative	4,1	7,5	5,5
2 Alternativen	7,0	10,9	8,8
3 Alternativen	13,1	19,1	16,3
4 und mehr Alternativen	15,1	24,7	20,4
Insgesamt	5,5	9,7	7,3

Es ist wohl die umgekehrte Abhängigkeit zu vermuten: Bei schlechten Realisierungschancen für Berufswünsche - also hohen Zahlen von Absagen - ist Flexibilität hinsichtlich der Berufswünsche gefordert. Diese Flexibilität wurde dann offenbar auch erbracht.

Dieser Zusammenhang wird auch bei Betrachtung der Übereinstimmung von Berufswunsch und Berufswahl deutlich: Diejenigen, die ihren Wunschberuf bekommen haben, heben sich in der Anzahl der Absagen deutlich von denen ab, die ursprünglich eine andere Lehre eingehen wollten (5,2 Absagen zu 11,5 Absagen). Auch hier hat wohl die große Zahl der Absagen zur Änderung der Berufs-"Wünsche" geführt.

3.2.3 Zufriedenheit mit der Ausbildung

Die Zufriedenheit mit der Ausbildung, die als erklärende Variable schon wiederholt behandelt wurde, soll hier selbst Gegenstand der Erörterungen sein.

Die Strukturen der Übereinstimmung der ursprünglichen Berufswünsche mit dem schließlich gewählten Ausbildungsberuf einerseits sowie der Identifikation mit der Berufswahl im nachhinein andererseits sind in Übersicht 42 nach dem Geschlecht differenziert angegeben. Mehr als die Hälfte der Prüfungsteilnehmer - läßt man Fälle ohne Angabe außer Betracht, dann waren es 58,4 vH - konnte sich ihren Berufswunsch erfüllen. Ein Drittel wollte ursprünglich eine andere Lehre, 8,4 vH eine ganz andere Ausbildung und nur 1,0 vH wollte eigentlich gar keine Ausbildung eingehen. Insgesamt haben sich also mehr als 40 vH der Prüfungsteilnehmer in ihren Ausbildungsaktivitäten den Verhältnissen auf dem Ausbildungsstellenmarkt angepaßt und ihre Pläne geändert. Frauen mußten dies allerdings zur Hälfte und damit öfter tun als Männer (34,7 vH).

Die Identifikation mit der Ausbildungsentscheidung im nachhinein zeigt insgesamt zum Ende der Ausbildung eine Zunahme der Zufriedenheit mit der Entscheidung gegenüber den ursprünglichen Erwartungen (vgl. Übersicht 43): Rund 40 vH derjenigen, die zunächst eine andere Lehre machen

Übersicht 42

Prüfungsteilnehmer nach Übereinstimmung von Berufswunsch
und Berufswahl sowie Identifikation mit der Ausbildungsentscheidung
- vH-Struktur der gewichteten Fallzahlen -

Berufswunsch vor der Berufs- ausbildung/Identifikation mit der Ausbildungsentscheidung	Männer	Frauen	Insgesamt
Berufswunsch vor der Berufsausbildung			
- jetziger Ausbildungsberuf	61,4	47,5	55,3
- andere Lehre	24,9	37,5	30,4
- ganz andere Ausbildung	6,7	9,7	8,0
- Berufstätigkeit ohne Ausbildung	1,3	0,6	1,0
- Ohne Angabe (einschl. Externe)	5,7	4,7	5,3
Zusammen	100,0	100,0	100,0
Identifikation mit der Ausbildungsentscheidung			
Bei erneuter Entscheidungsmöglichkeit würde folgende Wahl getroffen:			
- Wiederwahl des Ausbildungsberufs	65,3	56,9	61,7
- Wahl einer anderen Lehre	24,1	32,9	27,9
- Wahl einer Alternative ohne Lehre	5,1	5,1	5,1
- Ohne Angabe (einschl. Externe)	5,5	5,1	5,3
Zusammen	100,0	100,0	100,0
Basis	3 026	2 352	5 378

Prüfungsteilnehmer ohne Externe nach Übereinstimmung von Berufswunsch und Berufswahl, Identifikation mit der Ausbildungsentscheidung und Geschlecht

- vH-Struktur der gewichteten Fallzahlen -

Berufswunsch vor der Ausbildung	Identifikation mit der Ausbildungsentscheidung. Bei erneuter Entscheidungsmöglichkeit würde folgende Wahl getroffen:				Zusammen	Basis
	Wiederwahl des Ausbildungsberufs	Wahl einer anderen Lehre	Wahl einer Alternative ohne Lehre	Ohne Angabe		
- Männer -						
- jetziger Ausbildungsberuf	80,9	15,9	2,4	0,8	100,0	1 853
- andere Lehre	42,5	51,0	4,8	1,7	100,0	759
- ganz andere Ausbildung	46,4	21,7	30,2	1,7	100,0	203
- Berufstätigkeit ohne Ausbildung	66,1	11,0	21,5	1,4	100,0	39
- Frauen -						
- jetziger Ausbildungsberuf	79,2	16,0	3,1	1,7	100,0	1 125
- andere Lehre	36,7	58,6	3,4	1,3	100,0	874
- ganz andere Ausbildung	47,0	29,2	22,3	1,5	100,0	226
- Berufstätigkeit ohne Ausbildung	39,1	24,9	28,2	7,8	100,0	13
- Insgesamt -						
- jetziger Ausbildungsberuf	80,3	15,9	2,6	1,2	100,0	2 978
- andere Lehre	39,4	55,1	4,0	1,5	100,0	1 633
- ganz andere Ausbildung	46,7	25,6	26,1	1,6	100,0	429
- Berufstätigkeit ohne Ausbildung	59,3	14,5	23,2	3,0	100,0	52
Insgesamt	63,2	28,7	5,2	2,9	100,0	5 239

wollten, fast die Hälfte derjenigen mit ganz anderen Ausbildungsplänen und rund 60 vH derjenigen, die eigentlich gleich ohne Ausbildung arbeiten gehen wollten, würden im nachhinein ihren Ausbildungsberuf noch einmal wählen. Von denen, die zunächst eine andere Lehre machen wollten, würde nach der Lehre mehr als die Hälfte immer noch lieber eine andere betriebliche Berufsausbildung eingegangen sein und nur ein Viertel derjenigen mit ursprünglich ganz anderen Ausbildungsabsichten würde nach wie vor eine Ausbildung ohne Lehre vorziehen. Von denen, die ihren Berufswunsch erfüllen konnten, sind vier Fünftel mit ihrer Berufswahl zufrieden. Der Rest hätte lieber eine andere Lehre oder - zu weniger als 3 vH - eine ganz andere Ausbildung gemacht.

Die Identifikation mit der Ausbildungsentscheidung im nachhinein wurde weiterhin nach dem allgemeinbildenden Schulabschluß differenziert untersucht (vgl. Übersicht 44). Abiturienten würden am häufigsten ihren Ausbildungsberuf noch einmal wählen (zu 75,4 vH). Dies überrascht vor dem Hintergrund, daß es Anhaltspunkte dafür gab, daß Abiturienten häufig eine betriebliche Berufsausbildung als "zweitbeste" Lösung ansehen. Abgänger ohne allgemeinbildenden Schulabschluß sind unterdurchschnittlich häufig mit ihrer Berufswahl zufrieden. Die stärkste Unzufriedenheit zeigten Frauen ohne Schulabschluß; bei ihnen überwiegt nach der Ausbildung der Wunsch nach einer anderen Lehre. Aber auch Absolventinnen von Hauptschulen (41,4 vH) ebenso wie Frauen mit Realschulabschluß (34,6 vH) hätten zu erheblichen Teilen lieber eine andere betriebliche Berufsausbildung gemacht. Bei Männern war die Zufriedenheit mit der Berufsentscheidung bei allen Schulbildungsabschlüssen höher als bei Frauen. Die Ursachen hierfür können in den schlechteren Chancen der Frauen gesehen werden, den gewünschten Ausbildungsplatz zu bekommen: Wie gezeigt wurde, ist einerseits die durchschnittliche Zahl der Absagen bei Frauen größer als bei Männern (vgl. Übersicht 41), andererseits konnten sich weniger Frauen als Männer ihren Berufswunsch erfüllen (vgl. Übersicht 42).

Schließlich soll auf die Zufriedenheit mit der Ausbildung nach Berufen eingegangen werden. Übersichten 45 und 46 enthalten die Strukturen der Antworten auf die Fragen nach der Übereinstimmung von Berufswunsch und Berufswahl und der Identifikation mit der Berufswahlentscheidung im

Übersicht 44

Prüfungsteilnehmer ohne Externe nach Identifikation mit der Ausbildungsentscheidung,
allgemeinbildendem Schulabschluß und Geschlecht
- vH-Struktur der gewichteten Fallzahlen -

Allgemeinbildender Schul-abschluß[1)	Identifikation mit der Ausbildungsentscheidung. Bei erneuter Entscheidungsmöglichkeit würde folgende Wahl getroffen:				Zusammen	Basis
	Wiederwahl des Ausbil-dungsberufs	Wahl einer anderen Lehre	Wahl einer Alternative ohne Lehre	Ohne Angabe		
- Männer -						
Hauptschulabschluß	64,4	26,9	4,5	4,2	100,0	882
Mittlere Reife oder gleichwertiger Abschluß	66,1	26,3	5,5	2,1	100,0	1 613
Abitur oder gleich-wertiger Abschluß	78,1	12,5	5,3	4,1	100,0	329
Ohne Abschluß	56,3	27,8	4,8	11,1	100,0	80
Männer insgesamt	66,8	24,8	5,2	3,2	100,0	2 952
- Frauen -						
Hauptschulabschluß	50,9	41,4	4,1	3,6	100,0	501
Mittlere Reife oder gleichwertiger Abschluß	58,4	34,6	4,6	2,4	100,0	1 343
Abitur oder gleich-wertiger Abschluß	72,8	16,8	8,6	1,8	100,0	359
Ohne Abschluß	38,5	50,0	9,0	2,5	100,0	58
Frauen insgesamt	58,6	33,7	5,2	2,5	100,0	2 287
- Insgesamt -						
Hauptschulabschluß	59,6	32,1	4,3	4,0	100,0	1 383
Mittlere Reife oder gleichwertiger Abschluß	62,2	30,1	5,1	2,2	100,0	2 956
Abitur oder gleich-wertiger Abschluß	75,4	14,7	7,0	2,9	100,0	688
Ohne Abschluß	48,8	37,1	6,6	7,5	100,0	138
Insgesamt	63,2	28,7	5,2	2,9	100,0	5 239

1) Wegen nur geringer Fallzahlen wurden Abschlüsse einer Sonderschule sowie Fachhochschulreife nicht mit aufgeführt.

Prüfungsteilnehmer ohne Externe nach Übereinstimmung von Berufswunsch und Berufswahl und Ausbildungsberufen

- vH-Struktur der gewichteten Fallzahlen -

Berufsgruppen darunter: Berufsklassen	Berufswunsch vor der Ausbildung					Zusammen	Basis
	jetziger Ausbildungs- beruf	andere Lehre	ganz andere Ausbildung	Berufs- tätigkeit ohne Aus- bildung	ohne Angabe		
05 Gartenbauer	71,6	17,3	9,2	-	1,9	100,0	104
26 Feinblechner, Installateure	62,8	27,4	6,9	-	2,9	100,0	172
dar.: 2621 Gas-, Wasserinstallateure	74,6	17,9	6,0	-	1,5	100,0	89
27 Schlosser	47,5	40,5	5,1	0,5	6,4	100,0	252
dar.: 2710 Bauschlosser	52,3	40,9	2,9	-	3,9	100,0	80
2730 Maschinenschlosser	47,1	41,4	6,4	-	5,1	100,0	96
28 Mechaniker	72,3	21,9	3,0	0,4	2,4	100,0	268
dar.: 2811 Kraftfahrzeuginstand- setzer	87,2	8,8	1,2	-	2,8	100,0	160
30 Metallfeinbauer und zugeordnete Berufe	83,0	8,2	8,0	-	0,8	100,0	46
31 Elektriker	74,0	15,2	8,4	0,4	2,0	100,0	607
dar.: 3110 Elektroinstallateure, -monteure	75,8	13,4	8,2	0,8	1,8	100,0	274
3120 Fernmeldemonteure, -handwerker	73,2	20,0	6,1	-	0,7	100,0	58
3143 Elektrofeingeräte- mechaniker	78,1	13,4	7,0	-	1,5	100,0	141
35 Textilverarbeiter	56,4	34,3	5,7	1,5	2,1	100,0	97
dar.: 3520 Bekleidungsnäher	54,3	36,8	5,3	1,8	1,8	100,0	83
39 Back-, Konditorwarenhersteller	44,4	43,6	9,4	1,3	1,3	100,0	60
48 Bauausstatter	44,8	40,6	6,3	3,4	4,9	100,0	48
51 Maler, Lackierer u. verwandte Berufe	64,4	30,1	1,1	2,2	2,2	100,0	178
63 Technische Sonderfachkräfte	72,6	16,2	11,2	-	-	100,0	73
68 Warenkaufleute	33,6	56,5	7,1	0,9	1,9	100,0	946
dar.: 6811 Groß-, Außenhandelskaufl.	49,6	34,1	10,4	4,0	1,9	100,0	61
6812 Einzelhandelskaufleute	33,1	51,8	11,0	0,6	3,5	100,0	227
6820 Verkäufer	31,3	60,2	6,0	0,7	1,8	100,0	463
6821 Gewerbegehilfen	18,9	76,6	2,7	0,9	0,9	100,0	120
69 Bank-, Versicherungskaufleute	67,8	17,1	13,5	0,3	1,3	100,0	257
dar.: 6910 Bankkaufleute	70,9	16,0	11,9	-	1,2	100,0	211
6940 Versicherungskaufleute	53,5	21,7	21,0	1,9	1,9	100,0	46
70 Andere Dienstleistungskaufleute und zugehörige Berufe	59,1	28,0	9,3	0,9	2,7	100,0	66
dar.: 7011 Speditionskaufleute	40,8	46,8	7,0	1,8	3,6	100,0	33
7535 Fachgehilfen in steuer- und wirtschaftsberatenden Berufen[1]	47,9	32,0	13,4	0,8	5,9	100,0	106
78 Bürofachkräfte	50,3	33,4	13,1	0,8	2,4	100,0	700
dar.: 7810 Bürofachkräfte, allgem.	46,0	40,3	11,0	1,4	1,3	100,0	300
7811 Verwaltungsfachkräfte öffentlicher Dienst	50,3	28,7	16,6	0,2	4,2	100,0	150
7812 Industriekaufleute	58,6	27,4	13,0	0,5	0,5	100,0	138
7813 Rechtsanwalts- und Notargehilfen	48,4	31,3	15,6	-	4,7	100,0	100
85 Arzthelferberufe	57,1	25,8	13,8	0,8	2,5	100,0	320
dar.: 8561 Arzthelfer	62,6	20,9	14,7	0,9	0,9	100,0	195
8562 Zahnarzthelfer	43,6	36,8	13,5	0,7	5,4	100,0	114
9011 Friseure[1]	66,7	27,3	3,4	-	2,6	100,0	218
91 Gästebetreuer	79,5	8,0	12,5	-	-	100,0	78
dar.: 9113 Hotel-, Gaststättenkaufl.	82,1	5,3	12,6	-	-	100,0	63
Übrige Berufsgruppen[2]	62,4	23,9	4,9	3,2	5,6	100,0	642
Insgesamt	56,8	31,2	8,2	1,0	2,8	100,0	5 239

1) Jeweils einzige Berufsklasse in der Berufsgruppe. - 2) Siehe Anhang 2.

Prüfungsteilnehmer ohne Externe nach Identifikation mit der Ausbildungsentscheidung und Ausbildungsberufen

- vH-Struktur der gewichteten Fallzahlen -

Berufsgruppen darunter: Berufsklassen	Identifikation mit der Ausbildungsentscheidung. Bei erneuter Entscheidungsmöglichkeit würde folgende Wahl getroffen:				Zusammen	Basis
	Wiederwahl des Ausbildungsberufs	Wahl einer anderen Lehre	Wahl einer Alternative ohne Lehre	Ohne Angabe		
05 Gartenbauer	73,7	19,8	4,4	2,1	100,0	104
26 Feinblechner, Installateure	76,2	19,3	1,9	2,6	100,0	172
dar.: 2621 Gas-, Wasserinstallateure	85,1	10,4	1,5	3,0	100,0	89
27 Schlosser	56,5	33,6	3,6	6,3	100,0	252
dar.: 2710 Bauschlosser	64,9	28,3	3,9	2,9	100,0	80
2730 Maschinenschlosser	48,4	41,4	3,8	6,4	100,0	96
28 Mechaniker	64,0	30,5	2,5	3,0	100,0	268
dar.: 2811 Kraftfahrzeuginstandsetzer	69,8	25,8	0,8	3,6	100,0	160
30 Metallfeinbauer und zugeordnete Berufe	82,1	11,9	5,2	0,8	100,0	46
31 Elektriker	69,3	22,8	6,3	1,6	100,0	607
dar.: 3110 Elektroinstallateure, -monteure	74,1	18,4	5,2	2,3	100,0	274
3120 Fernmeldemonteure, -handwerker	64,8	33,8	1,4	-	100,0	58
3143 Elektrofeingerätemechaniker	67,4	26,4	6,2	-	100,0	141
35 Textilverarbeiter	63,3	26,5	5,7	4,5	100,0	97
dar.: 3520 Bekleidungsnäher	63,2	26,3	5,3	5,2	100,0	83
39 Back-, Konditorwarenhersteller	55,0	32,9	9,4	2,7	100,0	60
48 Bauausstatter	51,3	34,0	10,0	4,7	100,0	48
51 Maler, Lackierer u. verwandte Berufe	72,7	24,1	3,2	-	100,0	178
63 Technische Sonderfachkräfte	75,3	19,7	5,0	-	100,0	73
68 Warenkaufleute	47,4	44,8	6,2	1,6	100,0	946
dar.: 6811 Groß-, Außenhandelskaufl.	57,1	34,5	6,9	1,5	100,0	61
6812 Einzelhandelskaufleute	46,7	43,8	6,1	3,4	100,0	227
6820 Verkäufer	45,8	47,3	5,8	1,1	100,0	463
6821 Gewerbegehilfen	47,5	48,9	2,7	0,9	100,0	120
69 Bank-, Versicherungskaufleute	76,1	15,7	7,2	1,0	100,0	257
dar.: 6910 Bankkaufleute	77,2	15,5	6,1	1,2	100,0	211
6940 Versicherungskaufleute	71,3	16,6	12,1	-	100,0	46
70 Andere Dienstleistungskaufleute und zugehörige Berufe	55,0	34,7	6,8	3,5	100,0	66
dar.: 7011 Speditionskaufleute	44,1	47,3	3,5	5,1	100,0	33
7535 Fachgehilfen in steuer- und wirtschaftsberatenden Berufen[1]	69,4	21,6	5,3	3,7	100,0	106
78 Bürofachkräfte	60,0	33,5	4,8	1,7	100,0	700
dar.: 7810 Bürofachkräfte, allgem.	59,1	34,9	3,7	2,3	100,0	300
7811 Verwaltungsfachkräfte öffentlicher Dienst	51,7	41,2	6,6	0,5	100,0	150
7812 Industriekaufleute	65,7	29,6	4,2	0,5	100,0	138
7813 Rechtsanwalts- und Notargehilfen	65,7	24,2	6,2	3,9	100,0	100
85 Arzthelferberufe	69,7	22,4	5,9	2,0	100,0	320
dar.: 8561 Arzthelfer	74,1	18,1	6,9	0,9	100,0	195
8562 Zahnarzthelfer	59,2	32,0	4,7	4,1	100,0	114
9011 Friseure[1]	55,0	34,8	4,2	6,0	100,0	218
91 Gästebetreuer	70,9	18,1	9,6	1,4	100,0	78
dar.: 9113 Hotel-, Gaststättenkaufl.	71,4	17,9	8,9	1,8	100,0	63
Übrige Berufsgruppen[2]	71,0	17,7	3,9	7,4	100,0	642
Insgesamt	63,2	28,7	5,2	2,9	100,0	5 239

1) Jeweils einzige Berufsklasse in der Berufsgruppe. - 2) Siehe Anhang 2.

nachhinein in der Gliederung nach Ausbildungsberufen. Zur Interpretation dieser Detailangaben wurden in Übersichten 47, 48 und 49 Gruppierungen vorgenommen, die die Gegenüberstellung von Berufen nach den beiden ermittelten Zufriedenheitsindikatoren - den Graden der Berufswunscherfüllung einerseits und den Graden der nachträglichen Zufriedenheit mit der Berufswahlentscheidung andererseits - darstellen.

Zunächst sind in Übersicht 47 die zehn Berufe aufgelistet worden, bei denen die Anteile (gleich Grade) der Berufswunscherfüllung einerseits, die der nachträglichen Zufriedenheit andererseits am größten waren. Gehörten nicht gleichzeitig Grad der Berufswunscherfüllung sowie Grad der nachträglichen Zufriedenheit zu der Gruppe der zehn Berufe mit den jeweils höchsten Werten, dann ist der jeweilige Korrespondenzwert, der außerhalb der ersten zehn Rangfolgen liegt, in Klammern gesetzt worden. Der Vergleich der Rangziffern ermöglicht einen Einblick in Verschiebungen der relativen Positionen einzelner Zufriedenheitsindikatoren.

Nicht in allen Fällen blieb die anfängliche Präferenz für den Beruf erhalten, so bei Kraftfahrzeuginstandsetzern, Elektrofeingerätemechanikern und Fernmeldemonteuren, -handwerkern. Hierauf wird noch eingegangen werden. In Übersicht 48 sind die entgegengesetzten Fälle aufgelistet: Berufe, die auf der einen Seite ursprünglich am wenigsten gewollt wurden und bei denen auf der anderen Seite auch später die Zufriedenheit noch gering war. Auch hier hat sich in einigen Fällen die anfängliche Einstellung gewandelt, wie bei Zahnarzthelfern, Bürofachkräften und Fachgehilfen in steuer- und wirtschaftsberatenden Berufen.

Grundsätzlich hat sich in der ganz überwiegenden Zahl der Berufe die anfängliche Skepsis im Laufe der Ausbildungszeit positiv verändert; die Ausnahmen erregen somit besondere Aufmerksamkeit, weil hier offenbar die ursprünglichen Berufsvorstellungen bei einer größeren Anzahl von Prüfungsteilnehmern enttäuscht wurden. In Übersicht 49 sind diese Berufe aufgeführt. Am stärksten fallen Kraftfahrzeuginstandsetzer und Friseure auf; aber auch Elektrofeingerätemechaniker sowie Fernmeldemonteure, -handwerker. Diese Ausbildungen sind schon im Zusammenhang mit der Auswertung der Beschäftigtenstatistik durch hohe Abgänge in andere

Übersicht 47

Rangfolge der Berufe mit hohen Anteilen von Prüfungsteilnehmern mit
Übereinstimmung von Berufswunsch und Berufswahl und nachträglicher Zufriedenheit
- vH-Anteile der gewichteten Fallzahlen -

Berufskategorien		Zufriedenheitsindikator			
		Übereinstimmung von Berufswunsch und Berufswahl		Wiederwahl des Berufs im Falle erneuter Entscheidungsmöglichkeit	
		Rang	Anteil[1]	Rang	Anteil[1]
2811	Kraftfahrzeuginstandsetzer	1	87,2	-	(69,8)
30	Metallfeinbauer	2	83,0	2	82,1
9113	Hotel-, Gaststättenkaufleute	3	82,1	9	71,4
3143	Elektrofeingerätemechaniker	4	78,1	-	(67,4)
3110	Elektroinstallateure, -monteure	5	75,8	5	74,1
2610	Gas-, Wasserinstallateure	6	74,6	1	85,1
3120	Fernmeldemonteure, -handwerker	7	73,2	-	(64,8)
63	Technische Sonderfachkräfte	8	72,6	4	75,3
05	Gartenbauer	9	71,6	7	73,7
6910	Bankkaufleute	10	70,9	3	77,2
8561	Arzthelfer	-	(57,1)	6	74,1
51	Maler, Lackierer und verwandte Berufe	-	(64,4)	8	72,7
6940	Versicherungskaufleute	-	(53,5)	10	71,3
Insgesamt		-	56,8	-	63,2

1) Angaben in Klammern, wenn außerhalb der Rangfolge 1 bis 10.

Übersicht 48

Rangfolge der Berufe mit niedrigen Anteilen von Prüfungsteilnehmern mit
Übereinstimmung von Berufswunsch und Berufswahl und nachträglicher Zufriedenheit
- vH-Anteile der gewichteten Fallzahlen -

| Berufskategorien | Unzufriedenheitsindikator | | | |
| | Übereinstimmung von Berufswunsch und Berufswahl | | Wiederwahl des Berufs im Falle erneuter Entscheidungsmöglichkeit | |
	Rang	Anteil[1]	Rang	Anteil[1]
6821 Gewerbegehilfen	1	18,9	4	47,5
6820 Verkäufer	2	31,3	2	45,8
6812 Einzelhandelskaufleute	3	33,1	3	46,7
7011 Speditionskaufleute	4	40,8	1	44,1
8562 Zahnarzthelfer	5	43,6	-	(59,2)
39 Back-, Konditorwarenhersteller	6	44,4	8	55,0
48 Bauaustatter	7	44,8	6	51,3
7810 Bürofachkräfte, allgemein	8	46,0	-	(59,1)
2730 Maschinenschlosser	9	47,1	5	48,4
7535 Fachgehilfen in steuer- und wirtschaftsberatenden Berufen	10	47,9	-	(69,4)
7811 Verwaltungsfachkräfte öffentlicher Dienst	-	(50,3)	7	51,7
9011 Friseure	-	(66,7)	9	55,0
6811 Groß-, Außenhandelskaufleute	-	(49,6)	10	57,1
Insgesamt	-	56,8	-	63,2

1) Angaben in Klammern, wenn außerhalb der Rangfolge 1 bis 10.

Übersicht 49

Enttäuschte Prüfungsteilnehmer: Berufe, die im nachhinein nicht mehr
so oft gewählt würden, wie sie vorher gewünscht wurden
- vH-Anteile der gewichteten Fallzahlen -

Berufskategorien (Rangfolge nach relativer Stärke der Enttäuschung)	Unzufriedenheitsindikator	
	Übereinstimmung von Berufswunsch und Berufswahl	Wiederwahl des Berufs im Falle erneuter Entscheidungsmöglichkeit
2811 Kraftfahrzeuginstandsetzer	87,2	69,8
9011 Friseure	66,7	55,0
3143 Elektrofeingerätemechaniker	78,1	67,4
9113 Hotel-, Gaststättenkaufleute	82,1	71,4
3120 Fernmeldemonteure, -handwerker	73,2	64,8
70 Andere Dienstleistungsberufe	59,1	55,0
3110 Elektroinstallateure, -monteure	75,8	74,1
Insgesamt	56,8	63,2

Berufe aufgefallen.[27] Weitere Berufe, wie etwa Hotel- und Gaststätten-kaufleute und Elektroinstallateure, -monteure verzeichneten trotz Ent täuschung gegenüber anfänglichen Erwartungen nach wie vor hohe Anteile von nachträglicher Zufriedenheit.

Bei der Gruppe "Andere Dienstleistungen" verzeichneten Speditionskauf-leute eine Zunahme der Zufriedenheit auf niedrigem Niveau (vgl. Über-sicht 48). Die explizite Enttäuschung innerhalb dieser Berufsgruppe bezieht sich deshalb auf den Rest, zu dem Reiseverkehrskaufleute und Werbekauf-leute gehören.

3.3   Übernahmechancen und berufliche Perspektiven

Seit einigen Jahren ist durch das Heranwachsen besonders geburtenstarker Jahrgänge und durch eine Veränderung der Ausbildungspläne der Schulab-gänger die Lage auf dem Ausbildungsstellenmarkt gespannt. Wirtschaft und Verwaltung haben das Angebot an Ausbildungsplätzen in bemerkenswertem Umfang gesteigert, allerdings ohne eine vollständige Versorgung der Be-werber erreichen zu können. Die Erhöhung der Zahl der Ausbildungsplätze war nur dadurch möglich, daß viele Betriebe verstärkt über den eigenen Bedarf an Fachkräften hinaus Jugendliche ausgebildet haben. Dies führt zunehmend zu Problemen am Ende der Ausbildung: Die Übernahme der ausgebildeten Fachkräfte durch den Betrieb ist nur teilweise möglich, die Zahl der Fachkräfte, die nach Abschluß der Ausbildung nicht übernommen werden und auch in anderen Betrieben keinen Arbeitsplatz finden, hat in den letzten Jahren sehr stark zugenommen.[28] Zugenommen hat auch die Zahl der Betriebe, die den Ausbildungsabsolventen nur eine Übernahme mit zeitlicher Befristung oder als Teilzeitbeschäftigung zusagen können.[29]

Vor diesem Hintergrund wurden die Prüfungsteilnehmer des Jahrgangs 1984/85 kurz vor der Abschlußprüfung nach Plänen und Chancen für ihre berufliche Zukunft gefragt: nach Übernahmezusage oder -ablehnung des Betriebs ebenso wie nach der Art des eventuell angebotenen Arbeits-platzes, nach den eigenen Plänen für die Zeit nach dem Ausbildungsab-schluß (einschließlich der Absicht, im Ausbildungsbetrieb zu bleiben oder zu

wechseln) ebenso wie nach Verhaltensalternativen bei möglicherweise auf-
tretenden Beschäftigungsproblemen nach Abschluß der Ausbildung. Über
die Realisierung dieser Pläne kann auf der Grundlage der jetzt vorliegenden
Daten noch keine Aussage getroffen werden; das bleibt der Analyse im
Zusammenhang mit der zweiten Befragungswelle vorbehalten.

3.3.1   Betriebliches Übernahmeangebot

Bei einem guten Viertel (27,1 vH) der Prüfungsteilnehmer ist es kurz vor
der Abschlußprüfung noch offen, ob sie nach erfolgreichem Abschluß von
ihrem Ausbildungsbetrieb in ein reguläres Arbeitsverhältnis übernommen
werden können (vgl. Übersicht 50). Dies beruht möglicherweise darauf, daß
der Betrieb das Übernahmeangebot von den Noten der Abschlußprüfung
abhängig macht; denkbar ist auch, daß geringe oder fehlende Übernahmemöglichkeiten erst sehr spät mitgeteilt werden, um vielleicht auftretende
Motivationsprobleme bei den Auszubildenden und Unruhe im Betrieb möglichst gering zu halten.

Ebenso hoch (27,9 vH) ist der Anteil der Prüfungsteilnehmer, die bereits
wissen, daß sie für die Zeit nach der Ausbildung einen Arbeitsplatz suchen
müssen: in 18,9 vH der Fälle lehnt der Betrieb die Übernahme explizit ab,
in 8,9 vH der Fälle erfolgte die Berufsausbildung außerbetrieblich (einschließlich externer Prüfungsteilnehmer), so daß eine Übernahme nicht
möglich ist.

42,9 vH der Prüfungsteilnehmer haben ein Übernahmeangebot des Betriebes. Darin enthalten sind 2,4 vH Prüfungsteilnehmer, die ein Übernahmeangebot für einen anderen Berliner Betrieb des Unternehmens/der Behörde
haben; der Anteil derjenigen, die ein Übernahmeangebot für einen west-
deutschen Betrieb ihres Ausbildungsunternehmens haben, ist mit 0,2 vH
verschwindend gering.

Für das Jahr 1980 liegen aus einer Untersuchung des Instituts für Arbeits-
markt-und Berufsforschung bei Schulabgängern der Sekundarstufe I (Entlaß-
jahrgang 1977), die eine betriebliche Berufsausbildung abgeschlossen hat-

Übersicht 50

Prüfungsteilnehmer nach Übernahmezusage und Geschlecht
- vH-Struktur der gewichteten Fallzahlen -

Übernahmezusage	Männer	Frauen	Insgesamt
Übernahme im selben Betrieb	40,2	40,4	40,3
Übernahme in anderen Betrieb des Unternehmens in Berlin	2,2	2,7	2,4
Übernahme in Betrieb des Unternehmens außerhalb Berlins	0,2	0,3	0,2
Zwischensumme: Übernahme zugesagt	42,6	43,4	42,9
Betrieb lehnt Übernahme ab	16,2	22,5	18,9
Keine Übernahme möglich, da außerbetriebliche Berufsausbildung/externer Prüfungsteilnehmer	10,1	7,4	8,9
Zwischensumme: Keine Übernahmezusage	26,3	29,9	27,9
Übernahme ist noch offen	29,0	24,7	27,1
Keine Angabe	2,1	2,0	2,1
Zusammen	100,0	100,0	100,0
Basis	3 026	2 352	5 378

ten, Ergebnisse vor. Danach hatten vier von fünf Absolventen der Berufsausbildung im gesamten Bundesgebiet ein Übernahmeangebot erhalten.[30]
Dieser Anteil liegt deutlich über den Ergebnissen für die Prüfungsteilnehmer des Jahrgangs 1984/85 in Berlin. Berücksichtigt man unterschiedlich abgegrenzte Untersuchungsgesamtheiten[31] und betrachtet nur
Prüflinge aus regulären Ausbildungsbetrieben, die höchstens Realschulabschluß hatten, so bleibt immer noch eine Diskrepanz von mindestens 5 vH-
Punkten für den (unwahrscheinlichen) Fall, daß alle Prüfungsteilnehmer, bei
denen die Übernahme zum Zeitpunkt der Befragung noch offen war, noch
ein Übernahmeangebot erhielten. Der Unterschied wird größer, wenn - wie
zu erwarten - nicht alle Ausbildungsabsolventen ein Angebot ihres Ausbildungsbetriebs erhalten. Es erscheint unwahrscheinlich, daß ausschließlich
Berliner Besonderheiten diesen Unterschied erklären; offensichtlich sind
die Übernahmechancen der Ausbildungsabsolventen in den letzten Jahren
deutlich zurückgegangen.

Übernahmezusage und soziodemographische Merkmale

Männliche und weibliche Prüfungsteilnehmer des Jahrgangs 1984/85 haben
etwa gleich häufig eine feste Übernahmezusage erhalten, unterscheiden
sich aber in der Häufigkeit der Ablehnungen (vgl. Übersicht 50): Bei
16,2 vH der Männer und 22,5 vH der Frauen lehnt der Betrieb die Übernahme ab. Ob und inwieweit dies auch auf geschlechtsspezifische Berufswahl zurückzuführen ist, wird später untersucht.

Je höher der allgemeinbildende Schulabschluß ist, desto höher ist der Anteil
der Prüfungsteilnehmer, die eine Übernahmezusage erhalten haben (vgl.
Übersicht 51): Jeder zweite Prüfungsteilnehmer mit Abitur oder Fachhochschulreife hat eine Übernahmezusage seines Ausbildungsbetriebes erhalten,
aber nur jeder fünfte Prüfling mit dem Abschlußzeugnis einer Sonderschule
oder ohne allgemeinbildenden Schulabschluß. Dies liegt auch daran, daß die
letztgenannte Gruppe nur unter erheblichen Schwierigkeiten überhaupt
betriebliche Ausbildungsplätze findet; gut jeder Dritte dieser Gruppe
(35,4 vH) ist in außerbetrieblicher Berufsausbildung. Berücksichtigt man

Übersicht 51

Prüfungsteilnehmer nach Übernahmezusage und allgemeinbildendem Schulabschluß
- vH-Struktur der gewichteten Fallzahlen -

Übernahmezusage	Abschluß einer Sonderschule/ ohne Abschluß[1]	Haupt- schul- abschluß	Mittlere Reife oder gleichw. Abschluß	Abitur, Fachhoch- schulreife oder gleichw.	Insgesamt
Übernahme zugesagt	20,1	35,7	45,4	52,7	42,9
Betrieb lehnt Übernahme ab	15,3	19,0	19,9	16,0	18,9
Keine Übernahme möglich[2]	35,4	13,4	5,2	8,5	8,9
Übernahme ist noch offen	27,0	29,0	27,7	21,0	27,1
Keine Angabe	2,2	2,9	1,8	1,8	2,1
Zusammen	100,0	100,0	100,0	100,0	100,0
Basis	189	1 440	3 011	738	5 378

1) Einschließlich Fälle ohne Angabe zur allgemeinen Schulbildung. - 2) Außerbetriebliche Berufsausbildung/exter- ner Prüfungsteilnehmer.

101

nur die Prüfungsteilnehmer, die eine Ausbildung in regulären Ausbildungsbetrieben durchlaufen haben, so ergibt sich folgendes Bild:

Prüfungsteilnehmer aus regulären Ausbildungsbetrieben mit ...	Übernahmezusage in vH
... Abschluß einer Sonderschule/ ohne Abschluß (einschl. ohne Angabe)	31,1
... Hauptschulabschluß	41,2
... Mittlerer Reife oder gleichwertigem Abschluß	47,9
... Abitur/Fachhochschulreife oder gleichwertigem Abschluß	57,6

Das Muster der mit zunehmenden allgemeinen Schulbildungsniveau steigenden Übernahmechancen wiederholt sich bei der beruflichen Vorbildung nicht. Die höchste Quote der Übernahmezusagen und die niedrigste Quote der Ablehnungen durch den Betrieb weisen die Prüfungsteilnehmer auf, die ohne berufliche Vorbildung die Berufsausbildung aufgenommen haben (vgl. Übersicht 52). Prüfungsteilnehmer mit vorher absolvierten Praktikum/Volontariat oder einer betrieblichen Einarbeitung und solche mit vorherigem Studium haben nur geringfügig kleinere Übernahmechancen. Bei allen anderen Arten beruflicher Vorbildung sind die Übernahmechancen deutlich geringer.

Dies liegt teilweise daran, daß in bestimmten Maßnahmen zur beruflichen Vorbildung (z.B. Grundausbildungslehrgängen des Arbeitsamtes) sich vor allem Jugendliche finden, die auf Schwierigkeiten bei der Suche nach einem Ausbildungsplatz gestoßen sind; diese "Problemfälle" können nach Abschluß dieser berufsbildenden Lehrgänge überdurchschnittlich oft nur in außerbetrieblichen Einrichtungen ausgebildet werden, die nach der Ausbildung keine Übernahmemöglichkeiten bieten, und haben auch in regulären Ausbildungsbetrieben geringere Übernahmechancen (z.B. Schulabgänger ohne Abschluß).

Aber auch dann, wenn nur Prüfungsteilnehmer aus regulären Ausbildungsbetrieben betrachtet werden (also nur diejenigen, bei denen überhaupt die Möglichkeit besteht, im Ausbildungsbetrieb zu verbleiben), haben Prüflinge ohne berufliche Vorbildung, ebenso wie Prüflinge mit vorherigem Prakti-

Übersicht 52

Prüfungsteilnehmer nach Übernahmezusage und beruflicher Vorbildung

– vH-Struktur der gewichteten Fallzahlen –

Berufliche Vorbildung (Mehfachangaben waren möglich)	Über-nahme-zusage	Betrieb lehnt ab	Keine Übernahme möglich 1)	Übernahme noch offen	Keine Angabe	Zusammen	Basis
Keine berufliche Vorbildung	46,2	18,9	5,2	27,8	1,9	100,0	4 039
Praktikum, Volontariat betriebliche Einarbeitung	42,9	21,3	8,7	25,8	1,3	100,0	310
Abgebrochenes BGJ[2], abgebrochene sonstige Eingliederungslehrgänge	28,4	18,8	19,3	31,3	2,2	100,0	176
BGJ[2], sonstige Eingliede-rungslehrg. zu Ende geführt	28,8	20,0	25,4	23,0	2,8	100,0	465
Berufsfachschule abgebrochen	26,4	17,2	31,0	21,8	3,6	100,0	87
Berufsfachschule abgeschlossen	20,8	25,0	20,8	29,2	4,2	100,0	72
Andere Lehre abgebrochen	35,1	18,2	15,5	28,2	3,0	100,0	259
Andere Lehre abgeschlossen	21,2	15,0	38,1	23,9	1,8	100,0	113
Studium (abgebrochen oder abgeschlossen)	42,9	23,2	14,3	17,9	1,7	100,0	56
Sonstige berufliche Vorbildung	26,8	19,7	28,2	22,5	2,8	100,0	71
Insgesamt[3]	42,9	18,9	8,9	27,1	2,1	100,0	5 378

1) Außerbetriebliche Berufsausbildung/externer Prüfungsteilnehmer. – 2) Berufsgrundbildungsjahr. – 3) Fälle ohne Angabe zur beruflichen Vorbildung sind nicht gesondert ausgewiesen.

kum/Volantariat oder Studium eine deutlich höhere Quote an Übernahmezusagen.

Übernahmezusage und Ausbildungsbereiche

Prüfungsteilnehmer aus den Ausbildungsbereichen "Freie Berufe" und "Öffentlicher Dienst" haben zum Zeitpunkt der Prüfung überdurchschnittlich
häufig Gewißheit über ihre Übernahmemöglichkeiten im Betrieb: Nur bei
etwa jedem fünften Prüfling ist dies noch offen (vgl. Übersicht 53). Die
Möglichkeiten, nach dem erfolgreichen Abschluß der Ausbildung im Betrieb
zu bleiben, sind jedoch zwischen beiden Gruppen sehr unterschiedlich: Im
öffentlichen Dienst sind Übernahmeangebote mit 60,2 vH besonders häufig,
bei den freien Berufen ist die betriebliche Ablehnung einer Weiterbeschäftigung mit 35,4 vH nahezu doppelt so hoch wie im Durchschnitt aller Fälle.

Zwischen Industrie und Handel einerseits, Handwerk andererseits sind die
Unterschiede deutlich geringer. Prüfungsteilnehmer aus Industrie und Handel haben häufiger Zusagen und seltener Ablehnungen erhalten als Prüfungsteilnehmer aus dem Handwerk. Der Anteil der Fälle, bei denen die
Übernahme noch offen ist, ist in Industrie und Handel ebenfalls geringer. Je
nach der relativen Häufigkeit von Zusagen und Ablehnungen einer Weiterbeschäftigung in den zum Zeitpunkt der Befragung noch offenen Fällen
können sich die Unterschiede zwischen den Quoten der Übernahmezusagen
noch vergrößern oder verkleinern. Die Auswertung der zweiten Befragung
wird hierüber Aufschluß geben.

Besonders selten haben Prüfungsteilnehmer aus der Land- und Hauswirtschaft eine Übernahmezusage erhalten; dies liegt teilweise daran, daß jeder
dritte Prüfungsteilnehmer in diesem Bereich eine außerbetriebliche Ausbildung absolviert hat oder als externer Teilnehmer zur Prüfung gemeldet war
und deshalb gar keine Übernahmezusage erhalten konnte. Läßt man diesen
Teil außer acht und betrachtet nur die Prüfungsteilnehmer aus regulären
Ausbildungsbetrieben, so zeigt sich noch immer eine stark unterdurchschnittliche Quote der Übernahmezusagen im Bereich Land- und Hauswirtschaft (27,5 vH gegenüber 47,1 vH im Durchschnitt aller Prüfungsteilnehmer aus regulären Ausbildungsbetrieben).

Übersicht 53

Prüfungsteilnehmer nach Übernahmezusage und Ausbildungsbereichen

- vH-Struktur der gewichteten Fallzahlen -

Ausbildungsbereiche	Über-nahme-zusage	Betrieb lehnt ab	Keine Übernahme möglich 1)	Übernahme noch offen	Keine Angabe	Zusammen	Basis
Industrie und Handel	45,3	15,9	9,5	27,1	2,2	100,0	3 085
Handwerk	37,6	19,2	9,6	31,4	2,2	100,0	1 429
Öffentlicher Dienst (einschl. Sozialversicherung)	60,2	17,9	0,5	20,4	1,0	100,0	201
Freie Berufe	41,8	35,4	2,7	18,4	1,7	100,0	560
Land- und Hauswirtschaft	18,4	17,5	33,0	28,2	2,9	100,0	103
Insgesamt	42,9	18,9	8,9	27,1	2,1	100,0	5 378

1) Außerbetriebliche Berufsausbildung/externer Prüfungsteilnehmer.

Die unterschiedliche relative Häufigkeit von Übernahmezusagen in den einzelnen Ausbildungsbereichen hängt vermutlich auch mit Unterschieden in den Ausbildungsaktivitäten zusammen. Wie oben dargestellt wurde (vgl. Abschnitt 3.1.2), sind im Bereich öffentlicher Dienst einschließlich Sozialversicherung weit geringere Anteile von Prüfungsteilnehmern zu verzeichnen als es dem Anteil des Bereichs an den sozialversicherungspflichtig Beschäftigten entspricht.

Die Übernahmechancen von Männern und Frauen in den einzelnen Ausbildungsbereichen unterscheiden sich zum Teil erheblich (vgl. Übersicht 54). In allen Bereichen mit Ausnahme des öffentlichen Dienstes wurde bei Frauen häufiger als bei Männern eine Übernahme abgelehnt. In Industrie und Handel, in den freien Berufen und der Land- und Hauswirtschaft ist zugleich der Anteil der Frauen, die eine Übernahmezusage erhalten haben, geringer als bei den Männern; ihre Übernahmechancen sind in diesen Bereichen also geringer. Im Handwerk haben Frauen häufiger als Männer Zusagen und Ablehnungen erhalten, noch offene Fälle sind bei ihnen deutlich seltener; für diesen Ausbildungsbereich läßt sich eine klare Aussage über bessere oder schlechtere Verbleibmöglichkeiten im Ausbildungsbetrieb erst auf der Grundlage der Ergebnisse der zweiten Befragung treffen.

Die geschlechtsspezifischen Unterschiede der Übernahmechanchen in den Ausbildungsbereichen sind vermutlich zumindest teilweise auf berufliche und betriebliche Faktoren zurückzuführen. Hierauf wird im folgenden eingegangen.

Übernahmezusage und Ausbildungsberufe

Aus dem oben dargestellten Zusammenhang zwischen Ausbildungsbereichen und Übernahmezusage können keine Aussagen über die Übernahmechancen in einzelnen Berufen abgeleitet werden, da sich auch innerhalb der Ausbildungsbereiche sehr starke Unterschiede zeigen. Für einen ersten Überblick sollen zunächst die Übernahmechancen in zusammengefaßten Berufsgruppen dargestellt werden.

Übersicht 54

Prüfungsteilnehmer nach Übernahmezusage, Ausbildungsbereichen und Geschlecht

- vH-Struktur der gewichteten Fallzahlen -

Ausbildungsbereich und Geschlecht	Über-nahme-zusage	Betrieb lehnt ab	Keine Übernahme möglich 1)	Übernahme noch offen	Zusammen 2)	Basis
Industrie und Handel						
- Männer	47,2	14,6	10,2	25,8	100,0	1 808
- Frauen	42,7	17,8	8,5	29,0	100,0	1 276
Handwerk						
- Männer	35,4	17,7	10,7	34,2	100,0	1 050
- Frauen	43,5	23,5	6,6	24,0	100,0	379
Öffentlicher Dienst (einschl. Sozialversicherung)						
- Männer	34,2	35,4	-	27,8	100,0	79
- Frauen	76,4	7,3	0,8	15,4	100,0	123
Freie Berufe						
- Männer	54,3	8,6	5,7	28,6	100,0	35
- Frauen	41,0	37,1	2,5	17,7	100,0	525
Land- und Hauswirtschaft						
- Männer	33,3	14,8	14,8	37,0	100,0	54
- Frauen	2,0	20,4	53,1	16,3	100,0	49
Insgesamt						
- Männer	42,6	16,2	10,1	29,0	100,0	3 026
- Frauen	43,4	22,5	7,4	24,7	100,0	2 352

1) Außerbetriebliche Berufsausbildung/externer Prüfungsteilnehmer. - 2) Fälle ohne Angabe sind nicht gesondert ausgewiesen.

Die höchste Quote der Prüflinge mit Übernahmezusage gibt es bei den Waren- und Dienstleistungskaufleuten (54,4 vH, vgl. Übersicht 55); überdurchschnittlich ist diese Quote auch bei den Organisations-, Verwaltungs- und Büroberufen (49,0 vH) sowie bei den Technischen Sonderfachkräften (46,3 vH). Die übrigen Berufsgruppen haben Quoten der Übernahmezusagen zwischen 35,5 vH und 42,6 vH - mit Ausnahme der Textil-, Bekleidungs-und Lederberufe, in denen lediglich 21,2 vH entsprechende Zusagen erhalten konnten. Dies liegt auch daran, daß in dieser Berufsgruppe der Anteil der außerbetrieblich Ausgebildeten beziehungsweise der externen Prüfungsteilnehmer außerordentlich hoch ist (er beträgt mit 35,1 vH das Vierfache des Durchschnitts). Deutlich geringer, aber immer noch überdurchschnittlich sind diese Anteile auch bei den Metall- und den Elektroberufen. Die höchste Ablehnungsquote haben die Arzthelfer (41,3 vH); Prüfungsteilnehmer dieser Berufsgruppe haben fast ebensoviele Ablehnungen wie Übernahmeangebote erhalten.

Im folgenden werden die Analysen auf Prüfungsteilnehmer aus regulären Ausbildungsbetrieben beschränkt, da außerbetriebliche Ausbildung oder externe Prüfungsteilnahme von vornherein die Möglichkeit des Verbleibens im Ausbildungsbetrieb ausschließen. In der stärker differenzierten beruflichen Gliederung (vgl. Übersicht 56) zeigt sich, daß auch zwischen Berufsklassen (Viersteller), die der gleichen Berufsgruppe (Zweisteller) angehören, deutliche Unterschiede bestehen. Beispiele hierfür sind die schlosserischen Berufe (Übernahmezusage bei Bauschlossern 26,3 vH, bei Maschinenschlossern 55,0 vH) und die Warenkaufleute (Übernahmezusage bei Verkäufern 39,6 vH, bei Groß- und Außenhandelskaufleuten 63,3 vH).

Betrachtet man einzelne Berufsklassen, so hatten in den folgenden Ausbildungsberufen die Prüfungsteilnehmer besonders häufig Übernahmeangebote erhalten:

Prüfungsteilnehmer nach Übernahmezusage und zusammengefaßten Berufsgruppen
- vH-Struktur der gewichteten Fallzahlen -

Zusammengefaßte Berufsgruppen	Übernahme-zusage	Betrieb lehnt ab	Keine Übernahme möglich 2)	Übernahme noch offen	Keine Angabe	Zusammen	Basis
21 - 30 Metallberufe	37,6	18,5	11,9	29,6	2,4	100,0	856
31 Elektroberufe	35,5	11,8	14,8	36,0	1,9	100,0	622
34 - 37 Textil-, Bekleidungs- und Lederberufe	21,2	9,5	35,1	28,9	5,3	100,0	110
39 - 43 Ernährungsberufe	39,0	23,1	2,0	34,9	1,0	100,0	147
44 - 51 Bau- und Baunebenberufe einschl. Tischler, Maler und Lackierer	38,0	16,4	13,9	28,5	3,2	100,0	549
63 Techn.Sonderfachkräfte	46,3	27,4	5,5	20,8	-	100,0	73
68 - 70 Waren- und Dienstleistungskaufleute	54,4	16,1	1,9	25,8	1,8	100,0	1 292
75 - 78 Organisations-, Verwaltungs- u. Büroberufe	49,0	18,3	7,6	23,8	1,3	100,0	849
85 Arzthelferberufe	42,6	41,3	2,5	11,4	2,2	100,0	327
90 - 93 Körperpfleger,Gästebetreuer, Hauswirtschafts- und Reinigungsberufe	37,9	22,7	8,9	27,7	2,8	100,0	344
Sonstige Berufsgruppen1)	25,7	27,1	17,4	27,5	2,3	100,0	209
Insgesamt	42,9	18,9	8,9	27,1	2,1	100,0	5 378

1) Vgl. hierzu Anhang 3. - 2) Außerbetriebliche Berufsausbildung/externer Prüfungsteilnehmer.

109

Prüfungsteilnehmer aus regulären Ausbildungsbetrieben nach Übernahmezusage und Ausbildungsberufen
- vH-Struktur der gewichteten Fallzahlen -

Berufsgruppen darunter: Berufsklassen		Übernahme- zusage	Betrieb lehnt ab	Übernahme noch offen	Keine Angabe	Zusammen	Basis
05	Gartenbauer	26,2	28,2	45,6	-	100,0	90
26	Feinblechner, Installateure	45,2	12,3	40,6	1,9	100,0	164
	dar.: 2621 Gas-, Wasserinstallateure	42,9	7,9	47,6	1,6	100,0	84
27	Schlosser	44,6	21,3	32,8	1,3	100,0	209
	dar.: 2710 Bauschlosser	26,3	28,9	42,3	2,5	100,0	63
	2730 Maschinenschlosser	55,0	11,7	31,7	1,6	100,0	73
28	Mechaniker	41,0	25,0	31,2	2,8	100,0	240
	dar.: 2811 Kraftfahrzeuginstand- setzer	30,8	32,1	34,2	2,9	100,0	158
30	Metallfeinbauer und zugeordnete Berufe	31,4	35,2	33,4	-	100,0	46
31	Elektriker	41,8	13,9	42,4	1,9	100,0	525
	dar.: 3110 Elektroinstallateure, -monteure	36,7	13,3	46,9	3,1	100,0	242
	3120 Fernmeldemonteure, -handwerker	44,4	28,5	27,1	-	100,0	58
	3143 Elektrofeingeräte- mechaniker	46,2	7,6	46,2	-	100,0	130
35	Textilverarbeiter	32,6	13,6	45,0	8,8	100,0	66
	dar.: 3520 Bekleidungsnäher	30,8	12,8	46,2	10,2	100,0	57
39	Back-, Konditorwarenhersteller	40,8	20,4	38,8	-	100,0	59
48	Bauausstatter	40,6	14,8	43,7	0,9	100,0	47
51	Maler, Lackierer u. verwandte Berufe	41,4	10,5	48,1	-	100,0	152
63	Technische Sonderfachkräfte	49,0	29,0	22,0	-	100,0	69
68	Warenkaufleute	47,8	18,1	32,3	1,8	100,0	928
	dar.: 6811 Groß-, Außenhandelskaufl.	63,3	14,2	22,5	-	100,0	61
	6812 Einzelhandelskaufleute	59,1	9,6	30,0	1,3	100,0	223
	6820 Verkäufer	39,6	19,6	37,8	3,0	100,0	448
	6821 Gewerbegehilfen	54,7	15,4	29,9	-	100,0	120
69	Bank-, Versicherungskaufleute	87,1	9,3	3,1	0,5	100,0	257
	dar.: 6910 Bankkaufleute	89,4	7,6	2,6	0,4	100,0	211
	6940 Versicherungskaufleute	76,4	17,2	5,1	1,3	100,0	46
70	Andere Dienstleistungskaufleute und zugehörige Berufe	47,9	21,5	30,6	-	100,0	66
	dar.: 7011 Speditionskaufleute	56,0	14,2	29,8	-	100,0	33
7535	Fachgehilfen in steuer- und wirtschaftsberatenden Berufen [1]	52,3	14,4	32,6	0,7	100,0	104
78	Bürofachkräfte	53,3	20,9	24,9	0,9	100,0	658
	dar.: 7810 Bürofachkräfte, allgem.	45,0	25,0	29,4	0,6	100,0	264
	7811 Verwaltungsfachkräfte öffentlicher Dienst	79,7	5,3	14,3	0,7	100,0	149
	7812 Industriekaufleute	51,5	21,3	25,6	1,6	100,0	138
	7813 Rechtsanwalts- und Notargehilfen	37,1	32,3	29,8	0,8	100,0	96
85	Arzthelferberufe	44,1	42,7	11,8	1,4	100,0	314
	dar.: 8561 Arzthelfer	41,8	51,3	6,0	0,9	100,0	194
	8562 Zahnarzthelfer	42,5	31,9	23,4	2,2	100,0	109
9011	Friseure [1]	44,1	31,3	22,9	1,7	100,0	214
91	Gästebetreuer	34,9	9,8	53,8	1,5	100,0	77
	dar.: 9113 Hotel-, Gaststättenkaufl.	32,7	9,1	55,3	2,9	100,0	61
Übrige Berufsgruppen [2]		44,9	25,4	26,5	3,2	100,0	531
Insgesamt		47,5	20,9	30,0	1,6	100,0	4 815

1) Jeweils einzige Berufsklasse in der Berufsgruppe. - 2) Vgl. hierzu Anhang 2.

110

Berufsklasse		Übernahmezusage durch den Betrieb in vH
6910	Bankkaufleute	89,4
7811	Verwaltungsfachkräfte im öffentl. Dienst	79,7
6940	Versicherungskaufleute	76,4
6811	Groß- und Außenhandelskaufleute	63,3
6812	Einzelhandelskaufleute	59,1
7011	Speditionskaufleute	56,0
2730	Maschinenschlosser	55,0
6821	Gewerbegehilfen	54,7
7535	Fachgehilfen in steuer- und wirtschafts- beratenden Berufen	52,3
7812	Industriekaufleute	51,5

Die drei Ausbildungsberufe mit den höchsten Übernahmechancen sind die Bank- und Versicherungskaufleute sowie Verwaltungsfachkräfte im öffent- lichen Dienst. Die Berufe mit den höchsten Übernahmechancen sind in ihrer Mehrzahl kaufmännische Berufe; erst auf dem 7. Rangplatz taucht mit den Maschinenschlossern ein gewerblich-technischer Beruf auf.

Bei den Berufsklassen mit überdurchschnittlichem Anteil Ablehnungen zeigt sich ein weniger einheitliches Bild; hier finden sich sowohl Dienst- leistungs- und Büroberufe als auch einzelne Metall- und Elektroberufe:

Berufsklasse		Ablehnung durch den Betrieb in vH
8561	Arzthelfer	51,3
7813	Rechtsanwalts- und Notargehilfen	32,3
2811	Kraftfahrzeuginstandsetzer	32,1
8562	Zahnarzthelfer	31,9
9011	Friseure	31,3
2710	Bauschlosser	28,9
3120	Fernmeldemonteure, -handwerker	28,5
7810	Bürofachkräfte, allgemein	25,0
7812	Industriekaufleute	21,3

Gibt es geschlechtsspezifische Unterschiede in den Übernahmechancen?

Männer und Frauen unterscheiden sich in der Häufigkeit, mit der sie vom Betrieb eine Ablehnung erhalten haben. Sie unterscheiden sich jedoch auch in der Wahl ihrer Berufe (vgl. oben, Kapitel 3.1.2), so daß ein Teil der geschlechtsspezifischen Unterschiede auch darauf beruhen kann, daß Frauen häufiger als Männer Berufe wählen, in denen generell schlechte Übernahmechancen bestehen.

In zwei zusammengefaßten Berufsgruppen (Textil-, Bekleidungs- und Lederberufe sowie Arzthelferberufe) werden praktisch ausschließlich Frauen ausgebildet, und hier liegen die Möglichkeiten zum Verbleib im Ausbildungsbetrieb deutlich unter dem Durchschnitt (vgl. Übersicht 57). In einer Reihe von zusammengefaßten Berufsgruppen (Metall-, Elektro-, Ernährungs-, Bau- und Baunebenberufe) werden Frauen nur in sehr geringem Umfang, Männer dagegen häufig ausgebildet, und hier liegen die Übernahmechancen leicht unter dem Durchschnitt. Die Übernahmechancen der in diesen Berufen ausgebildeten Frauen lassen sich nur vorsichtig interpretieren, weil ihnen nur geringe Fallzahlen zugrunde liegen; in den Elektroberufen und den Bau- und Baunebenberufen deuten die Ergebnisse daraufhin, daß die Übernahmechancen der Frauen geringer sind als die der Männer, in den Metallberufen ist es umgekehrt.

In den Berufsgruppen, in denen ein Großteil der Frauen, aber auch eine beträchtliche Anzahl Männer ausgebildet wird, sind die Übernahmechancen der Männer zum Teil erheblich besser als die der Frauen.

Dies ist teilweise auf unterschiedliche Schwerpunkte bei der Berufswahl innerhalb dieser zusammengefaßten Berufsgruppen zurückzuführen. So werden Frauen deutlich häufiger als Männer zu Verkäufern ausgebildet, und dieser Ausbildungsberuf hat innerhalb der Waren- und Dienstleistungskaufleute schlechtere Chancen des Verbleibs im Ausbildungsbetrieb als beispielsweise Einzelhandelskaufleute. Es wurden daher für ausgewählte Ausbildungsberufe[32] die Übernahmezusagen beziehungsweise -ablehnungen dargestellt. Es zeigt sich (vgl. Übersicht 58):

Prüfungsteilnehmer nach Übernahmezusage, zusammengefaßten Berufsgruppen und Geschlecht

- vH-Struktur der gewichteten Fallzahlen -

Zusammengefaßte Berufsgruppen und Geschlecht	Übernahme-zusage	Betrieb lehnt ab	Keine Übernahme möglich 1)	Übernahme noch offen	Keine Angabe	Zusammen	Basis
21 - 30 Metallberufe	37,6	18,5	11,9	29,6	2,4	100,0	856
- Männer	37,5	18,6	11,7	29,8	2,4	100,0	837
- Frauen	43,7	10,6	24,5	19,2	2,0	100,0	18
31 Elektroberufe	35,5	11,8	14,8	36,0	1,9	100,0	622
- Männer	36,3	12,1	14,3	35,5	1,8	100,0	594
- Frauen	17,3	4,4	27,3	46,9	4,1	100,0	27
34 - 37 Textil-, Bekleidungs- und Lederberufe	21,2	9,5	35,1	28,9	5,3	100,0	110
- Männer	.	.	.	.	.	100,0	5 2)
- Frauen	20,5	8,9	36,5	28,6	5,6	100,0	105
39 - 43 Ernährungsberufe	39,0	23,1	2,0	34,9	1,0	100,0	147
- Männer	39,6	25,1	0,6	33,6	1,1	100,0	135
- Frauen	.	.	.	.	.	100,0	12 2)
44 - 51 Bau- und Baunebenberufe einschl. Tischler, Maler und Lackierer	38,0	16,4	13,9	28,5	3,2	100,0	549
- Männer	38,8	16,8	13,0	28,5	2,9	100,0	532
- Frauen	14,7	4,3	43,5	27,2	10,3	100,0	17
63 Technische Sonderfachberufe	46,3	27,4	5,5	20,8	-	100,0	73
- Männer	49,9	17,8	6,9	25,4	-	100,0	29
- Frauen	43,9	33,6	4,6	17,9	-	100,0	45
68 - 70 Waren- und Dienstleistungs-kaufleute	54,4	16,1	1,9	25,8	1,8	100,0	1 292
- Männer	59,8	13,0	2,1	23,0	2,1	100,0	518
- Frauen	50,8	18,1	1,8	27,6	1,7	100,0	774
75 - 78 Organisations-, Verwaltungs- und Büroberufe	49,0	18,3	7,6	23,8	1,3	100,0	849
- Männer	55,6	14,7	7,5	20,2	2,0	100,0	193
- Frauen	47,1	19,4	7,6	24,9	1,0	100,0	656
85 Arzthelferberufe	42,6	41,3	2,5	11,4	2,2	100,0	327
- Männer	.	.	.	.	.	100,0	2 2)
- Frauen	42,3	41,5	2,5	11,4	2,3	100,0	325
90 - 93 Körperpfleger, Gästebetreuer, Hauswirtschafts- und Reinigungsberufe	37,9	22,7	8,9	27,7	2,8	100,0	344
- Männer	40,5	14,0	6,9	38,6	-	100,0	57
- Frauen	37,4	24,5	9,3	25,6	3,2	100,0	286
Sonstige Berufe 3)	25,7	27,1	17,4	27,5	2,3	100,0	209
- Männer	32,4	22,8	18,9	24,0	1,9	100,0	122
- Frauen	16,3	33,0	15,3	32,3	3,1	100,0	87
Insgesamt	42,9	18,9	8,9	27,1	2,1	100,0	5 378
- Männer	42,6	16,2	10,1	29,0	2,1	100,0	3 026
- Frauen	43,4	22,5	7,4	24,7	2,0	100,0	2 352

1) Außerbetriebliche Berufsausbildung/externer Prüfungsteilnehmer. - 2) Wegen zu geringer Fallzahl kein differenzierter Nachweis möglich. - 3) Vgl. dazu Anhang 3.

Prüfungsteilnehmer in ausgewählten Ausbildungsberufen nach Übernahmezusage und Geschlecht
- vH-Struktur der gewichteten Fallzahlen -

Ausgewählte Ausbildungsberufe[1]	Über-nahme-zusage	Betrieb lehnt ab	Keine Übernahme möglich 2)	Übernahme noch offen	Keine Angabe	Zusammen	Basis
6811 Groß-, Außenhandels-kaufleute	60,9	14,1	3,1	21,9	-	100,0	64
- Männer	62,2	13,5	5,4	18,9	-	100,0	37
- Frauen	59,3	14,8	3,7	22,2	-	100,0	27
6812 Einzelhandelskaufleute	55,0	8,8	5,8	28,3	2,1	100,0	240
- Männer	62,4	7,7	4,3	23,9	1,7	100,0	117
- Frauen	48,4	10,5	7,3	31,5	2,3	100,0	123
6820 Verkäufer	38,9	19,2	0,9	37,4	3,6	100,0	467
- Männer	40,8	14,8	1,8	38,5	4,1	100,0	169
- Frauen	38,0	21,9	0,3	36,7	3,1	100,0	297
6910 Bankkaufleute	89,1	7,6	-	2,8	0,5	100,0	211
- Männer	88,1	9,2	-	2,7	-	100,0	109
- Frauen	91,2	5,9	-	2,0	0,9	100,0	102
6940 Versicherungskaufleute	74,5	17,0	2,1	4,3	2,1	100,0	46
- Männer	79,3	13,8	-	6,9	-	100,0	29
- Frauen	63,2	21,1	5,3	5,2	5,2	100,0	18
7535 Fachgehilfen in steuer-und wirtschaftsbe-ratenden Berufen	51,4	14,0	1,9	31,8	0,9	100,0	106
- Männer	53,1	9,4	6,3	28,1	3,1	100,0	31
- Frauen	50,7	16,0	-	33,3	-	100,0	75
7810 Bürofachkräfte, allg.	36,8	20,7	17,0	24,1	1,4	100,0	324
- Männer	41,2	14,7	32,4	8,8	2,9	100,0	34
- Frauen	36,2	21,4	15,2	25,9	1,3	100,0	290
7811 Verwaltungsfachkräfte öffentlicher Dienst	78,9	5,3	0,7	14,6	0,5	100,0	150
- Männer	73,5	8,8	-	17,7	-	100,0	35
- Frauen	80,2	4,3	0,9	13,8	0,8	100,0	115
7812 Industriekaufleute	51,4	21,0	0,7	25,4	1,5	100,0	138
- Männer	52,7	20,3	1,4	24,3	1,3	100,0	73
- Frauen	49,2	23,1	-	27,7	1,5	100,0	65

1) Ausbildungsberufe, in denen die ungewichtete Fallzahl je Geschlecht mindestens 30 betrug. - 2) Außerbetriebliche Berufsausbildung/externer Prüfungsteilnehmer.

In den meisten Berufen, in denen sowohl Männer als auch Frauen in nicht zu kleinem Umfang ausgebildet werden, erhalten die Männer zum Teil erheblich mehr Übernahmezusagen und/oder weniger Absagen als Frauen. Nur bei Bankkaufleuten und Verwaltungsfachkräften im öffentlichen Dienst ist die Situation umgekehrt.

Die Ergebnisse spiegeln sich in der unterschiedlichen Häufigkeit von Übernahmezusagen beziehungsweise -ablehnungen der Männer-, Frauen-und Mischberufe (vgl. Übersicht 59): Generell haben Prüfungsteilnehmer in Mischberufen die besten Übernahmechancen, in den geschlechtsspezifisch geprägten Berufen liegen sie deutlich darunter. Frauen haben überall, also auch in den ausgesprochenen Frauenberufen, deutlich schlechtere Chancen zum Verbleib im Ausbildungsbetrieb als Männer.

Als Fazit läßt sich festhalten: Die etwas geringeren Übernahmechanchen der Frauen sind teilweise darauf zurückzuführen, daß Männer und Frauen in unterschiedlichem Ausmaß in Berufen mit guten beziehungsweise weniger guten Übernahmechancen ausgebildet werden. Dies kann sowohl auf unterschiedlichen Präferenzen der Berufswähler wie auf Selektionsmechanismen der Betriebe beruhen. Da die Unterschiede jedoch auch auf der Ebene einzelner Berufe mehrheitlich bestehen bleiben, spielen offenbar - außer dem Ausbildungsberuf - noch andere mit dem Geschlecht verknüpfte Faktoren eine Rolle.

Übernahmezusage und Merkmale des Betriebes

Je größer die Zahl der Beschäftigten im Betrieb und je größer die Zahl der Auszubildenden im Betrieb ist, desto seltener lehnt der Betrieb die Übernahme der ausgebildeten Fachkräfte ab (vgl. Übersichten 60 und 61). Damit bestätigt sich der in früheren, auf das Bundesgebiet bezogenen Untersuchungen erhobene Befund eines positiven Zusammenhangs zwischen Übernahmechancen und Betriebsgröße.[33]

Frauen wurde in Kleinbetrieben mit höchstens 4 Beschäftigten seltener eine Übernahmezusage gegeben als Männern, in Betrieben mit höchstens 10

Übersicht 59

Prüfungsteilnehmer nach Übernahmezusage, Männer-, Frauen- oder Mischberufen und Geschlecht

- vH-Struktur der gewichteten Fallzahlen -

Geschlecht/ Männer-, Frauen-, Mischberufe	Übernahme- zusage	Betrieb lehnt ab	Keine Übernahme möglich 1)	Übernahme noch offen	Keine Angabe	Zusammen	Basis
Männer insgesamt	42,6	16,2	10,1	29,0	2,1	100,0	3 026
- in Männerberufen	37,9	16,8	12,1	30,9	2,3	100,0	2 210
- in Mischberufen	56,2	14,7	3,7	23,6	1,8	100,0	750
- in Frauenberufen	43,5	12,0	17,5	24,8	2,2	100,0	65
Frauen insgesamt	43,4	22,5	7,4	24,7	2,0	100,0	2 352
- in Männerberufen	17,3	17,0	25,9	36,4	3,4	100,0	97
- in Mischberufen	52,3	15,8	2,6	27,4	1,9	100,0	996
- in Frauenberufen	38,4	28,2	9,7	21,6	2,1	100,0	1 259
Prüfungsteilnehmer insgesamt	42,9	18,9	8,9	27,1	2,2	100,0	5 378
- in Männerberufen	37,0	16,8	12,7	31,2	2,3	100,0	2 309
- in Mischberufen	54,0	15,3	3,1	25,8	1,8	100,0	1 745
- in Frauenberufen	38,6	27,4	10,1	21,8	2,1	100,0	1 324

1) Außerbetriebliche Berufsausbildung/externe Prüfungsteilnehmer.

Übersicht 60

Prüfungsteilnehmer aus regulären Ausbildungsbetrieben nach Übernahmezusage und Betriebsgröße

– vH-Struktur der gewichteten Fallzahlen –

Betriebsgröße (Zahl der Beschäftigten)	Übernahme-zusage	Betrieb lehnt ab	Übernahme noch offen	Keine Angabe	Zusammen	Basis
Ein-Mann-Betrieb	52,0	31,0	16,0	1,0	100,0	100
2 bis 4 Beschäftigte	43,2	31,4	24,5	0,9	100,0	766
5 bis 9 Beschäftigte	40,9	23,9	34,2	1,0	100,0	590
10 bis 49 Beschäftigte	44,1	19,7	34,4	1,8	100,0	1 089
50 bis 99 Beschäftigte	48,3	19,2	31,7	0,8	100,0	385
100 und mehr Beschäftigte	54,7	15,4	28,7	1,2	100,0	1 804
Insgesamt[1]	47,5	20,9	30,0	1,6	100,0	4 817

1) Fälle ohne Angabe zur Betriebsgröße wurden nicht gesondert ausgewiesen.

**Prüfungsteilnehmer aus regulären Ausbildungsbetrieben
nach Übernahmezusage und Zahl der Auszubildenden im Betrieb**

- vH-Struktur der gewichteten Fallzahlen -

Zahl der Auszu-bildenden im Betrieb	Übernahme-zusage	Betrieb lehnt ab	Übernahme noch offen	Keine Angabe	Zusammen	Basis
1 Auszubildender	46,1	27,0	25,9	1,0	100,0	623
2 bis 4 Auszubildende	43,8	24,8	30,1	1,7	100,0	1 570
5 bis 9 Auszubildende	48,3	17,4	32,7	1,6	100,0	690
10 bis 19 Auszubildende	48,1	17,5	32,6	1,8	100,0	399
20 und mehr Auszubildende	51,4	17,0	29,9	1,7	100,0	1 492
Insgesamt[1]	47,5	20,9	30,0	1,6	100,0	4 817

1) Fälle ohne Angabe zur Zahl der Auszubildenden wurden nicht gesondert ausgewiesen.

Beschäftigten haben sie auch mehr Ablehnungen erhalten als männliche Prüfungsteilnehmer. Bei größeren Betrieben ist das Bild uneinheitlich, und bei Betrieben mit mehr als 100 Beschäftigten erhielten Frauen zwar ebensoviele Übernahmezusagen, aber mehr Ablehnungen als Männer. Geschlechtsspezifische Unterschiede in den Übernahmechancen sind also nicht nur auf Kleinbetriebe beschränkt.

Art der angebotenen Stelle

Angesichts der zunehmenden Schwierigkeiten, nach Abschluß der Berufsausbildung einen Arbeitsplatz zu finden, werden vielfältige Möglichkeiten diskutiert und praktiziert, um den ausgebildeten Fachkräften ohne Übernahmemöglichkeit in ein ausbildungsadäquates, unbefristetes Vollzeitarbeitsverhältnis Ersatzlösungen zu bieten. Die Varianten umfassen befristete Arbeitsverträge, Teilzeitbeschäftigung (auch in Kombination mit Weiterqualifizierung), Übernahme auf unqualifizierte oder berufsfremde Arbeitsplätze, Übergangsbeschäftigung für Engpaßarbeiten (also ohne festen Arbeitsplatz), um nur einige Beispiele zu nennen.[34]

Bei der Frage nach einer Übernahmezusage des Betriebs wurden diese Möglichkeiten zunächst außer acht gelassen. Zwei Dimensionen des angebotenen Arbeitsplatzes wurden in einer Zusatzfrage erhoben: Voll- oder Teilzeitbeschäftigung sowie Befristung des Arbeitsverhältnisses. Allerdings wurde diese Frage offensichtlich nur teilweise von den Prüfungsteilnehmern verstanden, was sich in einen hohen Anteil fehlender Angaben niederschlägt.

Nur ein sehr kleiner Teil der Prüfungsteilnehmer gibt an, ein Angebot für eine Teilzeitbeschäftigung erhalten zu haben; etwas größer ist der Anteil derjenigen, denen ein befristeter Arbeitsvertrag angeboten wurde (vgl. Übersicht 62). Diese Beschäftigungsmodalitäten spielen offensichtlich noch keine quantitativ bedeutsame Rolle.

Übersicht 62

Prüfungsteilnehmer mit Übernahmezusage
nach Art der zugesagten Stelle und Geschlecht
- vH-Struktur der gewichteten Fallzahlen -

Art der zugesagten Stelle (Mehrfachangaben waren möglich)	Männer	Frauen	Insgesamt
Vollzeitbeschäftigung	85,7	88,2	86,8
Teilzeitbeschäftigung mit weniger als 30 Stunden pro Woche	1,1	2,6	1,8
unbefristetes Arbeits- verhältnis	28,5	24,1	26,5
von vornherein befristetes Arbeitsverhältnis	5,3	6,1	5,6
Basis	1 288	1 021	2 309

3.3.2 Verbleibabsicht im Ausbildungsbetrieb

Ging es bisher um Übernahmezusage oder Ablehnung durch den Betrieb (also um die Möglichkeit, im Ausbildungsbetrieb zu bleiben), so stehen im folgenden die Wünsche und Pläne der Jugendlichen im Mittelpunkt. Zunächst geht es um den Wunsch, im Ausbildungsbetrieb zu bleiben. Dieser Wunsch besteht auch bei schwieriger Arbeitsmarktlage nicht "selbstverständlich": Die Wahrnehmung der jetzigen Situation und die Erwartung der künftigen Entwicklung im Betrieb (z.B. hinsichtlich Art der Tätigkeit, Arbeitsplatzsicherheit, Einkommen, Betriebsklima) können den Wunsch nach Wechsel des Betriebs nach Abschluß der Ausbildung nahelegen, sofern Verbesserungen bei anderen Betrieben erwartet werden. Der Betriebswechsel erleichtert - vor allem bei kleineren Ausbildungsbetrieben - auch den Wechsel von der Rolle des "Auszubildenden" zur "ausgebildeten Fachkraft".

Die Mehrheit der Prüfungsteilnehmer aus regulären Ausbildungsbetrieben (62,6 vH) würde nach Abschluß der Ausbildung am liebsten im Betrieb bleiben. Etwa jeder Fünfte (19,3 vH) sucht sich lieber eine andere Stelle, und 8,8 vH haben bereits eine andere Stelle in Aussicht (vgl. Übersicht 63).

Der Anteil derjenigen, die gerne im Betrieb bleiben würden, ist damit deutlich höher als der Anteil derjenigen, die bis zum Zeitpunkt der Befragung ein Weiterbeschäftigungsangebot des Ausbildungsbetriebes erhalten hatten. Die beiden Variablen stehen in engem Zusammenhang: Auszubildende, die vom Betrieb nicht übernommen werden, bemühen sich häufiger um eine andere Stelle und werden - selbst wenn sie eigentlich gerne im Ausbildungsbetrieb geblieben wären - dies im nachhinein seltener angeben (Dissonanzreduktion). Auszubildende, die deutlich machen, daß sie nicht im Betrieb bleiben wollen, werden auch seltener Übernahmezusagen erhalten.

In den Befragungsdaten zeigt sich dieser Zusammenhang wie folgt (vgl. Übersicht 64): Mehr als drei Viertel aller Prüfungsteilnehmer (77,8 vH), die eine Übernahmezusage erhalten haben, wollen im Ausbildungsbetrieb bleiben, bei den Prüfungsteilnehmern, bei denen die Übernahme noch offen ist,

Übersicht 63

Prüfungsteilnehmer aus regulären Ausbildungsbetrieben
nach Verbleibabsicht und Geschlecht
- vH-Struktur der gewichteten Fallzahlen -

Verbleibabsicht nach Ende der Ausbildung	Männer	Frauen	Insgesamt
Möchte im Betrieb bleiben	66,1	58,1	62,6
Suche lieber andere Stelle	14,9	24,8	19,3
Andere Stelle in Aussicht	8,8	8,9	8,8
Möchte gar nicht arbeiten	3,6	2,2	3,0
Ohne Angabe	6,6	6,0	6,3
Zusammen	100,0	100,0	100,0
Basis	2 670	2 147	4 817

Übersicht 64

**Prüfungsteilnehmer aus regulären Ausbildungsbetrieben
nach Übernahmezusage durch den Betrieb, Verbleibabsicht und Geschlecht**

- vH-Struktur der gewichteten Fallzahlen -

Verbleibabsicht nach Ende der Ausbildung	Übernahmezusage			Betrieb lehnt ab			Übernahme noch offen		
	Männer	Frauen	Insgesamt	Männer	Frauen	Insgesamt	Männer	Frauen	Insgesamt
Möchte im Betrieb bleiben	77,9	77,4	77,8	33,3	26,3	29,6	68,4	55,1	63,1
Suche lieber andere Stelle	5,0	10,1	7,3	36,6	47,7	42,3	17,8	30,0	22,6
Andere Stelle in Aussicht	4,7	3,6	4,2	22,9	19,7	21,3	7,4	8,4	7,8
Möchte gar nicht arbeiten	2,9	1,4	2,2	5,8	3,4	4,6	3,4	2,4	3,0
Ohne Angabe	9,5	7,5	8,5	1,4	2,9	2,2	3,0	4,1	3,5
Zusammen	100,0	100,0	100,0	100,0	100,0	100,0	100,0	100,0	100,0
Basis	1 273	1 014	2 287	481	525	1 006	870	574	1 444

sind es knapp zwei Drittel (63,1 vH). Deutlich geringer ist der Anteil in den Fällen, in denen der Betrieb die Übernahme bereits abgelehnt hat; weniger als ein Drittel (29,6 vH) der betroffenen Prüfungsteilnehmer gibt an, am liebsten im Ausbildungsbetrieb bleiben zu wollen.

Vergleicht man diese Ergebnisse mit der Situation im Bundesgebiet insgesamt im Jahre 1980, für die Befunde aus der bereits erwähnten Studie des Instituts für Arbeitsmarkt- und Berufsforschung vorliegen[35], so zeigt sich in Berlin für den Prüfungsjahrgang 1984/85 ein höherer Anteil der Prüfungsteilnehmer mit Übernahmezusagen, die im Betrieb bleiben wollen.

Der Anteil derjenigen, die - nach eigenen Angaben - vom Betrieb nicht übernommen werden, obwohl sie gerne bleiben würden, ist nach wie vor nicht besonders hoch. Nur 6,2 vH aller Prüfungsteilnehmer sind dieser Gruppe zuzurechnen (tabellarisch nicht ausgewiesen).

Zwischen Männern und Frauen gibt es geringe Unterschiede in der Häufigkeit des Wunsches, im Ausbildungsbetrieb zu bleiben (vgl. Übersicht 63): Männer würden etwas häufiger als Frauen gerne den Ausbildungsvertrag in einen Arbeitsvertrag mit demselben Betrieb umwandeln. Frauen geben dagegen häufiger an, den Betrieb wechseln zu wollen, auch ohne eine konkrete Stelle in Aussicht zu haben. Die Antwortmöglichkeit "möchte vorerst gar nicht arbeiten" wurde von Männern etwas häufiger als von Frauen angekreuzt. Dahinter verbergen sich - entsprechend dem Alter der Mehrheit der Prüfungsteilnehmer - noch selten Fälle, in denen die Berufstätigkeit zugunsten der Übernahme familiärer Pflichten aufgegeben wird; häufiger ist die Fortführung der Ausbildung geplant.

Die geschlechtsspezifischen Unterschiede in den Verbleibabsichten zeigen sich vor allem bei den Prüfungsteilnehmern, bei denen die Übernahme durch den Betrieb noch offen ist. Frauen gaben in dieser Situation deutlich häufiger als Männer an, sich lieber eine andere Stelle zu suchen; entsprechend seltener wurde die Antwort "würde gerne im Betrieb bleiben" angekreuzt. Bei Vorliegen einer Übernahmezusage durch den Betrieb verringern sich diese Unterschiede wesentlich.

Übersicht 65

Prüfungsteilnehmer aus regulären Ausbildungsbetrieben nach Verbleibabsicht und Betriebsgröße

– vH-Struktur der gewichteten Fallzahlen –

Betriebsgröße (Zahl der Beschäftigten)	Möchte im Betrieb bleiben	Suche lieber andere Stelle	Andere Stelle in Aussicht	Möchte gar nicht arbeiten	Ohne Angabe	Zusammen	Basis
Ein-Mann-Betrieb	51,0	36,7	5,5	4,7	2,1	100,0	100
2 bis 4 Beschäftigte	49,9	29,8	12,3	1,6	6,4	100,0	766
5 bis 9 Beschäftigte	58,5	23,9	8,8	3,4	5,4	100,0	590
10 bis 49 Beschäftigte	62,1	20,8	8,6	2,7	5,8	100,0	1 089
50 bis 99 Beschäftigte	60,2	15,8	12,2	6,0	5,8	100,0	385
100 und mehr Beschäftigte	71,0	12,7	7,2	2,9	6,2	100,0	1 803
Insgesamt[1]	62,6	19,3	8,8	3,0	6,3	100,0	4 817

1) Fälle ohne Angabe zur Betriebsgröße wurden nicht gesondert ausgewiesen.

Prüfungsteilnehmer aus regulären Ausbildungsbetrieben nach Verbleibabsicht und Zahl der Auszubildenden im Betrieb

- vH-Struktur der gewichteten Fallzahlen -

Zahl der Auszu-bildenden im Betrieb	Möchte im Betrieb bleiben	Suche lieber andere Stelle	Andere Stelle in Aus-sicht	Möchte gar nicht arbeiten	Ohne Angabe	Zusammen	Basis
1 Auszubildender	55,0	26,8	9,8	2,3	6,1	100,0	623
2 bis 4 Auszubildende	57,2	23,8	10,7	2,6	5,7	100,0	1 569
5 bis 9 Auszubildende	60,6	19,1	8,9	4,3	7,1	100,0	690
10 bis 19 Auszubildende	68,1	14,0	8,0	1,8	8,1	100,0	399
20 und mehr Auszubildende	70,7	13,1	6,8	3,3	6,1	100,0	1 492
Insgesamt[1]	62,6	19,3	8,8	3,0	6,3	100,0	4 817

1) Fälle ohne Angabe zur Zahl der Auszubildenden wurden nicht gesondert ausgewiesen.

Verbleibabsicht und Merkmale des Betriebs

Je größer der Ausbildungsbetrieb ist und je größer die Zahl der Auszubildenden im Betrieb ist, desto größer ist der Wunsch, in diesem Betrieb zu arbeiten, desto geringer ist der Wunsch nach Betriebswechsel (vgl. Übersichten 65 und 66). Dies hängt vermutlich damit zusammen, daß in größeren Betrieben der Rollenwechsel vom "Auszubildenden" zur "Fachkraft" leichter fallen dürfte (z.B. deshalb, weil er häufiger mit dem Wechsel der Kollegen zusammenfällt). In größeren Betrieben sind auch - dies wurde oben gezeigt - die Übernahmechancen höher; auch deshalb sind höhere Verbleibabsichten keinesfalls überraschend.

Verbleibabsicht und Ausbildungsbereiche

4 von 5 Prüfungsteilnehmern im öffentlichen Dienst (82,4 vH) wollen nach Ausbildungsende am liebsten im Ausbildungsbetrieb bleiben; dieser Anteil liegt 20 Prozentpunkte über dem Durchschnitt. In anderer Richtung nahezu ebensoweit vom Durchschnitt entfernt sind Prüfungsteilnehmer aus dem Ausbildungsbereich Land- und Hauswirtschaft: nur 44,8 vH wollen am liebsten im Ausbildungsbetrieb bleiben. Dies ist auf die - allerdings kleine - Gruppe der weiblichen Prüfungsteilnehmer in diesem Ausbildungsbereich zurückzuführen; männliche Prüfungsteilnehmer unterscheiden sich kaum vom Durchschnitt (vgl. Übersicht 67).

Die Unterschiede zwischen Prüfungsteilnehmern aus Industrie und Handel und aus dem Handwerk sind deutlich geringer; Prüfungsteilnehmer aus dem Handwerk haben seltener den Wunsch, im Betrieb zu bleiben. Bei Frauen sind diese Unterschiede stärker ausgeprägt als bei Männern. In allen Ausbildungsbereichen - mit Ausnahme des öffentlichen Dienstes - ist bei Männern der Wunsch nach Verbleib im Ausbildungsbetrieb häufiger als bei Frauen.

Prüfungsteilnehmer aus regulären Ausbildungsbetrieben

nach Verbleibabsicht im Betrieb, Ausbildungsbereich und Geschlecht

- vH-Struktur der gewichteten Fallzahlen -

Ausbildungsbereich und Geschlecht	Möchte im Betrieb bleiben	Suche lieber andere Stelle	Andere Stelle in Aussicht	Möchte gar nicht arbeiten	Ohne Angabe	Zusammen	Basis
Industrie und Handel	65,3	17,4	8,3	3,1	5,9	100,0	2 741
- Männer	68,1	13,7	8,9	3,7	5,6	100,0	1 591
- Frauen	61,4	22,5	7,4	2,3	6,4	100,0	1 150
Handwerk	59,1	20,9	9,3	3,1	7,6	100,0	1 274
- Männer	62,4	16,7	9,0	3,7	8,2	100,0	924
- Frauen	50,7	31,9	10,2	1,5	5,7	100,0	351
Land- und Hauswirtschaft	44,8	24,6	14,3	8,0	8,3	100,0	64
- Männer	63,2	18,4	9,2	-	9,2	100,0	44
- Frauen	4,2	38,3	25,5	25,5	6,5	100,0	20
Freie Berufe	51,5	28,7	11,8	2,2	5,8	100,0	538
- Männer	55,5	29,0	4,9	2,4	8,2	100,0	33
- Frauen	51,3	28,7	12,2	2,2	5,6	100,0	505
Öffentlicher Dienst	82,4	8,5	3,6	0,5	5,0	100,0	200
- Männer	75,2	10,6	7,4	1,6	5,2	100,0	78
- Frauen	86,7	7,1	1,4	-	4,8	100,0	122
Insgesamt	62,6	19,3	8,8	3,0	6,3	100,0	4 817
- Männer	66,1	14,9	8,8	3,6	6,6	100,0	2 670
- Frauen	58,2	24,8	8,8	2,2	6,0	100,0	2 147

Verbleibabsicht und Ausbildungsberufe

Der Wunsch, nach Ende der Ausbildung im Ausbildungsbetrieb zu bleiben, differiert erwartungsgemäß auch nach Ausbildungsberufen. In Übersicht 68 sind die Ergebnisse zunächst für zusammengefaßte Berufsgruppen dargestellt.

Drei von vier Prüfungsteilnehmern aus den Elektroberufen (74,6 vH) würden den Ausbildungsvertrag gerne in einen Arbeitsvertrag umwandeln; dieser Anteil liegt deutlich über dem Durchschnitt (62,6 vH). In vier weiteren zusammengefaßten Berufsgruppen ist dieser Anteil ebenfalls überdurchschnittlich:

- Organisations-, Verwaltungs- und Büroberufe (67,6 vH),

- Waren- und Dienstleistungskaufleute (66,9 vH),

- Metallberufe (66,8 vH),

- Technische Sonderfachkräfte (64,0 vH).

Auffallend selten ist der Wunsch nach Verbleib im Ausbildungsbetrieb dagegen bei den

- Textil-, Bekleidungs- und Lederberufen (38,2 vH) sowie

- bei Körperpflegern, Gästebetreuern, Hauswirtschafts- und Reinigungsberufen (37,4 vH).

Innerhalb dieser zusammengefaßten Berufsgruppen ist der Wunsch, im Ausbildungsbetrieb über das Ausbildungsende hinaus zu bleiben, unterschiedlich häufig. Als Beispiel können die Metallberufe herangezogen werden: bei einem durchschnittlichen Anteil von 66,8 vH ergeben sich Werte zwischen 55,2 vH (bei Bauschlossern) und 78,3 vH (bei Maschinenschlossern, vgl. Übersicht 69). Das Beispiel macht zugleich deutlich, daß auch innerhalb der Berufsgruppen (Zweisteller) erhebliche Unterschiede bestehen. Ähnliches zeigt sich auch bei den Elektrikern, bei den Bank- und Versicherungskaufleuten und bei den Bürofachkräften.

Übersicht 68

Prüfungsteilnehmer aus regulären Ausbildungsbetrieben nach Verbleibabsicht und zusammengefaßten Berufsgruppen

- vH-Struktur der gewichteten Fallzahlen -

Zusammengefaßte Berufsgruppen		Möchte im Betrieb bleiben	Suche lieber andere Stelle	Andere Stelle in Aussicht	Möchte gar nicht arbeiten	Ohne Angabe	Zusammen	Basis
21 - 30	Metallberufe	66,8	14,5	7,9	4,5	6,3	100,0	739
31	Elektroberufe	74,6	12,1	6,1	2,5	4,7	100,0	525
34 - 37	Textil-, Bekleidungs- und Lederberufe	38,2	35,6	10,0	7,7	8,5	100,0	72
39 - 43	Ernährungsberufe	47,1	29,8	15,6	2,9	4,6	100,0	142
44 - 51	Bau- und Baunebenberufe einschl. Tischler, Maler und Lackierer	59,6	14,2	10,9	4,0	11,3	100,0	453
63	Techn.Sonderfachkräfte	64,0	8,0	9,2	12,6	6,2	100,0	69
68 - 70	Waren- und Dienstleistungskaufleute	66,9	19,4	6,2	2,7	5,3	100,0	1 250
75 - 78	Organisations-, Verwaltungs- u. Büroberufe	67,6	17,9	6,4	2,3	5,8	100,0	776
85	Arzthelferberufe	49,7	29,1	13,8	1,3	6,1	100,0	314
90 - 93	Körperpfleger,Gästebetreuer, Hauswirtschafts- und Reinigungsberufe	37,4	36,6	17,7	1,6	6,7	100,0	307
Insgesamt[1]		62,6	19,3	8,8	3,0	6,3	100,0	4 817

1) Prüfungsteilnehmer aus sonstigen Berufsgruppen sind nicht gesondert ausgewiesen.

Prüfungsteilnehmer aus regulären Ausbildungsbetrieben nach Verbleibabsicht und Ausbildungsberufen

- vH-Struktur der gewichteten Fallzahlen -

Berufsgruppen darunter: Berufsklassen		Möchte im Betrieb bleiben	Suche lieber andere Stelle	Andere Stelle in Aussicht	Möchte gar nicht arbeiten	Ohne Angabe	Zusammen	Basis
05	Gartenbauer	40,3	32,3	14,9	5,6	6,9	100,0	90
26	Feinblechner, Installateure	69,3	9,8	8,4	5,1	7,4	100,0	164
dar.: 2621	Gas-, Wasserinstallateure	74,6	7,9	6,3	-	11,2	100,0	84
27	Schlosser	69,5	14,8	5,4	2,2	8,1	100,0	209
dar.: 2710	Bauschlosser	55,2	23,3	3,7	6,4	11,4	100,0	63
2730	Maschinenschlosser	78,3	13,3	1,7	-	6,7	100,0	73
28	Mechaniker	62,7	18,7	11,5	3,2	3,9	100,0	240
dar.: 2811	Kraftfahrzeuginstand-setzer	58,9	20,5	14,0	4,1	2,5	100,0	158
30	Metallfeinbauer und zugeordnete Berufe	58,8	7,0	5,0	25,7	3,5	100,0	46
31	Elektriker	74,6	12,1	6,1	2,5	4,7	100,0	525
dar.: 3110	Elektroinstallateure, -monteure	70,1	15,6	6,1	1,1	7,1	100,0	242
3120	Fernmeldemonteure, -handwerker	79,9	8,3	7,0	2,1	2,7	100,0	58
3143	Elektrofeingeräte-mechaniker	80,7	6,7	3,3	5,0	4,3	100,0	130
35	Textilverarbeiter	37,5	35,3	9,7	8,4	9,1	100,0	66
dar.: 3520	Bekleidungsnäher	38,5	35,9	10,3	7,7	7,6	100,0	57
39	Back-, Konditorwarenhersteller	54,4	19,7	17,7	4,1	4,1	100,0	59
48	Bauausstatter	63,5	16,2	10,3	2,4	7,6	100,0	47
51	Maler, Lackierer u. verwandte Berufe	75,6	13,9	1,6	-	8,9	100,0	152
63	Technische Sonderfachkräfte	64,0	8,0	9,2	12,6	6,2	100,0	69
68	Warenkaufleute	64,9	22,5	6,0	1,1	5,5	100,0	928
dar.: 6811	Groß-, Außenhandelskaufl.	65,8	17,1	7,4	4,0	5,7	100,0	61
6812	Einzelhandelskaufleute	65,7	22,5	5,1	0,8	5,9	100,0	223
6820	Verkäufer	65,7	22,3	6,0	0,7	5,3	100,0	448
6821	Gewerbegehilfen	66,5	24,5	6,3	-	2,7	100,0	120
69	Bank-, Versicherungskaufleute	78,5	6,1	5,2	6,2	4,0	100,0	257
dar.: 6910	Bankkaufleute	80,3	6,4	2,6	7,1	3,6	100,0	211
6940	Versicherungskaufleute	70,1	4,5	17,2	1,9	6,3	100,0	46
70	Andere Dienstleistungskaufleute und zugehörige Berufe	50,4	29,0	13,7	0,9	6,0	100,0	66
dar.: 7011	Speditionskaufleute	64,8	22,9	7,0	-	5,3	100,0	33
7535	Fachgehilfen in steuer- und wirtschaftsberatenden Berufen [1]	57,6	31,8	3,0	1,5	6,1	100,0	104
78	Bürofachkräfte	68,9	15,8	7,0	2,5	5,8	100,0	658
dar.: 7810	Bürofachkräfte, allgem.	64,8	19,6	8,0	1,2	6,4	100,0	264
7811	Verwaltungsfachkräfte öffentlicher Dienst	86,4	7,2	1,2	-	5,2	100,0	149
7812	Industriekaufleute	72,2	11,3	5,2	5,2	6,1	100,0	138
7813	Rechtsanwalts- und Notargehilfen	50,0	23,4	16,1	6,5	4,0	100,0	96
85	Arzthelferberufe	49,7	29,1	13,8	1,3	6,1	100,0	314
dar.: 8561	Arzthelfer	48,1	29,6	17,1	1,4	3,8	100,0	194
8562	Zahnarzthelfer	52,5	31,2	9,2	1,4	5,7	100,0	109
9011	Friseure [1]	42,3	36,2	14,5	0,9	6,1	100,0	214
91	Gästebetreuer	16,6	43,9	26,8	2,7	10,0	100,0	77
dar.: 9113	Hotel-, Gaststättenkaufl.	14,6	45,5	27,3	1,8	10,8	100,0	62
Übrige Berufsgruppen [2]		55,2	16,8	13,6	4,1	10,3	100,0	531
Insgesamt		62,6	19,3	8,8	3,0	6,3	100,0	4 817

1) Jeweils einzige Berufsklasse in der Berufsgruppe. - 2) Siehe Anhang 2.

Die folgenden Berufe weisen den größten Anteil von Prüfungsteilnehmern auf, die im Ausbildungsbetrieb bleiben wollen:

	Berufsklasse	Anteil der Prüfungsteilnehmer, die gerne im Betrieb bleiben möchten in vH
7811	Verwaltungsfachkräfte, öff. Dienst	86,4
3143	Elektrofeingerätemechaniker	80,7
6910	Bankkaufleute	80,3
3120	Fernmeldemonteure, -handwerker	79,9
2730	Maschinenschlosser	78,3
2621	Gas-, Wasserinstallateure	74,6
7812	Industriekaufleute	72,2
3110	Elektroinstallateure, -monteure	70,1
6940	Versicherungskaufleute	70,1

Den mit großem Abstand niedrigsten Anteil an Prüfungsteilnehmern, die gerne im Ausbildungsbetrieb bleiben wollen, weisen mit 14,6 vH die Hotel- und Gaststättenkaufleute auf.

Bei diesen Unterschieden spielen verschiedene Faktoren eine Rolle:

- ein Übernahmeangebot oder eine Ablehnung durch den Betrieb;

- die Beurteilung der beruflichen Chancen bei Verbleib im Betrieb und bei Betriebswechsel;

- die Identifikation mit dem Ausbildungsberuf;

- Pläne, die bisherige Ausbildung durch zusätzliche Ausbildung zu ergänzen;

- Betriebswechsel als "normaler" Bestandteil der Berufsbiographie (wie vermutlich bei Hotel- und Gaststättenkaufleuten).

Dabei kann keiner der Faktoren für sich allein die Unterschiede erklären. Zwar finden sich bei den Berufen mit besonders häufiger Verbleibabsicht viele, bei denen auch die Übernahmechancen besonders hoch sind (vgl. auch oben Übersicht 56) - aber auch Berufe, in denen der Betrieb überdurchschnittlich oft die Übernahme abgelehnt hat (z.B. Fernmeldemonteure, -handwerker). Unter den Berufen mit besonders hoher Verbleibabsicht finden sich solche, in denen die Identifikation mit dem Beruf besonders hoch ist (gemessen am Anteil derer, die den Beruf wieder wählen würden); Beispiele hierfür sind die Gas- und Wasserinstallateure oder die Elektroinstallateure (vgl. Kapitel 3.2.3, Übersicht 46). Es finden sich jedoch auch Berufe mit enttäuschten Prüfungsteilnehmern: Berufe, die im nachhinein nicht mehr so oft gewählt würden wie ursprünglich gewünscht, wie z.B. die Eletrofeingerätemechaniker und die Fernmeldemonteure und -handwerker (vgl. Kapitel 3.2.3, Übersicht 49).

Insgesamt läßt sich ein deutlicher Zusammenhang zwischen Identifikation mit der Ausbildungsentscheidung und Verbleibabsicht im Betrieb feststellen: Prüfungsteilnehmer, die - erneut vor die Entscheidung gestellt - wieder ihren jetzigen Ausbildungsberuf ergreifen würden, wollen überdurchschnittlich oft im Betrieb bleiben (vgl. Übersicht 70). Diejenigen, die eine andere Lehre wählen würden, wollen deutlich häufiger lieber eine andere Stelle suchen; diejenigen, die gar keine Lehre aufnehmen würden, wollen darüber hinaus überdurchschnittlich oft zunächst gar nicht arbeiten. Dies deutet darauf hin, daß alternative Ausbildungspläne vor der Ausbildung teilweise noch am Ausbildungsende bestehen und möglicherweise realisiert werden (vgl. unten, Kapitel 3.3.3); aber auch dann, wenn die Identifikation mit dem gewählten Beruf hoch ist, möchte ein Teil der Prüflinge gerne den Betrieb wechseln.

Männer möchten häufiger als Frauen im Ausbildungsbetrieb bleiben. Dies hängt teilweise mit den gewählten Berufen zusammen: In den Berufen, die als "Frauenberufe" anzusehen sind, haben weniger Prüflinge den Wunsch, im Ausbildungsbetrieb zu bleiben als bei Misch- oder Männerberufen. Eine Ausnahme stellen Frauen in Männerberufen dar: Nur 43,7 vH dieser Gruppe wollen im Ausbildungsbetrieb bleiben. In den Frauenberufen wollen relativ mehr Frauen als Männer im Betrieb bleiben; bei den Misch- und Männerberufen ist es umgekehrt (vgl. Übersicht 71). Für einzelne Berufsgruppen und -klassen sind die geschlechtsspezifischen Unterschiede in Übersicht 72 zusammengestellt, es zeigt sich ein sehr uneinheitliches Bild.

Prüfungsteilnehmer aus regulären Ausbildungsbetrieben

nach Identifikation mit der Ausbildungsentscheidung und Verbleibabsicht

- vH-Struktur der gewichteten Fallzahlen -

Identifikation mit der Ausbildungs-entscheidung	Möchte im Betrieb bleiben	Suche lieber andere Stelle	Andere Stelle in Aus-sicht	Möchte gar nicht arbeiten	Ohne Angabe	Zusammen	Basis
Wiederwahl des Ausbildungsberufs	69,8	12,9	8,2	2,7	6,4	100,0	3 062
Wahl einer anderen Lehre	52,7	31,2	9,0	2,2	4,9	100,0	1 397
Wahl einer Alternative ohne Lehre	44,3	30,9	7,5	11,6	5,7	100,0	231
Ohne Angabe	29,0	21,9	24,7	1,6	22,8	100,0	126
Insgesamt	62,6	19,3	8,8	3,0	6,3	100,0	4 817

Übersicht 71

Prüfungsteilnehmer aus regulären Ausbildungsbetrieben

nach Verbleibabsicht, Männer-, Frauen- und Mischberufen und Geschlecht

- vH-Struktur der gewichteten Fallzahlen -

Geschlecht/ Männer-, Frauen-, Mischberufe	Möchte im Betrieb bleiben	Suche lieber andere Stelle	Andere Stelle in Aus- sicht	Möchte gar- nicht arbeiten	Ohne Angabe	Zusammen	Basis
Männer insgesamt	66,1	14,9	8,8	3,6	6,6	100,0	2 670
- in Männerberufen	65,8	15,0	9,2	2,9	7,1	100,0	1 900
- in Mischberufen	68,0	14,3	7,0	5,4	5,3	100,0	717
- in Frauenberufen	49,6	21,4	19,2	2,8	7,0	100,0	53
Frauen insgesamt	58,2	24,8	8,8	2,2	6,0	100,0	2 147
- in Männerberufen	43,7	31,7	9,2	12,0	3,4	100,0	72
- in Mischberufen	65,8	20,2	5,8	1,8	6,4	100,0	957
- in Frauenberufen	52,6	28,2	11,4	1,9	5,9	100,0	1 118
Prüfungsteilnehmer insgesamt	62,6	19,3	8,8	3,0	6,3	100,0	4 817
- in Männerberufen	65,0	15,6	9,2	3,3	6,9	100,0	1 971
- in Mischberufen	66,8	17,7	6,3	3,4	5,8	100,0	1 674
- in Frauenberufen	52,5	27,9	11,8	2,0	5,8	100,0	1 171

Prüfungsteilnehmer aus regulären Ausbildungsbetrieben nach Verbleibabsicht, Ausbildungsberufen und Geschlecht
- vH-Struktur der gewichteten Fallzahlen -

Berufsgruppen darunter: Berufsklassen	Möchte im Betrieb bleiben			Basis		
	Männer	Frauen	Zusammen	Männer	Frauen	Zusammen
05 Gartenbauer	61,1	19,2	40,3	45	45	90
26 Feinblechner, Installateure	69,3	-	69,3	164	-	164
dar.: 2621 Gas-, Wasserinstallateure	74,6	-	74,6	84	-	84
27 Schlosser	69,5	-	69,5	209	-	209
dar.: 2710 Bauschlosser	55,2	-	55,2	63	-	63
2730 Maschinenschlosser	78,3	-	78,3	73	-	73
28 Mechaniker	62,5	83,3	62,7	238	2	240
dar.: 2811 Kraftfahrzeuginstand- setzer	59,1	-	59,1	158	-	158
30 Metallfeinbauer und zugeordnete Berufe	55,2	70,0	58,8	35	11	46
31 Elektriker	74,1	88,3	74,6	505	20	525
dar.: 3110 Elektroinstallateure, -monteure	69,7	100,0	70,1	239	3	242
3120 Fernmeldemonteure, -handwerker	79,5	100,0	79,9	57	1	58
3143 Elektrofeingeräte- mechaniker	80,4	85,7	80,7	122	8	130
35 Textilverarbeiter	-	37,5	37,5	-	66	66
dar.: 3520 Bekleidungsnäher	-	38,5	38,5	-	57	57
39 Back-, Konditorwarenhersteller	59,7	-	54,4	54	5	59
48 Bauausstatter	63,4	66,7	63,5	46	1	47
51 Maler, Lackierer u. verwandte Berufe	75,6	-	75,6	152	-	152
63 Technische Sonderfachkräfte	60,9	66,0	64,0	27	43	69
68 Warenkaufleute	67,0	63,7	64,9	334	593	928
dar.: 6811 Groß-, Außenhandelskaufl.	68,4	62,2	65,8	35	26	61
6812 Einzelhandelskaufleute	69,7	61,7	65,7	111	113	223
6820 Verkäufer	66,9	65,0	65,7	163	285	448
6821 Gewerbegehilfen	100,0	65,7	66,5	3	118	120
69 Bank-, Versicherungskaufleute	74,3	83,4	78,5	138	119	257
dar.: 6910 Bankkaufleute	76,3	84,6	80,3	109	102	211
6940 Versicherungskaufleute	66,7	75,9	70,1	29	17	46
70 Andere Dienstleistungskaufleute und zugehörige Berufe	59,1	42,9	50,4	30	35	66
dar.: 7011 Speditionskaufleute	63,4	68,7	64,8	24	9	33
7535 Fachgehilfen in steuer- und wirtschaftsberatenden Berufen[1]	56,8	57,9	57,6	30	75	104
78 Bürofachkräfte	73,8	67,7	68,9	138	521	658
dar.: 7810 Bürofachkräfte, allgem.	61,8	65,1	64,8	22	241	264
7811 Verwaltungsfachkräfte öffentlicher Dienst	84,3	87,1	86,4	34	115	149
7812 Industriekaufleute	74,8	69,4	72,2	72	65	138
7813 Rechtsanwalts- und Notargehilfen	-	50,8	50,0	2	95	96
85 Arzthelferberufe	80,0	49,5	49,7	2	312	314
dar.: 8561 Arzthelfer	-	48,1	48,1	-	194	194
8562 Zahnarzthelfer	100,0	51,8	52,5	2	108	109
9011 Friseure[1]	33,3	43,0	42,3	15	199	214
91 Gästebetreuer	24,6	12,9	16,6	25	52	77
dar.: 9113 Hotel-, Gaststättenkaufl.	18,2	13,6	14,6	12	49	61
Übrige Berufsgruppen[2]	55,3	53,8	55,2	483	47	531
Insgesamt	66,1	58,2	62,6	2 670	2 147	4 817

1) Jeweils einzige Berufsklasse in der Berufsgruppe. - 2) Siehe Anhang 2.

Verbleibabsicht und allgemeinbildender Schulabschluß

Zwischen dem Wunsch, nach dem Ausbildungsende im Betrieb zu bleiben, und dem allgemeinbildenden Schulabschluß gibt es Zusammenhänge: Bei Prüfungsteilnehmern, die vor der Berufsausbildung eine allgemeinbildende Schule im Sekundarbereich I besucht, also höchstens die mittlere Reife erzielt hatten, nimmt mit steigendem Schulbildungsniveau der Wunsch zu, im Betrieb zu bleiben (vgl. Übersicht 73). Ähnliche Ergebnisse finden sich für das Jahr 1980 und das Bundesgebiet insgesamt in der schon zitierten Längsschnittuntersuchung des Instituts für Arbeitsmarkt- und Berufsforschung (IAB).[36]

Bei Prüfungsteilnehmern mit einem Schulabschluß der Sekundarstufe II (Abitur, Fachhochschulreife oder gleichwertiger Abschluß) ist der Wunsch, im Ausbildungsbetrieb zu arbeiten, deutlich geringer; sie geben zugleich häufiger als die übrigen Prüfungsteilnehmer an, zunächst nicht arbeiten zu wollen. Dieser Anteil (7,6 vH) sagt noch nichts über die Studienabsicht der Abiturienten unter den Prüfungsteilnehmern aus (die seit Jahren um etwa 40 vH der Abiturienten in betrieblicher Ausbildung schwankt[37]). Der Wunsch nach einem Arbeitsvertrag im Ausbildungsbetrieb kann sich auf eine Übergangszeit vor der Studienaufnahme, auf die Zeit nach dem Studienabschluß oder auf eine studienbegleitende (Teilzeit- oder Ferien-) Beschäftigung beziehen.

Als Besonderheit sei hier auch erwähnt, daß Hotel- und Gaststättenberufe einen besonders hohen Abiturientenanteil aufweisen, für diese Berufe aber ein Betriebswechsel eher die Regel ist. Dies schlägt sich in dem bei Abiturienten überdurchschnittlichen Anteil von Prüfungsteilnehmern nieder, die bereits eine andere Stelle in Aussicht haben.

3.3.3 Berufliche Pläne für die Zeit nach dem Ausbildungsabschluß

Arbeitslosigkeit von ausgebildeten Fachkräften unmittelbar nach Abschluß der Berufsausbildung entwickelt sich bundesweit in zunehmendem Maße zum Problem. Die Zahl der arbeitslosen Absolventen der betrieblichen

Übersicht 73

Prüfungsteilnehmer aus regulären Ausbildungsbetrieben
nach Verbleibabsicht und allgemeinbildendem Schulabschluß
- vH-Struktur der gewichteten Fallzahlen -

Verbleibabsicht	Abschluß einer Sonderschule/ohne Abschluß[1]	Hauptschulabschluß	Mittlere Reife oder gleichwertiger Abschluß	Abitur, Fachhochschulreife o. gleichwertiger Abschluß	Insgesamt
Möchte im Betrieb bleiben	59,5	61,6	64,5	56,8	62,6
Suche lieber andere Stelle	25,6	22,1	18,4	16,9	19,3
Andere Stelle in Aussicht	8,3	7,8	8,8	10,8	8,8
Möchte gar nicht arbeiten	0,8	1,7	2,5	7,6	3,0
Ohne Angabe	5,8	6,8	5,8	7,9	6,3
Zusammen	100,0	100,0	100,0	100,0	100,0
Basis	121	1 198	2 827	671	4 817

1) Einschließlich Fälle ohne Angabe zur allgemeinen Schulbildung.

Berufsausbildung ist um ein Vielfaches schneller gestiegen als die der Arbeitslosen insgesamt, die Betroffenheit von Arbeitslosigkeit nimmt offensichtlich weiter zu.[38]

Auch auf längere Sicht ist mit einer insgesamt angespannten Situation auf dem Arbeitsmarkt zu rechnen.[39] Die Prognos-IAB-Projektionen zum künftigen Arbeitskräftebedarf auf vier Qualifikationsebenen ergeben zwar für die meisten Projektionsvarianten eine Zunahme des Bedarfs an Erwerbstätigen mit betrieblicher Ausbildung beziehungsweise gleichwertiger Berufsfachschulausbildung; aufgrund fehlender qualifikationsspezifischer Vorausschätzungen des Arbeitskräfteangebots ist jedoch eine entsprechende Bilanzierung für Absolventen der betrieblichen Berufsausbildung nicht möglich.[40]

Die Probleme auf dem Arbeitsmarkt wirken zurück auf die Berufsausbildung und die Auszubildenden beziehungsweise Prüfungsteilnehmer, beispielsweise in Form von Motivationsproblemen oder Konkurrenz zwischen Auszubildenden.[41] Sie beeinflussen auch die Pläne der Prüfungsteilnehmer für die Zeit unmittelbar nach der Prüfung (auf die hier eingegangen wird) und ihre wahrscheinlichen Verhaltensalternativen bei Schwierigkeiten auf dem Arbeitsmarkt (vgl. unten, Abschnitt 3.3.4).

Auf die Frage "Was wollen Sie direkt nach Ihrer Ausbildung machen" geben vier von fünf Prüfungsteilnehmern "arbeiten" an. Jeder Vierte gibt an, eine weitere Ausbildung anschließen zu wollen; dabei ist teilweise an berufsbegleitende Weiterbildung gedacht (ein Grund für Mehrfachangaben). Der Anteil der Prüfungsteilnehmer, die zunächst einmal weder eine Arbeits- noch eine Ausbildungsstelle suchen, sondern etwas anderes machen wollen, ist mit 0,5 vH verschwindend gering (vgl. Übersicht 74).

Die Mehrheit der Prüfungsteilnehmer (61,4 vH) möchte im erlernten Beruf arbeiten, nur eine Minderheit (4,0 vH) will in einem anderen Beruf arbeiten. Eine größere Gruppe (18,4 vH) gibt an, arbeiten zu wollen, auch in einem anderen als dem erlernten Beruf (vgl. Übersicht 74). Dies kann Unzufriedenheit oder Enttäuschung zur Ursache haben, aber auch bereits Reaktion auf die (in einzelnen Berufen besonders starke) Anspannung auf dem Arbeitsmarkt sein.

Prüfungsteilnehmer nach Plänen für die Zeit
nach der Ausbildung und Geschlecht
- vH-Struktur der gewichteten Fallzahlen -

Pläne für die Zeit nach der Ausbildung (Mehrfachangaben waren möglich)	Männer	Frauen	Insgesamt
Ich will in meinem erlernten Beruf arbeiten	61,9	60,7	61,4
Ich will arbeiten, aber es muß nicht unbedingt in meinem erlernten Beruf sein	17,3	19,9	18,4
Ich will in einem anderen Beruf arbeiten	3,3	4,9	4,0
Zusammen: im erlernten oder einem anderen Beruf arbeiten (ohne Mehrfachangaben)	79,6	83,4	81,3
Ich will noch eine weitere Ausbildung anschließen, und zwar			
- eine andere betriebliche Berufsausbildung (Lehre)	7,3	5,8	6,6
- eine Fachschulausbildung	6,7	4,4	5,7
- ein Studium (Fachhochschule/Hochschule)	10,2	6,2	8,5
- eine Beamtenausbildung	1,2	1,2	1,2
- eine Ausbildung im Gesundheitswesen	0,1	1,4	0,7
- eine allgemeine (nicht berufliche) Weiterbildung	2,3	3,4	2,7
- sonstige Ausbildung	1,1	1,8	1,4
Zusammen: weitere Ausbildung anschließen (ohne Mehrfachangaben)	27,1	22,8	25,2
Keine Arbeit oder Ausbildung	0,3	0,8	0,5
Ohne Angaben	2,0	1,1	1,6
Basis	3 026	2 352	5 378

Der Wunsch nach Arbeit im erlernten Beruf und nach Verbleib im Ausbildungsbetrieb hängen ebenso wie der Wunsch nach Berufs- und Stellenwechsel zusammen. Drei von vier Prüfungsteilnehmern aus regulären Ausbildungsbetrieben, die nach Ausbildungsende im Betrieb bleiben wollen, beabsichtigen im erlernten Beruf zu arbeiten (Durchschnitt 62,2 vH). Bei den Prüfungsteilnehmern, die sich lieber eine andere Stelle suchen, ist dies nur ein gutes Drittel, bei denjenigen, die schon eine andere Stelle in Aussicht haben, die Hälfte. Von den Prüfungsteilnehmern, die in einem anderen als dem erlernten Beruf arbeiten wollen, sucht mehr als die Hälfte lieber eine Stelle in einem anderen Betrieb, ein gutes Fünftel hat schon eine andere Stelle in Aussicht.

Bei der angestrebten weiteren Ausbildung wird in erster Linie das Studium an einer Fachhochschule oder Universität genannt (8,5 vH). Die Ergänzung der Ausbildung durch einen Fachschulbesuch planen 5,7 vH, eine andere Lehre 6,6 vH. Bei letzteren ist allerdings zu berücksichtigen, daß ein Teil der Prüflinge in Stufenberufen ausgebildet wurde und die zweite beziehungsweise gegebenenfalls dritte Stufe noch nicht absolviert hat. Bei diesen Prüfungsteilnehmern ist die geplante weitere Lehre Weiterführung der bisherigen Ausbildung, also keine Ausbildung in einem anderen Beruf. Darauf wird später nochmals eingegangen.

Pläne für die Zeit nach der Ausbildung und soziodemographische Merkmale

Männer und Frauen unterscheiden sich in ihren Plänen für die Zeit nach der Ausbildung nicht sehr stark. Frauen wollen etwas häufiger als Männer im erlernten Beruf oder einem anderen Beruf arbeiten (wobei auch die Bereitschaft beziehungsweise der Wunsch zum Berufswechsel bei Frauen etwas häufiger ist). Männer wollen demgegenüber etwas häufiger noch eine weitere Ausbildung anschließen, am ausgeprägtesten sind die Unterschiede beim Plan, noch ein Studium aufzunehmen (vgl. Übersicht 74).

Deutsche und Angehörige anderer Staaten unterscheiden sich in ihren Plänen für die Zeit nach der Ausbildung praktisch nicht.

Zwischen dem Lebensalter der Prüfungsteilnehmer und dem Wunsch, direkt nach Abschluß der Ausbildung zu arbeiten, gibt es keinen direkten Zusammenhang (vgl. Übersicht 75). Feststellbar sind solche Zusammenhänge jedoch zwischen dem Alter und der Art der weiter geplanten Ausbildung:

- 14,2 vH der Prüfungsteilnehmer im Alter bis zu 20 Jahren planen eine weitere betriebliche Berufsausbildung (Lehre); der Durchschnitt der älteren Prüfungsteilnehmer liegt bei 2,7 vH;

- 16,7 vH der Prüfungsteilnehmer in der Altersgruppe 21 bis 24 Jahre planen die Aufnahme eines Studiums; der Durchschnitt der anderen Altersgruppen liegt bei 5,3 vH;

- 15,0 vH der Prüfungsteilnehmer in der Altersgruppe 25 bis 29 Jahre planen den Besuch einer Fachschule; dies liegt deutlich über dem Durchschnitt der anderen Altersgruppen (5,5 vH).

Bei den übrigen Arten weiterer Ausbildung zeigen sich keine ähnlich ausgeprägten Zusammenhänge mit dem Lebensalter.

Die Konzentration der studienwilligen Prüfungsteilnehmer auf die Altersgruppen 21 bis 24 Jahre hängt mit der "Durchlaufzeit" durch die allgemeinbildende Schule bis zum Abschluß der Sekundarstufe II und der Dauer der (teilweise verkürzten) Ausbildung im dualen System zusammen. Ein Prüfungsteilnehmer, der ohne Wiederholung einer Klassenstufe das Abitur beziehungsweise die Fachhochschulreife erlangt hat und unmittelbar anschließend eine betriebliche Ausbildung begonnen hat, ist bei der Abschlußprüfung mindestens 21 Jahre alt. Durch Wiederholung einzelner Klassen im allgemeinbildenden Schulbereich und durch aufeinanderfolgende berufliche Bildungsgänge sind in dieser Altersgruppe auch Prüfungsteilnehmer ohne Abitur/Fachhochschulreife oder gleichwertigen Abschluß enthalten. Betrachtet man dagegen Prüfungsteilnehmer mit Studienberechtigung (alle Altersgruppen), so ist der Anteil derjenigen, die ihre berufliche Ausbildung durch ein Studium ergänzen wollen, mit 31,2 vH nochmals deutlich höher (vgl. Übersicht 76).

142

Übersicht 75

Prüfungsteilnehmer nach Plänen für die Zeit nach der Ausbildung und Alter
- vH-Struktur der gewichteten Fallzahlen -

Alter	Möchte arbeiten	Pläne für die Zeit nach der Ausbildung				Basis
		Möchte Ausbildung anschließen	andere Lehre	darunter:		
				Fachschule	Studium	
		- Mehrfachangaben waren möglich -				
17 Jahre	81,0	28,5	15,2	11,0	-	32
18 Jahre	72,6	33,6	18,1	4,2	5,8	587
19 Jahre	82,6	23,1	8,8	5,4	3,5	1 488
20 Jahre	86,4	21,7	4,6	5,8	7,1	1 469
21 Jahre	82,0	25,3	2,9	6,3	12,8	799
22 Jahre	77,6	32,5	2,8	4,3	21,9	395
23 Jahre	73,6	34,8	1,9	6,0	24,5	196
24 Jahre	87,5	22,5	-	4,3	12,6	67
25 bis 29 Jahre	79,5	32,7	3,8	15,0	9,0	122
30 Jahre und älter	86,8	16,9	2,3	5,7	2,6	143
Insgesamt[1]	81,3	25,2	6,6	5,7	8,5	5 378

1) Fälle ohne Angabe zum Lebensalter wurden nicht gesondert ausgewiesen.

Übersicht 76

Prüfungsteilnehmer nach Plänen für die Zeit nach der Ausbildung und allgemeinbildendem Schulabschluß

- vH-Struktur der gewichteten Fallzahlen -

Allgemeinbildender Schulabschluß	Pläne für die Zeit nach der Ausbildung					Basis
	Möchte arbeiten	Möchte Ausbildung anschließen	darunter:			
			andere Lehre	Fachschule	Studium	
		- Mehrfachangaben waren möglich -				
Abschluß einer Sonderschule/ohne Abschluß[1]	83,1	16,9	7,4	4,8	-	189
Hauptschulabschluß	86,7	13,8	4,6	4,6	2,2	1 440
Mittlere Reife oder gleichwertiger Abschluß	80,2	27,1	8,1	7,0	6,4	3 011
Abitur, Fachhochschulreife oder gleichwertig	68,0	42,0	4,3	2,6	31,2	738
Insgesamt	81,3	25,2	6,6	5,7	8,5	5 378

1) Einschließlich Fälle ohne Angabe zur allgemeinen Schulbildung.

Dieser Anteil liegt zwar unter Ergebnissen, wie sie vom IAB für Abiturienten des Jahres 1976[42] (39 vH der Abiturienten, die eine betriebliche Ausbildung abgeschlossen haben, sind danach in ein Hochschulstudium eingemündet) ermittelt wurden. Auch in den Umfragen der HIS-GmbH[43] bei Abiturienten der Schulentlaßjahre 1976, 1978 und 1980, die jeweils 2 Jahre nach Schulabgang in einer betrieblichen Ausbildung waren, ergaben sich höhere Anteile an Befragten, die ein Hochschulstudium planten (bei den Jahrgängen 1976 und 1980 jeweils 39 vH, beim Jahrgang 1978 sogar 45 vH). Beschränkt man sich bei den Berliner Prüfungsteilnehmern mit Abitur auf die Jahrgänge unter 24 Jahre, um die Wirkungen methodischer Unterschiede zu verringern, so wird der Anteil der Abiturienten, die noch studieren wollen, zwar höher - die Unterschiede verschwinden jedoch nicht völlig. Dies könnte - neben verbleibenden Effekten methodischer Unterschiede - ebenso an Berliner Besonderheiten liegen wie an einem Rückgang der Studierneigung betrieblich ausgebildeter Abiturienten.

Pläne für die Zeit nach der Ausbildung und Ausbildungsberufe

Die Prüfungsteilnehmer der verschiedenen Ausbildungsberufe unterscheiden sich in ihren Plänen für die Zeit "danach" beträchtlich (vgl. Übersicht 77). Der Anteil derjenigen, die eine weitere Ausbildung anschließen wollen, schwankt zwischen 7,1 vH (Maler, Lackierer und verwandte Berufe), und 70,3 vH (Elektrofeingerätemechaniker). Dies liegt teilweise an der Stufenausbildung, die für einzelne Berufe in den Ausbildungsordnungen festgelegt ist. Nach der ersten Stufe, die eine berufliche Grundausbildung auf breiter Grundlage vermitteln soll, ist sowohl ein berufsqualifizierender Ausbildungsabschluß als auch die Fortsetzung der Berufsausbildung möglich. Die zweite Stufe vermittelt eine allgemeine berufliche Fachbildung; weitere Stufen (die teilweise vorgesehen sind) sollen zur Ausübung einer besonders qualifizierten Berufstätigkeit durch Vermittlung weiterer beruflicher Fachbildung befähigen.

Vier Ausbildungsberufe fallen durch einen überdurchschnittlichen Anteil von Prüfungsteilnehmern auf, die eine weitere Lehre anschließen wollen.

Prüfungsteilnehmer nach Plänen für die Zeit nach der Ausbildung und Ausbildungsberufen

- vH-Struktur der gewichteten Fallzahlen -

Berufsgruppen darunter: Berufsklassen	Möchte arbeiten	Pläne für die Zeit nach der Ausbildung				Basis
		Möchte Ausbildung anschließen	andere Lehre	Fach-schule	Studium	
			darunter:			
		- Mehrfachangaben waren möglich -				
05 Gartenbauer	76,9	40,4	13,5	4,8	19,2	104
26 Feinblechner, Installateure	86,8	16,1	0,6	5,7	13,2	174
dar.: 2621 Gas-, Wasserinstallateure	91,1	16,7	1,1	4,4	13,3	90
27 Schlosser	86,2	21,1	1,5	7,3	9,2	261
dar.: 2710 Bauschlosser	81,7	22,0	-	7,3	9,8	82
2730 Maschinenschlosser	85,3	25,5	2,0	5,9	10,8	102
28 Mechaniker	84,2	22,3	2,9	4,8	11,0	273
dar.: 2811 Kraftfahrzeuginstand-setzer	88,3	13,5	3,1	2,5	7,4	163
30 Metallfeinbauer und zugeordnete Berufe	70,2	34,0	4,3	4,3	25,5	46
31 Elektriker	63,1	42,2	20,3	10,3	11,7	621
dar.: 3110 Elektroinstallateure, -monteure	72,5	33,9	13,2	7,9	11,4	280
3120 Fernmeldemonteure, -handwerker	81,0	24,1	1,7	8,6	12,1	58
3143 Elektrofeingeräte-mechaniker	37,9	70,3	49,0	10,3	16,6	145
35 Textilverarbeiter	62,5	37,5	8,7	8,7	12,5	105
dar.: 3520 Bekleidungsnäher	62,2	34,8	10,1	7,9	7,9	89
39 Back-, Konditorwarenhersteller	86,9	23,0	13,1	3,3	3,3	61
48 Bauausstatter	83,3	25,0	4,2	8,3	4,2	48
51 Maler, Lackierer u. verwandte Berufe	96,2	7,1	-	2,2	2,2	184
63 Technische Sonderfachkräfte	73,6	27,8	1,4	2,8	23,6	73
68 Warenkaufleute	81,3	23,5	11,9	3,8	2,6	969
dar.: 6811 Groß-, Außenhandelskaufl.	89,1	21,9	4,7	7,8	6,3	64
6812 Einzelhandelskaufleute	86,7	18,3	4,2	4,6	4,2	240
6820 Verkäufer	74,5	30,0	20,8	4,1	0,6	467
6821 Gewerbegehilfen	95,0	9,2	3,3	0,8	0,8	120
69 Bank-, Versicherungskaufleute	84,4	26,5	0,8	5,1	16,7	257
dar.: 6910 Bankkaufleute	83,9	26,5	0,5	4,7	17,5	211
6940 Versicherungskaufleute	87,0	26,1	2,2	6,5	13,0	46
70 Andere Dienstleistungskaufleute und zugehörige Berufe	89,6	19,4	3,0	1,5	7,5	67
dar.: 7011 Speditionskaufleute	97,1	11,8	2,9	2,9	-	34
7535 Fachgehilfen in steuer- und wirtschaftsberatenden Berufen[1]	84,0	29,2	0,9	3,8	17,0	106
78 Bürofachkräfte	87,0	22,7	3,8	3,7	5,5	729
dar.: 7810 Bürofachkräfte, allgem.	85,2	23,1	6,2	3,4	3,1	324
7811 Verwaltungsfachkräfte öffentlicher Dienst	94,0	18,0	1,3	4,7	4,0	150
7812 Industriekaufleute	81,2	26,8	0,7	4,3	13,0	138
7813 Rechtsanwalts- und Notargehilfen	89,4	23,1	4,8	1,9	4,8	104
85 Arzthelferberufe	82,5	24,5	4,8	2,7	7,4	327
dar.: 8561 Arzthelfer	80,3	26,8	3,0	3,5	6,1	198
8562 Zahnarzthelfer	89,0	18,6	7,6	1,7	5,9	118
9011 Friseure[1]	87,3	11,8	1,8	7,7	1,8	220
91 Gästebetreuer	79,3	31,7	2,4	9,8	17,1	81
dar.: 9113 Hotel-, Gaststättenkaufl.	78,1	34,4	3,1	9,4	18,8	64
Übrige Berufsgruppen[2]	82,2	23,2	3,1	7,0	9,3	670
Insgesamt	81,3	25,2	6,6	5,7	8,5	5 378

1) Jeweils einzige Berufsklasse in der Berufsgruppe. - 2) Siehe Anhang 2.

Berufsklasse		Anteil der Prüfungsteil-nehmer, die eine weitere Lehre anschließen wollen in vH
3143	Elektrofeingerätemechaniker	49,0
6820	Verkäufer	20,8
3110	Elektroinstallateure, -monteure	13,2
3520	Bekleidungsnäher, -fertiger	10,1

Dabei handelt es sich jeweils um Ausbildungsberufe mit Stufenausbildung. Die Berufsklasse 3143 umfaßt die Nachrichtengerätemechaniker (Grundstufe) und die Informationselektroniker (zweite Stufe); die Ausbildung kann alternativ auch zum Abschluß als Funkelektoniker (Berufsklasse 3153) oder als Feingeräteelektroniker (Berufsklasse 3142) führen. Nimmt man die Berliner Teilnehmer an den Abschlußprüfungen des Jahrgangs 1984/85 als Schätzwert, so setzten etwa 63 vH der Absolventen der ersten Stufe ihre Ausbildung mit der zweiten Stufe fort. Daß diese Quote über dem Anteil der Prüfungsteilnehmer liegt, die eine weitere Lehre anschließen wollen, liegt daran, daß in der Berufsklasse sowohl Prüfungsteilnehmer der Grundstufe (von denen ein Teil in die Aufbaustufe übergehen will) als auch solche der Aufbaustufe (die den höchsten Abschluß der Stufenausbildung bereits anstreben) untrennbar enthalten sind. Ähnliche Zusammenhänge gelten für die übrigen Berufsklassen mit Stufenausbildungen, wobei die Darstellung zusätzlich noch dadurch kompliziert wird, daß zum Teil neben der Stufenausbildung (zumeist in der Industrie) auch ungestufte Ausbildung im Handwerk möglich ist.

Schließt man Berufsklassen mit Stufenausbildung vorübergehend aus der Betrachtung aus, so reduziert sich die Spannweite bei den berufsklassenspezifischen Anteilen der Prüfungsteilnehmer, die eine weitere Lehre anschließen wollen, beträchtlich. Die höchsten Anteile finden sich dann in den Berufsgruppen der Gartenbauer (13,5 vH) und der Back-, Konditorwarenhersteller (13,1 vH).

Neben einer weiteren Lehre kann die berufliche Ausbildung auch durch andere Ausbildungsgänge ergänzt werden. In Übersicht 77 sind die weiteren quantitativ bedeutsamen Ausbildungsmöglichkeiten mit aufgeführt: Besuch einer Fachschule und Aufnahme eines Studiums. Zwei Berufsgruppen zeichnen sich durch einen besonders hohen Anteil an Prüfungsteilnehmern aus, die den Besuch der Fachschule planen:

- Elektriker (Berufsgruppe 31), von denen jeder zehnte die Fachschule (überwiegend wohl Meister- oder Technikerschule) besuchen will;

- Gästebetreuer (Berufsgruppe 91), von denen beinahe ebensoviele den Besuch einer Fachschule (vermutlich Hotelfachschule) anstreben.

Der Plan, die berufliche Ausbildung durch ein Studium an einer Fachhochschule oder Universität zu ergänzen, ist in folgenden Berufsgruppen beziehungsweise -klassen überdurchschnittlich:

Berufsgruppen bzw. Berufsklassen		Anteil der Prüfungsteilnehmer, die ein Studium planen in vH
30	Metallfeinbauer und zugeordnete Berufe	25,5
63	Technische Sonderfachkräfte	23,6
05	Gartenbauer	19,2
9113	Hotel-, Gaststättenkaufleute	18,8
6910	Bankkaufleute	17,5
7535	Fachgehilfen in steuer- und wirtschaftsberatenden Berufen	17,0

Es handelt sich erwartungsgemäß in allen Fällen um Berufe, in denen der Abiturientenanteil überdurchschnittlich ist. Überraschend sind eher die Berufe, in denen zwar überdurchschnittlich viele Abiturienten ausgebildet werden, der Anteil der Prüfungsteilnehmer, die noch studieren wollen, dennoch nicht sehr viel über, in einigen Fällen sogar unter dem Durchschnitt aller Berufe liegt.

Zu nennen sind hier

- Versicherungskaufleute,

- andere Dienstleistungskaufleute,

- Industriekaufleute,

- Rechtsanwalts- und Notargehilfen.

Pläne für die Zeit nach der Ausbildung und Identifikation mit der Ausbildungsentscheidung

Die Ausbildung in einem nicht gewollten Beruf oder überhaupt das Absolvieren einer nicht gewollten Ausbildung können Motiv für eine Korrektur der bisherigen Ausbildungs- und Berufswahl und weitere Ausbildung sein. Die Ergebnisse zeigen jedoch nur geringe Unterschiede zwischen Prüfungsteilnehmern, die in ihrem "Wunschberuf" ausgebildet wurden, und denjenigen, die lieber eine andere Lehre gemacht hätten (vgl. Übersicht 78). Prüfungsteilnehmer, die eigentlich gar keine Lehre beginnen wollten, unterscheiden sich dagegen beträchtlich vom Durchschnitt; hier wollen 44,2 vH eine weitere Ausbildung (vor allem: Studium) anschließen. Diejenigen, die lieber gleich (ohne Ausbildung) angefangen hätten zu arbeiten, wollen besonders selten die Berufsausbildung ergänzen.

Die ursprünglichen Pläne und Wünsche können sich während der Ausbildung verändern, ein ursprünglich nicht gewollter Beruf kann für den einzelnen attraktiv werden. Erneut in die Situation der Berufs- und Ausbildungswahl gestellt, würden die hypothetischen Entscheidungen teilweise anders fallen als vor der Ausbildungszeit gewollt und teilweise realisiert (vgl. Kapitel 3.2.3). Die Häufigkeit der Pläne für weitere Ausbildung, die eine Möglichkeit zur Korrektur der bisherigen Berufswahl darstellt, unterscheiden sich jedoch kaum zwischen Prüfungsteilnehmern, die ihren Ausbildungsberuf wiederwählen würden und jenen, die lieber in einem anderen Beruf eine Lehre machen würden (vgl. Übersicht 79). Anders bei denjenigen, die eine Alternative ohne Lehre (entweder Verzicht auf eine Ausbildung oder andere Ausbildung, z. B. Studium) wählen würden: Sie wollen deutlich

Prüfungsteilnehmer nach Plänen für die Zeit nach der Ausbildung und Übereinstimmung von Berufswunsch und Berufswahl

- vH-Struktur der gewichteten Fallzahlen -

Berufswunsch vor der Ausbildung	Pläne für die Zeit nach der Ausbildung					Basis
	Möchte arbeiten	Möchte Ausbildung an-schließen		darunter:		
			andere Lehre	Fach-schule	Studium	
		- Mehrfachangaben waren möglich -				
Ich wollte schon damals meinen jetzigen Ausbildungs-beruf ergreifen	82,9	24,8	5,7	5,7	9,8	2 978
Ich hätte lieber eine andere betriebliche Berufsausbildung (Lehre) gemacht	83,7	23,1	9,4	5,3	3,1	1 633
Ich hätte lieber eine andere Ausbildung gemacht (z. B. Abitur, Berufsfachschule, Studium)	64,9	44,2	4,9	7,8	22,7	429
Ich hätte lieber gleich zu arbeiten angefangen	95,3	4,7	1,4	-	1,4	52
Ohne Angabe	71,9	17,3	3,6	5,6	5,3	286
Insgesamt	81,3	25,2	6,6	5,7	8,5	5 378

Übersicht 79

Prüfungsteilnehmer nach Plänen für die Zeit nach der Ausbildung und Identifikation mit der Ausbildungsentscheidung

- vH-Struktur der gewichteten Fallzahlen -

Identifikation mit der Ausbildungsentscheidung	Pläne für die Zeit nach der Ausbildung					Basis
	Möchte arbeiten	Möchte Ausbildung anschließen	darunter:			
			andere Lehre	Fach-schule	Studium	
		- Mehrfachangaben waren möglich -				
Wiederwahl des Ausbildungsberufs	83,3	24,6	5,6	5,7	9,3	3 321
Wahl einer anderen Lehre	80,9	26,1	9,9	5,4	5,2	1 502
Wahl einer Alternative ohne Lehre	71,2	38,4	4,0	8,5	18,8	271
Ohne Angabe	69,9	16,1	3,4	4,8	5,5	292
Insgesamt	81,3	25,2	6,6	5,7	8,5	5 378

seltener arbeiten, überdurchschnittlich oft eine weitere Ausbildung anschließen.

Die Identifikation mit der getroffenen Ausbildungsentscheidung schlägt sich auch in dem Wunsch nieder, in einem anderen als dem erlernten Beruf zu arbeiten: Von denjenigen, die erneut den Ausbildungsberuf wählen würden, wollen 74,1 vH im erlernten Beruf arbeiten, 1,2 vH wollen in einem anderen Beruf arbeiten. Bei denjenigen, die eine andere Lehre wählen würden, wollen nur 39,5 vH im erlernten Beruf arbeiten, 9,6 vH wollen in einem anderen Beruf arbeiten; fast ein Drittel möchte zwar arbeiten, aber es muß nicht unbedingt im erlernten Beruf sein.

Gewünschtes Arbeitsvolumen

In den letzten Jahren werden zunehmend unterschiedliche Formen von Beschäftigungsverhältnissen mit einer gegenüber der "Normalarbeitszeit" reduzierten Arbeitszeit diskutiert und praktiziert.[44] Zur Minderung der Probleme gerade ausgebildeter Fachkräfte, einen ihrer Qualifikation angemessenen Arbeitsplatz zu erhalten, wurden verschiedene Modelle einer Übernahme bei reduzierter Arbeitszeit entwickelt.[45]

Bei der Frage nach der angestrebten Arbeitszeit für eine Stelle nach Abschluß der Ausbildung geben 88,2 vH der Prüfungsteilnehmer einer Vollzeitbeschäftigung den Vorzug. Dieser Anteil liegt bei Männern höher als bei Frauen (vgl. Übersicht 80). Die Kombination des Wunsches nach einer Teilzeitbeschäftigung mit Merkmalen der Lebenssituation und den Plänen für die Zeit nach der Ausbildung lassen Schlüsse auf die Gründe für diesen Wunsch zu.

Bei Männern und Frauen ist der Wunsch nach Teilzeitbeschäftigung häufiger, wenn sie verheiratet sind oder mit ihrem Partner zusammenleben, noch höher ist der Wunsch nach Teilzeitarbeit bei Prüfungsteilnehmern mit eigenen Kindern. Dabei ist es nicht überraschend, daß der beschriebene Zusammenhang bei Frauen erheblich stärker ausgeprägt ist als bei Männern - sind sie es doch, die traditionell die Berufstätigkeit ganz aufgeben oder

Übersicht 80

Prüfungsteilnehmer nach gewünschtem Arbeitsvolumen,
Merkmalen der persönlichen Lebenssituation und Geschlecht
- vH-Struktur der gewichteten Fallzahlen -

Merkmale der persönlichen Lebens-situation, Geschlecht	Gewünschtes Arbeitsvolumen		Basis
	Vollzeitstelle	Teilzeitstelle	
Männer			
Bei Eltern/allein lebend	93,2	4,3	2 664
Verheiratet/mit Lebens-partnerin zusammenlebend	87,4	8,9	375
Mit Kind(ern)	82,7	11,3	96
Männer insgesamt	91,4	4,9	3 026
Frauen			
Bei Eltern/allein lebend	86,4	11,4	1 905
Verheiratet/mit Lebens-partner zusammenlebend	73,9	23,8	460
Mit Kind(ern)	33,1	59,5	53
Frauen insgesamt	84,0	13,5	2 352
Insgesamt			
Bei Eltern/allein lebend	90,4	7,3	4 568
Verheiratet/mit Lebens-partner(in) zusammenlebend	80,0	17,1	834
Mit Kind(ern)	65,0	28,5	149
Insgesamt	88,2	8,6	5 378

einschränken, wenn die Versorgung und Erziehung eines Kindes die Vereinbarkeit von Berufs- und Familienaufgaben erschwert und die Möglichkeit besteht, auf Teile des Familieneinkommens zu verzichten. Unkonventionelle Lösungen, in denen der Mann die Berufstätigkeit einschränkt, sind noch relativ selten.

Prüfungsteilnehmer, die nach der Prüfung eine weitere Ausbildung anschließen wollen, streben häufiger als andere eine Teilzeitbeschäftigung an. Dies gilt vor allem für eine angestrebte Weiterbildung an Fachschulen oder im Hochschulbereich, und für Frauen in deutlich stärkerem Maße als für Männer (vgl. Übersicht 81). Männer und Frauen, die in einem anderen als dem erlernten Beruf arbeiten wollen oder zumindest Bereitschaft äußern, in einem anderen Beruf zu arbeiten, streben häufiger eine Teilzeitbeschäftigung an. Dies könnte als Indikator dafür gewertet werden, daß Distanz zur beruflichen Tätigkeit (die sich im Wunsch nach Berufswechsel oder Indifferenz zum Beruf ausdrückt) überdurchschnittlich oft mit dem Wunsch nach Reduzierung der Arbeitszeit einhergeht. Daß darüber hinaus eine Reihe anderer Gründe und Motive mit dem Wunsch nach verkürzter Wochenarbeitszeit zusammenhängt, wurde oben skizziert.

Der Wunsch nach Selbständigkeit

Gut jeder dritte Prüfungsteilnehmer (36,1 vH) hat vor, sich einmal selbständig zu machen; darunter 5,5 vH, die diesen Schritt schon innerhalb der nächsten 5 Jahre realisieren wollen. Zwischen den verschiedenen Berufen gibt es dabei erwartbar erhebliche Unterschiede (vgl. Übersicht 82).

In 6 Berufen planen mehr als 10 vH der Prüfungsteilnehmer bereits für die ersten 5 Jahre nach der Prüfung eine selbständige Tätigkeit:

Übersicht 81

Prüfungsteilnehmer nach Plänen für die Zeit nach der Ausbildung, gewünschtem Arbeitsvolumen und Geschlecht

– vH-Struktur der gewichteten Fallzahlen –

Pläne für die Zeit nach der Ausbildung (Mehrfachangaben waren möglich)	Männer			Frauen			Insgesamt		
	Gewünschtes Arbeitsvolumen [1]		Basis	Gewünschtes Arbeitsvolumen [1]		Basis	Gewünschtes Arbeitsvolumen [1]		Basis
	Voll-zeit	Teil-zeit		Voll-zeit	Teil-zeit		Voll-zeit	Teil-zeit	
Möchte arbeiten	93,5	4,4	2 408	87,0	11,7	1 961	90,6	7,6	4 368
Möchte Ausbildung anschließen	90,1	7,1	819	75,6	19,7	537	84,3	12,0	1 357
darunter:									
– andere Lehre	97,7	1,4	221	80,9	15,4	136	91,3	6,7	357
– Fachschule	92,6	5,9	202	76,7	19,4	103	87,2	10,5	305
– Studium	83,1	11,4	308	61,6	30,1	146	76,2	17,6	454
Insgesamt	91,4	4,9	3 026	84,0	13,5	2 352	88,2	8,6	5 378

1) Prüfungsteilnehmer ohne Angaben zum gewünschten Arbeitsvolumen sind nicht gesondert ausgewiesen.

Prüfungsteilnehmer nach dem Wunsch nach Selbständigkeit und Ausbildungsberufen
- vH-Struktur der gewichteten Fallzahlen -

Berufsgruppen darunter: Berufsklassen	Angestrebte Selbständigkeit				Zusammen	Basis
	ja, in den nächsten 5 Jahren	ja, später	nein	Ohne Angabe		
05 Gartenbauer	4,8	46,2	49,0	-	100,0	104
26 Feinblechner, Installateure	10,3	35,1	50,6	4,0	100,0	174
dar.: 2621 Gas-, Wasserinstallateure	12,1	34,1	49,5	4,3	100,0	90
27 Schlosser	4,6	34,7	55,3	5,4	100,0	261
dar.: 2710 Bauschlosser	4,8	33,7	55,4	6,1	100,0	82
2730 Maschinenschlosser	5,9	31,4	56,9	5,8	100,0	102
28 Mechaniker	4,0	39,1	55,1	1,8	100,0	273
dar.: 2811 Kraftfahrzeuginstandsetzer	4,9	43,6	49,1	2,4	100,0	163
30 Metallfeinbauer und zugeordnete Berufe	6,5	54,4	39,1	-	100,0	46
31 Elektriker	5,8	26,1	63,6	4,5	100,0	621
dar.: 3110 Elektroinstallateure, -monteure	6,4	30,4	59,3	3,9	100,0	280
3120 Fernmeldemonteure, -handwerker	1,7	20,7	74,1	3,5	100,0	58
3143 Elektrofeingerätemechaniker	1,4	22,6	69,2	6,8	100,0	145
35 Textilverarbeiter	11,5	42,3	42,3	3,9	100,0	105
dar.: 3520 Bekleidungsnäher	10,2	40,9	44,3	4,6	100,0	89
39 Back-, Konditorwarenhersteller	14,8	31,1	50,8	3,3	100,0	61
48 Bauausstatter	6,1	49,0	38,8	6,1	100,0	48
51 Maler, Lackierer u. verwandte Berufe	6,5	28,6	64,9	-	100,0	184
63 Technische Sonderfachkräfte	4,1	20,5	69,9	5,5	100,0	73
68 Warenkaufleute	4,9	34,2	58,6	2,3	100,0	969
dar.: 6811 Groß-, Außenhandelskaufl.	10,9	39,1	48,4	1,6	100,0	64
6812 Einzelhandelskaufleute	8,3	39,2	49,6	2,9	100,0	240
6820 Verkäufer	3,9	36,5	57,7	1,9	100,0	467
6821 Gewerbegehilfen	1,7	19,2	76,7	2,4	100,0	120
69 Bank-, Versicherungskaufleute	5,8	28,3	64,0	1,9	100,0	257
dar.: 6910 Bankkaufleute	4,3	27,0	67,3	1,4	100,0	211
6940 Versicherungskaufleute	13,0	34,8	50,0	2,2	100,0	46
70 Andere Dienstleistungskaufleute und zugehörige Berufe	7,5	28,4	61,2	2,9	100,0	67
dar.: 7011 Speditionskaufleute	8,6	31,4	57,1	2,9	100,0	34
7535 Fachgehilfen in steuer- und wirtschaftsberatenden Berufen [1]	6,6	43,4	49,1	0,9	100,0	106
78 Bürofachkräfte	4,2	18,8	74,8	2,2	100,0	729
dar.: 7810 Bürofachkräfte, allgem.	4,0	13,9	79,9	2,2	100,0	324
7811 Verwaltungsfachkräfte öffentlicher Dienst	4,6	11,9	80,8	2,7	100,0	150
7812 Industriekaufleute	5,1	42,8	50,7	1,4	100,0	138
7813 Rechtsanwalts- und Notargehilfen	1,9	9,6	86,5	2,0	100,0	104
85 Arzthelferberufe	2,1	17,4	77,1	3,4	100,0	327
dar.: 8561 Arzthelfer	2,1	16,8	79,1	2,0	100,0	198
8562 Zahnarzthelfer	1,7	16,0	76,5	5,8	100,0	118
9011 Friseure [1]	10,0	35,9	50,9	3,2	100,0	220
91 Gästebetreuer	9,9	50,6	33,3	6,2	100,0	81
dar.: 9113 Hotel-, Gaststättenkaufl.	9,4	53,1	31,3	6,2	100,0	64
Übrige Berufsgruppen [2]	8,0	36,2	50,1	5,7	100,0	670
Insgesamt	5,5	30,6	61,0	2,9	100,0	5 378

1) Jeweils einzige Berufsklasse in der Berufsgruppe. - 2) Siehe Anhang 2.

Berufsklasse bzw. Berufsgruppe		Anteil derjenigen Prüfungs-teilnehmer, die sich in den nächsten 5 Jahren selb-ständig machen wollen in vH
39	Back-, Konditorwarenhersteller	14,8
6940	Versicherungskaufleute	13,0
2621	Gas-, Wasserinstallateure	12,1
6811	Groß-, Außenhandelskaufleute	10,9
3520	Bekleidungsnäher	10,2
9011	Friseure	10,0

Es zeigt sich ein deutlicher Zusammenhang zwischen den berufsspezifisch unterschiedlichen Möglichkeiten einer selbständigen Tätigkeit, den Ausbildungsberufen und dem Wunsch der Prüfungsteilnehmer nach Selbständigkeit. Dies gilt auch dann, wenn man nicht nur den "Schnellstart" in die Selbständigkeit (innerhalb der ersten 5 Jahre nach Ausbildungsabschluß), sondern den generellen Plan des Selbständigwerdens (unabhängig vom Zeithorizont) betrachtet. In 7 Berufsklassen hat mindestens die Hälfte der Prüfungsteilnehmer den Wunsch nach Selbständigkeit:

Berufsklasse bzw. Berufsgruppe		Anteil der Prüfungsteil-teilnehmer, die sich selb-ständig machen wollen in vH
9113	Hotel-, Gaststättenkaufleute	62,5
30	Metallfeinbauer und zugeordnete Berufe	60,9
48	Bauausstatter	55,1
3520	Bekleidungsnäher	51,1
05	Gartenbauer	51,0
6811	Groß-, Außenhandelskaufleute	50,0
7535	Fachgehilfen in den steuer- und wirtschaftsberatenden Berufen	50,0

Daneben gibt es eine Reihe von Berufsklassen, die nur schwerlich selbständige Tätigkeit - jedenfalls im erlernten Beruf, unter Nutzung der erworbenen Qualifikationen und ohne erheblichen Erwerb zusätzlicher Qualifkationen - ermöglichen; entsprechend hoch ist der Anteil derjenigen, die keine berufliche Selbständigkeit planen:

	Berufsklasse	Anteil der Prüfungsteilneh-mer, die keine berufliche Selbständigkeit planen in vH
7813	Rechtsanwalts- und Notargehilfen	86,5
7811	Verwaltungsfachkräfte, öffentlicher Dienst	80,8
7810	Bürofachkräfte, allgemein	79,9
8561	Arzthelfer	79,1
6821	Gewerbegehilfen	76,7
8562	Zahnarzthelfer	76,5
3120	Fernmeldemonteur, -handwerker	74,1

Weibliche Prüfungsteilnehmer planen seltener als ihre männlichen Kollegen eine selbständige Tätigkeit, sowohl im Hinblick auf die nächsten 5 Jahre (Frauen: 3,4 vH; Männer: 7,8 vH) als auch bei langem Zeithorizont (23,8 vH beziehungsweise 36,9 vH). Dies liegt teilweise an der geschlechtsspezifischen Berufswahl; Frauen wählen seltener Berufe, in denen ein hoher Anteil der Prüfungsteilnehmer die Möglichkeit des Selbständigmachens sieht und nutzen will. Aber auch auf der Ebene der einzelnen Ausbildungsberufe äußern Frauen seltener den Plan, sich selbständig zu machen - sowohl in den nächsten 5 Jahren als auch bei verlängerter zeitlicher Perspektive.

3.3.4 Verhaltensalternativen bei Arbeitsmarktschwierigkeiten

Die Prüfungsteilnehmer stehen - sofern sie die Prüfung bestehen - kurz vor dem Ablauf des Ausbildungsvertrages. Nur ein Teil von ihnen hat eine Stelle fest in Aussicht, ein Teil möchte auch gerne von sich aus den Ausbildungsbetrieb verlassen. Die quantitativen und strukturellen Abstimmungsprobleme an der "zweiten Schwelle", also beim Übergang von der beruflichen Ausbildung in das Beschäftigungssystem, führen dazu, daß die Eingliederung in das Berufsleben nicht immer unmittelbar im Anschluß an die Ausbildung - teilweise auch in anderen als den gewünschten Berufen oder Regionen - erfolgt. Die Prüfungsteilnehmer stehen somit kurz vor einer Situation, die möglicherweise Anpassung der Wünsche an reale Möglichkeiten von ihnen fordert.

Für den Fall, daß sich nach Ausbildungsende keine adäquate Stelle findet, will die überwiegende Mehrheit der Prüfungsteilnehmer (85,0 vH) zunächst einen Übergangsjob annehmen und weiter nach einer passenden Stelle suchen; nur eine Minderheit (8,0 vH) würde einen anderen Job annehmen und nicht weiter nach einer anderen Stelle suchen (vgl. Übersicht 83). Klein ist auch der Anteil derjenigen, die keinen Übergangsjob annehmen wollen, sondern ohne berufliche Tätigkeit auf eine passende Stelle warten wollen. Die Unterschiede zwischen Männern und Frauen sind hierbei nur gering; Frauen würden etwas häufiger einen Übergangsjob annehmen und weiter nach einer passenden Stelle suchen.

Einen Wegzug nach Westdeutschland würde beinahe jeder dritte ins Auge fassen, wenn sich dort eine passende Stelle findet. Fast die Hälfte der Prüfungsteilnehmer würde versuchen, sich für einen anderen Beruf umschulen oder weiterbilden zu lassen, in der Hoffnung, danach einen passenden Arbeitsplatz zu finden. Frauen würden dies deutlich häufiger tun als Männer. Die resignative Alternative "würde gar nicht arbeiten und auch nicht weiter nach einer passenden Stelle suchen" lehnen die meisten Prüfungsteilnehmer (78,3 vH) ab. Sonstige Verhaltensalternativen (wie Aufnahme eines Studiums, Nachholen des Abiturs, ins Ausland gehen) werden jeweils nur von einem kleineren Teil der Prüfungsteilnehmer angegeben.

Die beschriebenen Verhaltensmöglichkeiten sind hypothetisch, da sie sich auf einen in der Zukunft liegenden Zeitraum beziehen und die Ausgangssituation (nach Ausbildungsabschluß keine passende Stelle zu finden) noch nicht vorliegt. Für einen Teil der Prüfungsteilnehmer wird sie auch nicht eintreten, da der Ausbildungsbetrieb bereits eine Übernahmezusage gegeben hat. Für andere Prüfungsteilnehmer ist die Situation weniger hypothetisch: Der Ausbildungsbetrieb hat die Übernahme in ein Arbeitsverhältnis abgelehnt oder die Übernahme ist wegen außerbetrieblicher Ausbildung nicht möglich.

Prüfungsteilnehmer nach Verhaltensalternativen bei Schwierigkeiten,
eine passende Stelle zu finden, und Geschlecht
- vH-Struktur der gewichteten Fallzahlen -

Verhaltensalternativen bei Schwierigkeiten, passende Stelle zu finden, und Geschlecht	Würde ich tun	Würde ich nicht tun	Ohne Angabe	Zusammen	Basis
Würde zunächst einen Übergangsjob annehmen und weiter nach einer passenden Stelle suchen					
- Männer	82,2	9,3	8,5	100,0	3 026
- Frauen	88,6	5,7	5,7	100,0	2 352
Insgesamt	85,0	7,5	7,7	100,0	5 378
Würde warten, bis sich eine passende Stelle findet und so- lange erst einmal nicht arbeiten					
- Männer	8,6	69,9	21,5	100,0	3 026
- Frauen	8,0	77,9	14,1	100,0	2 352
Insgesamt	8,3	73,4	18,3	100,0	5 378
Würde einen anderen Job annehmen und nicht weiter nach einer passenden Stelle suchen					
- Männer	8,1	69,7	22,2	100,0	3 026
- Frauen	7,9	76,9	15,2	100,0	2 352
Insgesamt	8,0	72,9	19,1	100,0	5 378
Würde gegebenenfalls auch einen Wegzug nach Westdeutschland ins Auge fassen, um eine passende Stelle zu finden					
- Männer	31,6	48,7	19,7	100,0	3 026
- Frauen	29,6	56,5	13,9	100,0	2 352
Insgesamt	30,7	52,1	17,2	100,0	5 378
Würde versuchen, mich für einen anderen Beruf umschulen oder weiterbilden zu lassen					
- Männer	41,7	37,6	20,7	100,0	3 026
- Frauen	55,2	31,2	13,6	100,0	2 352
Insgesamt	47,6	34,8	17,6	100,0	5 378
Würde gar nicht arbeiten und auch nicht weiter nach einer passenden Stelle suchen					
- Männer	1,0	75,4	23,6	100,0	3 026
- Frauen	0,6	83,3	16,1	100,0	2 352
Insgesamt	0,8	78,3	20,3	100,0	5 378

Differenziert man die Prüfungsteilnehmer nach ihren Verbleibmöglich-keiten im Betrieb, so ergibt sich: Verglichen mit Prüfungsteilnehmern, die nicht im Ausbildungsbetrieb beschäftigt werden können, würden Prüfungs-teilnehmer mit Übernahmezusage im Falle von Arbeitsmarktschwierig-keiten

- deutlich häufiger versuchen, sich für einen anderen Beruf umschulen oder weiterbilden zu lassen,

- deutlich häufiger einen Wegzug nach Westdeutschland ins Auge fassen, um eine passende Stelle zu finden,

- etwas häufiger zunächst einen Übergangsjob annehmen und weiter nach einer passenden Stelle suchen.

Diejenigen, deren Integrationsmöglichkeiten in das Beschäftigungssystem im unmittelbaren Anschluß an die Ausbildung gut sind, würden häufiger als andere Gruppen, deren Integration noch nicht gesichert ist, eine Reihe von Verhaltensalternativen ergreifen, um bei schwieriger Arbeitsmarktsituation doch noch eine passende Stelle zu erhalten. Dies könnte zu dem (voreiligen) Schluß verleiten, daß subjektiv unsichere Berufsperspektiven (gemessen durch die Übernahmechancen) die Flexibilität am Arbeitsmarkt nicht erhöhen, sondern reduzieren. Dabei würden jedoch die Zusammenhänge zwischen genereller Bereitschaft zur Weiterbildung, Eigenaktivität etc. (auch ohne den Druck von Arbeitsmarktschwierigkeiten) und betrieblichem Übernahmeangebot vernachlässigt.

Neben der bisher diskutierten Flexibilität beziehungsweise Konzessionsbe-reitschaft im Hinblick auf eine Übergangstätigkeit sowie auf regionale und berufliche Mobilität wurde auch die Konzessionsbereitschaft hinsichtlich

- des Arbeitsvolumens und

- der Befristung des Beschäftigungsverhältnisses

erfragt.

Beim Arbeitsvolumen zeigt sich beträchtliche Flexibilität: 52,0 vH der Prüfungsteilnehmer würden anstelle der eigentlich angestrebten Vollzeitstelle notfalls auch eine Teilzeitbeschäftigung mit weniger als 30 Wochenstunden akzeptieren, 7,2 vH würden anstelle der gesuchten Teilzeitstelle notfalls auch eine Vollzeitbeschäftigung aufnehmen. 36,8 vH äußern keine Bereitschaft, das angestrebte Arbeitsvolumen notfalls zu vergrößern oder zu verringern (vgl. Übersicht 84).

Männer sind hinsichtlich des Arbeitsvolumens deutlich weniger flexibel als Frauen; notfalls auch eine Teilzeitbeschäftigung zu akzeptieren, kommt nur für 45,7 vH in Frage - bei Frauen sind es 60,1 vH. Dabei zeigt sich ein starker Zusammenhang mit der familiären Situation: Männer mit Kind(ern) sind hinsichtlich der Arbeitszeit etwas flexibler als allein oder noch bei den Eltern lebende Männer. 40,4 vH beharren auf ihrem Streben nach Vollzeitarbeit, bei den allein lebenden Männern sind es 46,3 vH. Frauen mit Kindern sind - im Gegensatz hierzu - hinsichtlich der Wochenarbeitszeit deutlich weniger flexibel als andere Frauen. Eine recht beträchtliche Gruppe (34,0 vH der Frauen mit Kind(ern)) strebt eine Teilzeitstelle an und kann oder will auch im Notfall keine Vollzeitstelle akzeptieren - durchaus im Einklang mit tradierten Verhaltensmustern.

Die Bereitschaft, die wöchentliche Arbeitszeit an die angebotenen Stellen anzupassen, ist bei Männern dann größer, wenn sie im Anschluß an die betriebliche Berufsausbildung noch eine weitere Ausbildung (vor allem die Aufnahme eines Studiums) planen. Bei Frauen zeigen sich keine entsprechenden Zusammenhänge (vgl. Übersicht 85). Diejenigen, die in einem anderen als dem erlernten Beruf arbeiten wollen oder hinsichtlich des Berufs indifferent sind, sind beim wöchentlichen Arbeitsvolumen flexibler als andere.

Die Bereitschaft, sich auf ein von vornherein zeitlich befristetes Arbeitsverhältnis einzulassen, ist noch stärker ausgeprägt als die Konzessionsbereitschaft bei der wöchentlichen Arbeitszeit: 78,4 vH der Prüfungsteilnehmer würden dies notfalls tun (vgl. Übersicht 86).

Übersicht 84

Prüfungsteilnehmer nach Konzessionsbereitschaft hinsichtlich des Arbeitsvolumens,
Merkmalen der persönlichen Lebenssituation und Geschlecht
- vH-Struktur der gewichteten Fallzahlen -

Merkmale der persönlichen Lebens- situation, Geschlecht	Vollzeit gewünscht, notfalls Teilzeit	Teilzeit gewünscht, notfalls Vollzeit	nicht flexibel	Basis[1]
Männer				
Bei Eltern/allein lebend	46,9	3,8	45,8	2 664
Verheiratet/mit Lebens- partnerin zusammenlebend	42,8	7,7	44,1	375
Mit Kind(ern)	41,6	11,3	40,4	96
Männer insgesamt	45,7	4,2	45,1	3 026
Frauen				
Bei Eltern/allein lebend	60,6	9,8	27,0	1 905
Verheiratet/mit Lebens- partner zusammenlebend	58,5	17,5	21,6	460
Mit Kind(ern)	19,8	27,2	44,1	53
Frauen insgesamt	60,1	10,9	26,0	2 352
Insgesamt				
Bei Eltern/allein lebend	52,6	6,2	38,0	4 569
Verheiratet/mit Lebens- partner(in) zusammenlebend	51,5	13,1	31,7	834
Mit Kind(ern)	33,8	17,0	41,7	149
Insgesamt	52,0	7,2	36,8	5 378

1) Fälle ohne Angabe zur Konzessionsbereitschaft sind nicht gesondert ausgewiesen.

Prüfungsteilnehmer nach Konzessionsbereitschaft hinsichtlich des Arbeitsvolumens, Pläne für die Zeit nach der Ausbildung und Geschlecht

- vH-Struktur der gewichteten Fallzahlen -

Pläne für die Zeit nach der Ausbildung (Mehrfachangaben waren möglich)	Männer				Frauen				Insgesamt			
	Vollzeit gewünscht, notfalls Teilzeit	Teilzeit gewünscht, notfalls Vollzeit	nicht flexibel	Basis 1)	Vollzeit gewünscht, notfalls Teilzeit	Teilzeit gewünscht, notfalls Vollzeit	nicht flexibel	Basis 1)	Vollzeit gewünscht, notfalls Teilzeit	Teilzeit gewünscht, notfalls Vollzeit	nicht flexibel	Basis 1)
Möchte arbeiten	45,0	3,9	47,0	2 408	62,0	10,0	26,3	1 961	52,6	6,6	37,9	4 368
Möchte Ausbildung anschließen	51,5	5,7	39,7	819	54,7	15,3	25,1	537	52,8	9,5	34,0	1 357
darunter:												
- andere Lehre	51,6	1,4	45,2	221	55,1	15,4	25,7	136	52,9	6,7	37,8	357
- Fachschule	46,5	5,0	47,0	202	62,1	11,7	22,3	103	51,8	7,2	36,7	305
- Studium	55,5	9,1	29,9	308	51,4	22,6	17,8	146	54,4	13,4	25,8	454
Insgesamt	45,7	4,2	45,1	3 026	60,1	10,9	26,0	2 352	52,0	7,2	36,8	5 378

1) Fälle ohne Angabe zur Konzessionsbereitschaft sind nicht gesondert ausgewiesen.

Übersicht 86

Prüfungsteilnehmer nach Bereitschaft zu befristeter Tätigkeit, Plänen für die Zeit nach der Ausbildung und Geschlecht

- vH-Struktur der gewichteten Fallzahlen -

Pläne für die Zeit nach der Ausbildung (Mehrfachangaben waren möglich)	Männer				Frauen				Insgesamt			
	Notfalls befristete Tätigkeit	Befristung nicht akzeptabel	Ohne Angabe	Basis	Notfalls befristete Tätigkeit	Befristung nicht akzeptabel	Ohne Angabe	Basis	Notfalls befristete Tätigkeit	Befristung nicht akzeptabel	Ohne Angabe	Basis
Möchte arbeiten	76,4	18,3	5,3	2 408	82,0	15,3	2,7	1 961	78,9	17,0	4,1	4 368
Möchte Ausbildung anschließen	80,0	13,7	6,3	819	82,7	11,9	5,4	537	81,0	13,0	6,0	1 357
darunter:												
- andere Lehre	80,0	13,2	6,8	221	78,7	14,7	6,6	136	79,3	13,7	7,0	357
- Fachschule	82,2	13,4	4,4	202	80,6	16,5	2,9	103	81,7	14,7	3,6	305
- Studium	77,3	14,6	8,1	308	85,7	6,8	7,5	146	80,0	12,1	7,9	454
Insgesamt	76,0	17,3	6,7	3 026	81,6	14,6	3,8	2 352	78,4	16,1	5,5	5 378

Die Ergebnisse legen den Schluß nahe, daß Ausbildungsabsolventen für den Fall, daß die Übernahme in ein zeitlich unbefristetes Arbeitsverhältnis bei voller Stundenzahl nicht möglich ist, einer befristeten Tätigkeit bei voller Stundenzahl den Vorzug gegenüber einer Teilzeitbeschäftigung geben. Ein ähnliches Ergebnis hatte sich auch im Forschungsprojekt "Übergang der Jugendlichen nach Abschluß der betrieblichen Berufsausbildung in das Beschäftigungssystem" gezeigt.[46] Die Erweiterung des Spektrums der Wahlmöglichkeiten um die Alternativen "Unbefristete Übernahme in eine der Ausbildung verwandte Tätigkeit oder in Arbeitsplätze mit wechselnden Tätigkeiten" sowie "Unbefristete Übernahme in eine der Ausbildung entsprechende Tätigkeit bei 20 bis 24 Wochenstunden in Verbindung mit gezielten Weiterbildungsangeboten" in der genannten Untersuchung ergab eine noch häufigere Bevorzugung der letztgenannten Alternative.

3.4 Berlin-Bindung

Die Berlin-Bindung der Prüfungsteilnehmer wurde direkt durch eine Frage nach der Verbleibabsicht in der Stadt innerhalb der nächsten zwei Jahre ermittelt, indirekt durch die Beurteilung der persönlichen Berufschancen in Berlin im Vergleich zu Westdeutschland. Diejenigen, die eine Wegzugsabsicht aus Berlin angaben, wurden weiter nach ihren Gründen dafür und nach Möglichkeiten zur Beeinflussung dieser Absicht befragt. Auf hypothetische Wegzugsabsichten bei Arbeitsmarktschwierigkeiten in Berlin wurde im vorangegangenen Abschnitt (3.3.4) bereits eingegangen.

3.4.1 Absicht, in Berlin zu bleiben

Für 2,9 vH der Prüfungsteilnehmer stand bereits fest, daß sie innerhalb der nächsten zwei Jahre nach Prüfungsabschluß Berlin verlassen würden, bei weiteren 5,4 vH war der Wegzug wahrscheinlich. Diesen zusammen 8,3 vH Prüfungsteilnehmern mit Wegzugsabsichten standen 50,4 vH gegenüber, die sicher in Berlin bleiben und weitere 25,4 vH, die dies wahrscheinlich tun würden. Zusammen 15,9 vH hatten keine präzisen Vorstellungen über Wegzug oder Verbleib oder machten keine Angaben (letzte Zeile in Übersicht 87).

Prüfungsteilnehmer nach Wegzugsplänen aus Berlin, bisherigem Berlin-Aufenthalt und Geschlecht

- vH-Struktur der gewichteten Fallzahlen -

Bisheriger Berlin-Aufenthalt	Wegzugspläne						Zusammen	Basis
	Wegzug steht fest	Wegzug wahr-scheinlich	Verbleib in Berlin wahr-scheinlich	Verbleib in Berlin sicher	Verbleib in Berlin noch ungewiß	Ohne Angabe		
- Männer -								
seit Geburt	1,3	4,0	27,0	52,8	14,6	0,3	100,0	2 340
länger als 10 Jahre, aber nicht seit Geburt	2,9	6,7	28,6	40,9	20,7	0,2	100,0	307
länger als 4 Jahre, aber höchstens 10 Jahre	7,2	6,5	34,4	38,8	13,1	-	100,0	181
4 Jahre und weniger	9,3	11,1	27,7	31,2	19,6	1,1	100,0	136
Männer insgesamt	2,2	4,6	27,4	48,9	15,2	1,7	100,0	3 026
- Frauen -								
seit Geburt	2,2	5,0	22,1	57,2	13,0	0,5	100,0	1 876
länger als 10 Jahre, aber nicht seit Geburt	4,7	10,2	31,2	38,2	15,7	-	100,0	261
länger als 4 Jahre, aber höchstens 10 Jahre	11,8	10,7	21,2	30,4	25,9	-	100,0	101
4 Jahre und weniger	23,0	15,2	19,7	26,6	15,5	-	100,0	94
Frauen insgesamt	3,8	6,3	22,9	52,3	13,8	0,9	100,0	2 352
- Insgesamt -								
seit Geburt	1,7	4,4	24,8	54,8	13,9	0,4	100,0	4 216
länger als 10 Jahre, aber nicht seit Geburt	3,8	8,3	29,8	39,6	18,4	0,1	100,0	568
länger als 4 Jahre, aber höchstens 10 Jahre	8,8	8,0	29,7	35,8	17,7	-	100,0	282
4 Jahre und weniger	14,9	12,8	24,5	29,3	17,9	0,6	100,0	229
Insgesamt	2,9	5,4	25,4	50,4	14,6	1,3	100,0	5 378

Bei Männern und Frauen gab es nur leichte Unterschiede in den Wegzugsplänen. Frauen waren sich insgesamt etwas sicherer als Männer über ihre
weiteren Absichten.

Es ist anzunehmen, daß nicht alle Wegzugsabsichten auch realisiert werden.
Bei der vorangegangenen Auswertung der Beschäftigtenstatistik für Ent-
wicklungen von 1979 bis 1982 wurde bei insgesamt 4,4 vH der Ausbildungsabsolventen tatsächlich Wegzug aus Berlin registriert.[47] Dies ist also nur
gut die Hälfte des hier ermittelten Anteils von 8,3 vH der Prüfungsteilnehmer mit Wegzugsabsichten. Die unterschiedlichen Datengrundlagen verbie-
ten es jedoch, hieraus einen Schätzwert für Realisierungsquoten der Wegzugsabsichten abzuleiten.

Im folgenden soll das beabsichtigte Verbleib- beziehungsweise Wegzugsverhalten der Prüfungsteilnehmer mit weiteren Merkmalen gekreuzt werden,
um eventuelle wechselseitige Beziehungen aufzuspüren.

Kombiniert man zunächst die Wegzugspläne mit dem bisherigen Berlin-
Aufenthalt der Prüfungsteilnehmer, so sind auffallende Abhängigkeiten zu
erkennen (vgl. Übersicht 87): Die geringsten Neigungen wegzuziehen und
zugleich die größte Sicherheit, in der Stadt zu bleiben, haben diejenigen,
die in Berlin geboren sind. Die Anteile von Wegzugskandidaten nehmen
entsprechend mit abnehmender Dauer des bisherigen Berlin-Aufenthalts zu.
Insbesondere Frauen mit einem Berlin-Aufenthalt von vier Jahren und
weniger wollen zu fast zwei Fünfteln Berlin wieder verlassen und zeigen zu
weniger als die Hälfte Bereitschaft, in der Stadt zu bleiben. Bei so kurzer
Aufenthaltsdauer und den angegebenen Absichten kann davon ausgegangen
werden, daß diese Prüfungsteilnehmer in den Ausbildungsmöglichkeiten
Berlins einen Hauptgrund für den (zeitweiligen) Zuzug gesehen haben.

Strukturiert man die Prüfungsteilnehmer nach Wegzugsplänen und weiteren
sozialen und demographischen Merkmalen (vgl. Übersicht 88), dann kann
zunächst in der sozialen Stellung des Elternhauses kein besonderer Hintergrund für Verbleib oder Wegzug gesehen werden, mit zwei nicht stark ins
Gewicht fallenden Ausnahmen: Prüfungsteilnehmer aus Selbständigenhaushalten wollen etwas häufiger wegziehen als andere, Arbeiterkinder haben

Prüfungsteilnehmer nach Wegzugsplänen aus Berlin sowie sozialen und demographischen Merkmalen
- vH-Struktur der gewichteten Fallzahlen -

Soziale, demo-graphische Merkmale	Wegzugspläne						Zusammen	Basis
	Wegzug steht fest	Wegzug wahr-scheinlich	Verbleib in Berlin wahr-scheinlich	Verbleib in Berlin sicher	Verbleib in Berlin noch ungewiß	Ohne Angabe		
Soziale Stellung des Vaters[1]								
- Arbeiter	2,1	4,2	24,1	54,8	14,1	0,7	100,0	1 801
- Angestellter	2,5	5,0	27,8	49,5	14,7	0,5	100,0	1 266
- Beamter	4,6	4,7	28,3	49,5	12,9	-	100,0	675
- Selbständiger/Mithelfender Familienangehöriger	4,0	9,0	24,8	47,7	13,7	0,8	100,0	490
- nicht erwerbstätig	1,6	6,2	24,7	49,7	17,4	0,4	100,0	502
Hausstand								
- bei Eltern wohnend	2,2	5,0	26,1	51,1	15,0	0,6	100,0	3 596
- allein lebend	3,9	7,6	26,7	45,1	16,3	0,4	100,0	973
- sonstige	4,8	4,4	22,4	56,6	11,3	0,5	100,0	740
Familienstand								
- verheiratet/mit Partner zusammenlebend	5,1	4,5	23,6	54,9	11,4	0,5	100,0	834
- nicht verheiratet/nicht mit Partner zusammenlebend	2,4	5,6	26,2	50,0	15,3	0,5	100,0	4 397
Kinder								
- vorhanden	2,7	7,2	29,2	53,8	7,1	-	100,0	149
- nicht vorhanden	2,9	5,3	25,6	50,7	14,9	0,6	100,0	5 122
Nationalität								
- Deutsche	2,5	5,2	25,7	51,9	14,1	0,6	100,0	4 978
- Türken	9,3	8,7	24,6	30,4	26,7	0,3	100,0	238
- sonstige Europäer	4,8	4,6	23,0	51,3	16,3	-	100,0	72
- sonstige Ausländer	10,0	10,4	28,0	30,8	17,0	3,8	100,0	38
Insgesamt	2,9	5,4	25,4	50,4	14,6	1,3	100,0	5 378

1) Soziale Stellung der Mutter, wenn Vater ohne Angabe.

eine etwas stärkere Tendenz als andere, in Berlin zu bleiben. Auch nach dem Hausstand differenziert sind die Unterschiede gering. Allein lebende Prüfungsteilnehmer scheinen jedoch weniger Berlin-Bindung zu haben als andere.

Eine feste Partnerbeziehung und vorhandene Kinder bewirken offenbar eine größere Klarheit über die eigenen Absichten. Vorhandene Kinder bewirken darüber hinaus eine leichte Bestärkung der Verbleib-Absicht.

Erwartungsgemäß haben Ausländer eine unterdurchschnittliche Berlin-Bindung. Dies ist insbesondere bei Türken und außereuropäischen Ausländern der Fall. Die sonstigen europäischen Ausländer weisen hingegen kaum Unterschiede zu den Deutschen auf.

Betrachtet man die Berlin-Bindung nach Berufen, dann haben besonders Prüfungsteilnehmer aus den Kategorien

- Gästebetreuer,

- Textilverarbeiter,
- "Andere" Dienstleistungsberufe wie Reiseverkehrs- und Werbekaufleute, aber auch Speditionskaufleute, sowie

- Friseure

eine überdurchschnittliche Wegzugstendenz (vgl. Übersicht 89). Die Gründe hierfür sind beruflich differenziert: So beabsichtigen fast die Hälfte der Hotel- und Gaststättenkaufleute, aus Berlin wegzuziehen - ein Reflex, der betrieblichen und regionalen Mobilität dieses Berufs. Aber auch Reiseverkehrs-, Werbe- und Speditionskaufleute können wegen ihrer überregionalen Kontakte auch beruflich als überregional orientiert gelten. Bei Gartenbauern können die beruflichen Entwicklungsmöglichkeiten in Flächenländern gegenüber denen in einer Großstadt wie Berlin eine Rolle spielen. Für Textilarbeiter und Friseure sind die Wegzugsgründe nicht so offensichtlich aus der beruflichen Situation heraus ableitbar.

Den entgegengesetzten Fall - eine auffallend hohe Verbleibtendenz in der Stadt - weisen die beruflichen Kategorien

Prüfungsteilnehmer nach Wegzugsplänen aus Berlin und Ausbildungsberufen
- vH-Struktur der gewichteten Fallzahlen -

Berufsgruppen darunter: Berufsklassen	Wegzugspläne						Zusammen	Basis
	Wegzug steht fest	Wegzug wahrscheinlich	Verbleib in Berlin wahrscheinlich	Verbleib in Berlin sicher	Verbleib in Berlin noch ungewiß	Ohne Angabe		
05 Gartenbauer	1,0	11,5	30,8	40,4	16,3	-	100,0	104
26 Feinblechner, Installateure	1,1	4,6	25,9	50,6	14,9	2,9	100,0	174
dar.: 2621 Gas-, Wasserinstallateure	1,1	4,5	23,3	55,6	12,2	3,3	100,0	90
27 Schlosser	0,8	6,1	21,9	49,8	19,9	1,5	100,0	261
dar.: 2710 Bauschlosser	2,4	1,2	21,4	46,4	28,6	-	100.0	82
2730 Maschinenschlosser	-	8,8	20,6	56,9	12,7	1,0	100,0	102
28 Mechaniker	1,8	5,5	28,7	49,1	12,4	2,5	100,0	273
dar.: 2811 Kraftfahrzeuginstandsetzer	1,2	5,5	27,6	50,3	12,3	3,1	100,0	163
30 Metallfeinbauer und zugeordnete Berufe	-	-	42,6	48,9	8,5	-	100,0	46
31 Elektriker	1,4	3,6	32,5	47,3	14,7	0,5	100,0	621
dar.: 3110 Elektroinstallateure, -monteure	1,8	3,6	25,4	54,5	14,3	0,4	100,0	280
3120 Fernmeldemonteure, -handwerker	-	3,4	27,1	55,9	13,6	-	100,0	58
3143 Elektrofeingerätemechaniker	-	2,8	50,3	31,0	15,9	-	100,0	145
35 Textilverarbeiter	10,6	11,5	19,2	33,7	22,1	2,9	100,0	105
dar.: 3520 Bekleidungsnäher	6,7	11,2	18,0	36,0	24,7	3,4	100,0	89
39 Back-, Konditorwarenhersteller	5,0	3,3	21,7	65,0	3,3	1,7	100,0	61
48 Bauausstatter	-	8,3	20,8	43,8	20,8	6,3	100,0	48
51 Maler, Lackierer u. verwandte Berufe	-	3,3	20,6	56,5	18,5	1,1	100,0	184
63 Technische Sonderfachkräfte	2,7	2,7	34,3	49,3	11,0	-	100,0	73
68 Warenkaufleute	2,1	5,4	19,6	56,2	15,9	0,8	100,0	969
dar.: 6811 Groß-, Außenhandelskaufl.	1,5	3,1	35,4	38,5	21,5	-	100,0	64
6812 Einzelhandelskaufleute	3,7	5,4	22,0	52,3	15,4	1,2	100,0	240
6820 Verkäufer	1,5	3,9	18,2	59,5	15,8	1,1	100,0	467
6821 Gewerbegehilfen	2,5	6,7	16,7	60,8	13,3	-	100,0	120
69 Bank-, Versicherungskaufleute	1,5	4,7	30,7	55,3	7,4	0,4	100,0	257
dar.: 6910 Bankkaufleute	0,9	4,7	31,6	54,3	8,0	0,5	100,0	211
6940 Versicherungskaufleute	4,3	4,3	28,3	58,7	4,4	-	100,0	46
70 Andere Dienstleistungskaufleute und zugehörige Berufe	2,9	13,2	28,0	38,2	16,2	1,5	100,0	67
dar.: 7011 Speditionskaufleute	2,9	8,8	26,5	47,1	14,7	-	100,0	34
7535 Fachgehilfen in steuer- und wirtschaftsberatenden Berufen[1]	1,9	3,7	22,4	66,4	5,6	-	100,0	106
78 Bürofachkräfte	1,6	3,3	27,3	57,1	10,4	0,3	100,0	729
dar.: 7810 Bürofachkräfte, allgem.	1,5	1,2	27,1	57,9	11,7	0,6	100,0	324
7811 Verwaltungsfachkräfte öffentlicher Dienst	2,6	3,3	21,7	61,8	9,9	0,7	100,0	150
7812 Industriekaufleute	0,7	4,3	31,7	50,4	12,9	-	100,0	138
7813 Rechtsanwalts- und Notargehilfen	2,9	8,7	26,9	56,7	4,8	-	100,0	104
85 Arzthelferberufe	4,9	4,9	25,3	50,3	13,7	0,9	100,0	327
dar.: 8561 Arzthelfer	4,6	3,5	24,3	53,5	13,1	1,0	100,0	198
8562 Zahnarzthelfer	1,7	7,5	24,4	49,6	16,0	0,8	100,0	118
9011 Friseure[1]	5,0	7,7	25,8	43,4	15,4	2,7	100,0	220
91 Gästebetreuer	19,8	29,6	16,0	16,1	17,3	1,2	100,0	81
dar.: 9113 Hotel-, Gaststättenkaufl.	17,5	30,1	14,3	17,5	19,0	1,6	100,0	64
Übrige Berufsgruppen[2]	5,7	4,8	24,3	43,1	18,7	3,4	100,0	670
Insgesamt	2,9	5,4	25,4	50,4	14,6	1,3	100,0	5 378

1) Jeweils einzige Berufsklasse in der Berufsgruppe. - 2) Siehe Anhang 2.

- Bürofachkräfte, allgemein,

- Verwaltungsfachkräfte öffentlicher Dienst,

- Fachgehilfen in steuer- und wirtschaftsberatenden Berufen,

- Bankkaufleute,

- Industriekaufleute,

- Elektrikerberufe,

- Maler, Lackierer und verwandte Berufe,

- Gas-, Wasserinstallateure

auf.

Während Büro- und Verwaltungsfachkräfte bei dem hohen Beschäftigtenanteil des öffentlichen Dienstes in der Stadt günstige Arbeitsmarktverhältnisse vorfinden, dürfte bei Bankkaufleuten der hohe Anteil von Übernahmezusagen durch die Ausbildungsbetriebe (vgl. Übersicht 56 in Abschnitt 3.3.1) ausschlaggebend sein. Bei Fachgehilfen in steuer- und wirtschaftsberatenden Berufen und bei Industriekaufleuten liegen die Verbleibgründe nicht so offen. Elektrikerberufe haben bei dem hohen Anteil der Elektroindustrie in der Stadt gute berufliche Chancen, während bei den handwerklichen Berufen der Maler und Lackierer sowie der Gas-, Wasserinstallateure der hohe Anteil von Einpersonenhaushalten in Berlin - insbesondere von Rentnern - relativ gute Beschäftigungsmöglichkeiten bietet, da diese Haushalte in starkem Maße auf Fremdhilfe bei Renovierungen und Reparaturen angewiesen sind (dieser Aspekt trifft zusätzlich auch auf einige Elektrikerberufe zu).

Nach allgemeinbildenden Schulabschlüssen differenziert gibt es bei Abiturienten eine überdurchschnittliche Wegzugstendenz[48] - insbesondere bei Frauen - sowie eine relativ hohe Sicherheit bei den Plänen. Die stärkste Berlin-Bindung zeigen Prüfungsteilnehmer mit Mittlerer Reife oder gleichwertigem Abschluß (vgl. Übersicht 90).

Dieses unterschiedliche Wegzugsverhalten nach allgemeinbildenden Schulabschlüssen ist offenbar ein Reflex des zuvor geschilderten Wegzugsverhal-

172

Prüfungsteilnehmer nach Wegzugsplänen aus Berlin, allgemeinbildendem Schulabschluß und Geschlecht
- vH-Struktur der gewichteten Fallzahlen -

Allgemeinbil-dender Schulabschluß[1]	Wegzugspläne						Zusammen	Basis
	Wegzug steht fest	Wegzug wahr-scheinlich	Verbleib in Berlin wahr-scheinlich	Verbleib in Berlin sicher	Verbleib in Berlin noch ungewiß	Ohne Angabe		
- Männer -								
Hauptschulabschluß	2,3	4,7	23,6	46,7	20,8	1,9	100,0	921
Mittlere Reife oder gleichwertiger Abschluß	1,4	3,6	29,6	51,4	12,9	1,1	100,0	1 638
Abitur oder gleich-wertiger Abschluß	5,0	8,4	30,7	45,2	7,8	2,9	100,0	332
Ohne Abschluß	7,6	7,2	13,2	49,7	20,0	2,3	100,0	83
Männer insgesamt	2,2	4,6	27,4	48,9	15,2	1,7	100,0	3 026
- Frauen -								
Hauptschulabschluß	4,4	6,0	16,8	53,2	17,7	1,9	100,0	519
Mittlere Reife oder gleichwertiger Abschluß	2,4	5,1	24,7	54,9	12,4	0,5	100,0	1 373
Abitur oder gleich-wertiger Abschluß	7,3	11,1	28,1	42,8	10,2	0,5	100,0	370
Ohne Abschluß	8,5	7,1	7,8	44,4	29,9	2,3	100,0	62
Frauen insgesamt	3,8	6,3	22,9	52,3	13,8	0,9	100,0	2 352
- Insgesamt -								
Hauptschulabschluß	3,1	5,1	21,1	49,0	19,7	2,0	100,0	1 440
Mittlere Reife oder gleichwertiger Abschluß	1,8	4,3	27,4	53,0	12,6	0,9	100,0	3 011
Abitur oder gleich-wertiger Abschluß	6,2	9,8	29,3	43,9	9,1	1,7	100,0	702
Ohne Abschluß	8,1	7,1	10,9	47,4	24,2	2,3	100,0	145
Insgesamt	2,9	5,4	25,4	50,4	14,6	1,3	100,0	5 378

1) Wegen nur geringer Fallzahlen wurden Abschlüsse einer Sonderschule sowie Fachhochschulreife nicht mit aufgeführt.

tens nach Berufen und der dort vorhandenen allgemeinen Bildungsstruktur. So beabsichtigten fast die Hälfte der Hotel- und Gaststättenkaufleute, aus Berlin wegzuziehen (vgl. Übersicht 89), von denen aber 57,1 vH - bei einem Durchschnitt von 13,1 vH - Abiturienten waren (vgl. oben Übersicht 11). Der Wechsel des Arbeitsplatzes auch überregional ist für diesen Beruf typisch. Andererseits weisen Berufe mit hohen Anteilen von Realschulabsolventen, wie

- Fernmeldemonteure, -handwerker,

- Elektrofeingerätemechaniker,

- Verwaltungsfachkräfte öffentlicher Dienst,

- Bürofachkräfte, allgemein,

durchweg unterdurchschnittlich Anteile von Prüfungsteilnehmern mit Wegzugsabsichten auf.

Neben den Wechselbeziehungen zwischen Verbleib- beziehungsweise Wegzugsverhalten einerseits und sozialen und demographischen Merkmalen der Prüfungsteilnehmer andererseits sind Einflüsse der Übernahmechancen der Prüfungsteilnehmer in ein Arbeitsverhältnis im Ausbildungsbetrieb sowie die der weiteren Berufs- und Ausbildungspläne der Prüfungsteilnehmer auf die Berlin-Bindung untersucht worden.

Die Übernahmezusage des Ausbildungsbetriebes auf einen Arbeitsplatz in Berlin bewirkt erwartungsgemäß eine überdurchschnittlich hohe Verbleibabsicht der Prüfungsteilnehmer in der Stadt (vgl. Übersicht 91); liegt der angebotene Arbeitsplatz außerhalb Berlins - was allerdings nur in wenigen Fällen zutraf -, ist entsprechend die Wegzugsabsicht weit überdurchschnittlich.

Ein eher indifferentes Verhalten hinsichtlich der Wegzugspläne zeigen die Prüfungsteilnehmer dann, wenn der Betrieb eine Übernahme ablehnt oder wenn die Übernahme noch offen ist, wenngleich im ersten Fall leichte Wegzugs-, im zweiten leichte Verbleibtendenzen gegenüber dem Durchschnitt erkennbar sind.

Übersicht 91

Prüfungsteilnehmer nach Wegzugsplänen aus Berlin
und Übernahmezusage in ein Arbeitsverhältnis durch den Ausbildungsbetrieb
- vH-Struktur der gewichteten Fallzahlen -

Übernahme-zusage	Wegzugspläne						Zusammen	Basis
	Wegzug steht fest	Wegzug wahr-scheinlich	Verbleib in Berlin wahr-scheinlich	Verbleib in Berlin sicher	Verbleib in Berlin noch ungewiß	Ohne Angabe		
Übernahme im selben Betrieb	2,3	5,1	26,6	54,3	11,1	0,6	100,0	2 165
Übernahme in anderen Betrieb des Unter-nehmens in Berlin	0,8	1,5	24,5	62,2	11,0	-	100,0	130
Übernahme in Betrieb des Unternehmens in Westdeutschland	56,2	9,1	14,1	7,8	12,8	-	100,0	13
Übernahme zugesagt insgesamt	2,5	5,0	26,4	54,5	11,1	0,5	100,0	2 308
Betrieb lehnt Über-nahme ab	3,0	7,2	24,9	46,6	16,6	1,7	100,0	1 018
Keine Übernahme mög-lich, da außerbe-triebliche Berufsaus-bildung oder externer Prüfungsteilnehmer	7,7	6,7	25,1	41,7	18,6	0,2	100,0	480
Keine Übernahme insgesamt	4,5	7,0	25,0	45,1	17,2	1,2	100,0	1 498
Übernahme noch offen	1,9	4,4	25,6	51,0	16,6	0,5	100,0	1 457
Insgesamt	2,9	5,4	25,4	50,4	14,6	1,3	100,0	5 378

Bemerkenswert ist die überdurchschnittliche Wegzugstendenz bei Absolventen einer außerbetrieblichen Berufsausbildung und externen Prüfungsteilnehmern. Die fehlende Bindung an einen Betrieb führt hier offenbar zu einer größeren überregionalen Mobilität.

Wenn beabsichtigt ist, im erlernten Beruf zu arbeiten, sind die weiteren beruflichen Pläne sicherer zugunsten der Tendenz, in Berlin zu bleiben (vgl. Übersicht 92). Im Gegensatz dazu steht auffallende Unsicherheit über den Verbleib in der Stadt, wenn die beabsichtigte Tätigkeit nicht unbedingt im erlernten Beruf erfolgen kann oder soll. Besteht von vornherein die feste Absicht, den Beruf zu wechseln, dann sind die Wegzugsabsichten überdurchschnittlich. Die hier geäußerten (subjektiven) Absichten über Beibehaltung oder Wechsel des Berufes sind vermutlich abhängig von den objektiven Bedingungen hierfür - in erster Linie das Vorhandensein eines entsprechenden Arbeitsplatzes in Berlin. So dürfte der Ortswechsel ebenso ein Reflex der regionalen beruflichen Möglichkeiten sein wie der Berufswechsel ein Reflex des aus anderen als beruflichen Gründen beabsichtigten Ortswechsels. Auf die Wegzugsgründe wird weiter unten näher eingegangen.

Pläne für eine weitere Aus- und Weiterbildung bewirken insgesamt eine leicht überdurchschnittliche Wegzugshäufigkeit, die allerdings je nach Art der Weiterbildungsabsicht verschieden ist. Eher zum Wegzug als andere neigen Prüfungsteilnehmer, die ihrer betrieblichen Berufsausbildung eine Fachschulausbildung, ein Hochschulstudium oder eine "sonstige" Ausbildung folgen lassen wollen (vgl. Übersicht 92). Eine angestrebte Beamtenausbildung hingegen bewirkt einen überdurchschnittlich häufigeren Verbleib in der Stadt.

Schließlich zeigen diejenigen eine auffallende Wegzugstendenz, die weder eine Arbeit noch eine andere Ausbildung an ihre Lehre anschließen wollen. Offenbar spielen hier private Gründe für den Wegzug eine dominierende Rolle.

Prüfungsteilnehmer nach Wegzugsplänen aus Berlin und beruflichen Plänen für die Zeit nach der Ausbildung
- vH-Struktur der gewichteten Fallzahlen -

Berufliche Pläne für die Zeit nach der Ausbildung (Mehrfachangaben waren möglich)	Wegzugspläne						Zusammen	Basis
	Wegzug steht fest	Wegzug wahrscheinlich	Verbleib in Berlin wahrscheinlich	Verbleib in Berlin sicher	Verbleib in Berlin noch ungewiß	Ohne Angabe		
- Im erlernten Beruf arbeiten	2,4	4,7	25,4	53,9	13,1	0,5	100,0	3 302
- Arbeiten, aber nicht unbedingt im erlernten Beruf	2,3	5,0	29,5	42,5	20,5	0,2	100,0	991
- Definitiv in anderem Beruf arbeiten	7,3	10,7	17,8	41,9	21,8	0,5	100,0	217
Insgesamt[1]: Im erlernten oder einem anderen Beruf arbeiten	2,6	5,0	25,8	51,2	15,0	0,4	100,0	4 368
Weitere Ausbildung, und zwar:								
- Andere Lehre	0,6	4,3	27,7	48,5	18,3	0,6	100,0	357
- Ausbildung im Gesundheitswesen	-	9,8	14,7	64,2	11,3	-	100,0	37
- Beamtenausbildung	1,6	3,2	25,0	57,1	11,5	1,6	100,0	66
- Fachschulausbildung	2,3	8,1	22,3	47,5	19,8	-	100,0	305
- Studium	7,7	8,3	29,3	43,0	11,3	0,4	100,0	454
- Allgemeine Weiterbildung	2,3	7,7	34,6	43,7	11,4	0,3	100,0	148
- Sonstige Ausbildung	2,1	10,5	27,0	42,8	17,6	-	100,0	78
Insgesamt[1]: Weiterbildung anschließen	3,4	7,0	27,1	46,4	15,7	0,4	100,0	1 357
Keine Arbeit oder Berufsbildung	13,3	26,1	13,4	30,8	16,4	-	100,0	29
Insgesamt[1]	2,9	5,4	25,4	50,4	14,6	1,3	100,0	5 378

1) Durchschnitte ohne Mehrfachangaben.

3.4.2 Wegzugsgründe und Möglichkeiten ihrer Beeinflussung

Die Frage nach der Einschätzung der persönlichen Berufschancen in Berlin gegenüber Westdeutschland sollte Aufschluß über die Berlin-Bindung der Prüfungsteilnehmer und zugleich über die Berufschancen in der Stadt geben; als schlecht beurteilte Berufschancen werden als wesentlicher Wegzugsgrund unterstellt. Diese Frage erging an alle Prüfungsteilnehmer. Genauer wurden die Wegzugsgründe und Möglichkeiten ihrer Beeinflussung bei denjenigen erfragt, die bereits Wegzugsabsichten aus Berlin angaben.

Bei der Beurteilung ihrer persönlichen Berufschancen in Berlin gegenüber Westdeutschland zeigen die Prüfungsteilnehmer insgesamt starke Unsicherheiten: Nur knapp ein Drittel (31,9 vH) entschied sich definitiv für die eine oder andere Region, 23,3 vH sahen keine Unterschiede, 44,8 vH konnten oder wollten kein Urteil abgeben (vgl. Übersicht 93). Unter den definitiven Antworten dominiert jedoch die positive Einschätzung der beruflichen Chancen in der Stadt: Nur 10,3 vH (Männer 11,2 vH, Frauen 9,3 vH) sehen in Westdeutschland die besseren Chancen; der Anteil derjenigen, die glaubten, sich in Berlin besser beruflich entwickeln zu können, ist mit 21,6 vH (Männer 24,0 vH, Frauen 18,5 vH) etwa doppelt so hoch.

Nach der Dauer des bisherigen Berlin-Aufenthalts gibt es keine durchgängig einheitliche Wechselbeziehung mit der Einschätzung der Berufschancen. Auffallend sind jedoch die Antworten der Prüfungsteilnehmer mit einer Aufenthaltsdauer in der Stadt von 4 Jahren und weniger. Sie sind definitiver und fallen überdurchschnittlich häufig zugunsten Westdeutschlands aus (22,5 vH). Dies korrespondiert mit den Ergebnissen der Analyse der Wegzugspläne (vgl. oben Übersicht 87). Dort gab es bei dieser Gruppe überdurchschnittlich hohe Anteile bei den Absichten, Berlin wieder zu verlassen.

Bei den Ausländern sind die Beurteilungsunsicherheiten bezüglich der Berufschancen in Berlin gegenüber Westdeutschland noch größer als bei den Deutschen. Türken und außereuropäische Ausländer sprechen sich jedoch überdurchschnittlich positiv für Berlin aus; dies steht im Gegensatz zu den geäußerten überdurchschnittlichen Wegzugsplänen. Offenbar haben die

Prüfungsteilnehmer nach Beurteilung der Berufschancen in Berlin sowie sozialen und demographischen Merkmalen
- vH-Struktur der gewichteten Fallzahlen -

Soziale, demo-graphische Merkmale	Beurteilung der Berufschancen in Berlin					Zusammen	Basis
	Bessere in Berlin	Bessere in West-deutsch-land	Etwa gleiche in Berlin und West-deutschland	Kann nicht beurteilt werden	Ohne Angabe		
Geschlecht							
- Männer	24,0	11,2	20,8	41,7	2,3	100,0	3 026
- Frauen	18,5	9,3	26,5	44,6	1,1	100,0	2 352
Bisheriger Berlin-Aufenthalt							
- seit Geburt	21,4	9,9	23,8	44,2	0,7	100,0	4 216
- länger als 10 Jahre, aber nicht seit Geburt	21,6	12,1	26,2	39,2	0,9	100,0	568
- länger als 4 Jahre, aber höchstens 10 Jahre	28,1	7,1	18,4	43,6	2,8	100,0	282
- 4 Jahre und weniger	22,0	22,5	20,6	34,6	0,3	100,0	229
Nationalität							
- Deutsche	21,5	10,6	24,4	42,5	1,0	100,0	4 978
- Türken	25,4	7,4	8,9	54,6	3,7	100,0	238
- sonstige Europäer	17,9	5,8	21,5	53,1	1,7	100,0	72
- sonstige Ausländer	28,5	3,8	7,3	57,2	3,2	100,0	38
Soziale Stellung des Vaters[1]							
- Arbeiter	22,1	8,9	20,4	47,3	1,3	100,0	1 801
- Angestellter	20,9	9,5	25,2	43,3	1,1	100,0	1 266
- Beamter	20,3	11,7	26,8	40,8	0,4	100,0	675
- Selbständiger/Mithelfender Familienangehöriger	21,5	12,8	29,5	35,2	1,0	100,0	490
Insgesamt	21,6	10,3	23,3	43,0	1,8	100,0	5 378

1) Soziale Stellung der Mutter, wenn Vater ohne Angabe.

Wegzugspläne dieser Prüfungsteilnehmer weniger als bei anderen beruflicher Ursachen, bei Türken kann als eine solche Ursache der Wehrdienst in der Heimat angesehen werden.

Nach der sozialen Stellung des Elternhauses gibt es nur geringe Unterschiede bei der Berufschancen-Beurteilung in beiden Regionen. Lediglich Prüfungsteilnehmer aus Selbständigenfamilien haben einerseits eine höhere Urteilssicherheit als andere, andererseits sehen sie leicht überdurchschnittlich in Westdeutschland bessere Berufschancen als die übrigen Prüfungsteilnehmer, was sich auch in den geäußerten Wegzugsabsichten widerspiegelt.

Beim allgemeinbildenden Schulabschluß gibt es einen eindeutigen Zusammenhang mit dem Berufschancenurteil: Abiturienten sind besser über die Berufschancen informiert als andere. Bedeutsam ist jedoch, daß die Berufschancen in Berlin um so geringer eingeschätzt werden, je höher das allgemeinbildende Schulbildungsniveau ist (vgl. Übersicht 94). Umgekehrt verhält es sich mit der Einschätzung der Berufschancen in Westdeutschland. (Die Schulabgänger ohne Abschluß als "niedrigstes" Schulbildungsniveau machen gewisse Ausnahmen, was jedoch die Grundaussage nicht wesentlich berührt.) Dies hat bei den Abiturienten sicher einen berufsstrukturellen Hintergrund. Erwähnt sei hier, daß zu den Berufen mit hohen Abiturientenanteilen (vgl. oben Übersicht 11) einige gehören, für die in Westdeutschland bessere Berufschancen gesehen werden (vgl. Übersicht 95). Dazu zählen

- Hotel- und Gaststättenkaufleute,

- Metallfeinbauer (z. B. Zahntechniker, Augenoptiker, Goldschmiede) und

- Gartenbauer.

Auffallend ist die Berufschancenbeurteilung durch die Realschulabsolventen gegenüber den Hauptschulabsolventen, da sie nicht den geäußerten Wegzugsplänen entspricht: Dort erwiesen sich die Realschulabsolventen stabiler an Berlin gebunden als Hauptschulabsolventen. Dies könnte bedeuten, daß bei Realschulabsolventen stärker auch andere als berufliche Gründe eine Verbleibabsicht bestärken.

Prüfungsteilnehmer nach Beurteilung der Berufschancen in Berlin,

allgemeinbildendem Schulabschluß und Geschlecht

- vH-Struktur der gewichteten Fallzahlen -

Allgemeinbil-dender Schulabschluß[1]	Beurteilung der Berufschancen in Berlin					Zusammen	Basis
	Bessere in Berlin	Bessere in West-deutsch-land	Etwa gleiche in Berlin und West-deutschland	Kann nicht beurteilt werden	Ohne Angabe		
- Männer -							
Hauptschulabschluß	27,3	7,4	19,0	42,8	3,5	100,0	921
Mittlere Reife oder gleichwertiger Abschluß	22,7	11,1	20,7	44,1	1,4	100,0	1 638
Abitur oder gleich-wertiger Abschluß	19,3	20,5	30,7	26,2	3,3	100,0	332
Ohne Abschluß	32,6	14,7	5,0	44,5	3,2	100,0	83
Männer insgesamt	24,0	11,2	20,8	41,7	2,3	100,0	3 026
- Frauen -							
Hauptschulabschluß	20,0	5,6	22,1	51,1	1,2	100,0	519
Mittlere Reife oder gleichwertiger Abschluß	18,3	7,5	26,8	46,5	0,9	100,0	1 373
Abitur oder gleich-wertiger Abschluß	17,1	20,4	33,7	27,2	1,6	100,0	370
Ohne Abschluß	18,4	10,3	16,4	52,6	2,3	100,0	62
Frauen insgesamt	18,5	9,3	26,5	44,6	1,1	100,0	2 352
- Insgesamt -							
Hauptschulabschluß	24,7	6,8	20,1	45,8	2,6	100,0	1 440
Mittlere Reife oder gleichwertiger Abschluß	20,7	9,5	23,4	45,2	1,2	100,0	3 011
Abitur oder gleich-wertiger Abschluß	18,2	20,5	32,1	26,8	2,4	100,0	702
Ohne Abschluß	26,5	12,8	9,9	48,0	2,8	100,0	145
Insgesamt	21,6	10,3	23,3	43,0	1,8	100,0	5 378

1) Wegen nur geringer Fallzahlen wurden Abschlüsse einer Sonderschule sowie Fachhochschulreife nicht mit aufgeführt.

Prüfungsteilnehmer nach Beurteilung der Berufschancen in Berlin und Ausbildungsberufen
- vH-Struktur der gewichteten Fallzahlen -

Berufsgruppen darunter: Berufsklassen	Beurteilung der Berufschancen in Berlin					Zusammen	Basis
	Bessere in Berlin	Bessere in Westdeutschland	Etwa gleiche in Berlin und Westdeutschland	Kann nicht beurteilt werden	Ohne Angabe		
05 Gartenbauer	20,9	28,8	13,6	35,8	0,9	100,0	104
26 Feinblechner, Installateure	32,4	5,3	12,7	46,8	2,8	100,0	174
dar.: 2621 Gas-, Wasserinstallateure	36,7	7,4	16,2	36,8	2,9	100,0	90
27 Schlosser	25,6	7,3	21,5	43,7	1,9	100,0	261
dar.: 2710 Bauschlosser	31,5	7,8	19,1	41,6	-	100,0	82
2730 Maschinenschlosser	25,1	4,8	19,2	48,5	2,4	100,0	102
28 Mechaniker	21,3	10,7	18,4	46,8	2,8	100,0	273
dar.: 2811 Kraftfahrzeuginstand-setzer	19,0	10,0	18,0	49,5	3,5	100,0	163
30 Metallfeinbauer und zugeordnete Berufe	27,7	38,1	15,8	18,4	-	100,0	46
31 Elektriker	23,1	9,3	23,2	43,6	0,8	100,0	621
dar.: 3110 Elektroinstallateure, -monteure	31,5	9,6	15,8	42,7	0,4	100,0	280
3120 Fernmeldemonteure, -handwerker	13,6	7,6	29,4	49,4	-	100,0	58
3143 Elektrofeingeräte-mechaniker	12,9	12,0	35,2	38,4	1,5	100,0	145
35 Textilverarbeiter	17,8	14,0	19,4	46,0	2,8	100,0	105
dar.: 3520 Bekleidungsnäher	19,7	8,1	19,7	49,2	3,3	100,0	89
39 Back-, Konditorwarenhersteller	30,4	8,0	5,3	55,0	1,3	100,0	61
48 Bauausstatter	36,0	17,3	13,5	27,7	5,5	100,0	48
51 Maler, Lackierer u. verwandte Berufe	26,1	4,2	17,7	51,0	1,0	100,0	184
63 Technische Sonderfachkräfte	15,0	19,2	18,9	45,5	1,4	100,0	73
68 Warenkaufleute	19,9	7,2	26,7	45,7	0,5	100,0	969
dar.: 6811 Groß-, Außenhandelskaufl.	15,1	12,3	31,6	41,0	-	100,0	64
6812 Einzelhandelskaufleute	20,0	10,0	27,5	41,3	1,2	100,0	240
6820 Verkäufer	19,9	5,1	25,7	49,1	0,2	100,0	467
6821 Gewerbegehilfen	29,5	1,8	24,3	43,5	0,9	100,0	120
69 Bank-, Versicherungskaufleute	13,1	14,3	37,3	34,5	0,8	100,0	257
dar.: 6910 Bankkaufleute	13,5	14,2	37,9	33,5	0,9	100,0	211
6940 Versicherungskaufleute	11,3	15,1	34,6	39,0	-	100,0	46
70 Andere Dienstleistungskaufleute und zugehörige Berufe	15,3	23,2	24,9	34,7	1,9	100,0	67
dar.: 7011 Speditionskaufleute	17,4	17,2	25,8	39,6	-	100,0	34
7535 Fachgehilfen in steuer- und wirtschaftsberatenden Berufen [1]	32,2	3,7	32,1	32,0	-	100,0	106
78 Bürofachkräfte	22,2	6,8	27,9	42,3	0,8	100,0	729
dar.: 7810 Bürofachkräfte, allgem.	23,8	4,9	24,8	45,6	0,9	100,0	324
7811 Verwaltungsfachkräfte öffentlicher Dienst	25,7	11,4	22,3	40,2	0,4	100,0	150
7812 Industriekaufleute	16,5	8,9	32,3	41,8	0,5	100,0	138
7813 Rechtsanwalts- und Notargehilfen	20,1	3,0	37,3	38,1	1,5	100,0	104
85 Arzthelferberufe	20,6	7,3	25,3	46,2	0,6	100,0	327
dar.: 8561 Arzthelfer	22,4	7,7	25,4	43,6	0,9	100,0	198
8562 Zahnarzthelfer	19,6	7,2	22,9	50,3	-	100,0	118
9011 Friseure [1]	20,3	11,6	24,3	41,2	2,6	100,0	220
91 Gästebetreuer	12,1	33,5	34,5	15,8	4,1	100,0	81
dar.: 9113 Hotel-, Gaststättenkaufl.	12,3	35,1	33,3	14,0	5,3	100,0	64
Übrige Berufsgruppen [2]	20,0	13,6	16,5	44,1	5,8	100,0	670
Insgesamt	21,6	10,3	23,3	43,0	1,8	100,0	5 378

1) Jeweils einzige Berufsklasse in der Berufsgruppe. - 2) Siehe Anhang 2.

Wie im Zusammenhang mit den Erörterungen der Wegzugspläne bereits dargestellt, gaben 8,3 vH der Prüfungsteilnehmer (6,8 vH der männlichen, 10,1 vH der weiblichen) an, daß sie mit fester Absicht oder wahrscheinlich Berlin innerhalb von zwei Jahren verlassen wollen. Dieser Teil der Prüfungsteilnehmer wurde weiter nach ihren Wegzugsgründen und nach Möglichkeiten der Beeinflussung ihrer Absichten befragt.

Bei der Nennung von Wegzugsgründen waren Mehrfachangaben möglich. Durchschnittlich wurden zwei Gründe genannt, wodurch sich die vH-Anteile der Antworten auf etwas über zweihundert addieren (vgl. Übersicht 96). Diesen Mehrfachnennungen wurden die Hauptwegzugsgründe gegenübergestellt, die zusätzlich erfragt worden sind.

In beiden Gliederungen stechen zwei Hauptgründe hervor: Bei 54,7 vH der Wegzugskandidaten waren familiäre/private Gründe mitverantwortlich für die Wegzugspläne, bei 38,7 vH war dies Hauptursache; bei Frauen wesentlicher häufiger als bei Männern. Ebenfalls bei über der Hälfte (50,6 vH) spielte der Wunsch, etwas Neues kennenlernen zu wollen, eine Rolle, bei 21,2 vH war es der Hauptgrund, hier bei Männern stärker als bei Frauen. Beide genannten Hauptgründe entziehen sich weitgehend arbeitsmarktpolitischer Einflußnahme. Die Anteile der direkt beeinflußbaren Gründe - anderswo gäbe es bessere Aussichten auf Arbeitsplätze, Aufstiegschancen und Verdienst sowie ein schlechtes Berlin-Image - machen hingegen zusammen nur etwa ein Fünftel aller primären Wegzugsursachen aus. Ein schlechtes Berlin-Image spielte übrigens eine weit untergeordnete Rolle: Es wurde in 4,6 vH der Fälle genannt, in 2,8 vH der Fälle als Hauptgrund. Hierzu muß angemerkt werden, daß diese Antwort unter den "sonstigen Gründen" genannt wurde. Bei einer entsprechend formulierten Frage wäre die Antwortquote eventuell höher gewesen.

Anders als bei den geäußerten Wegzugsgründen besteht erhebliche Einflußmöglichkeit von Arbeitsmarktpolitik auf den Verbleib in Berlin beim Angebot konkreter Maßnahmen: Mehr als die Hälfte der Prüfungsteilnehmer mit Wegzugsabsichten würde sich durch mindestens eine der in Übersicht 97 unter Nummern 1 bis 7 genannten Maßnahmen "unter Umständen" - wie es in der Frage 35 formuliert war - zum Verbleib in der Stadt beeinflussen lassen.

183

Prüfungsteilnehmer, die sicher oder wahrscheinlich aus Berlin wegziehen werden,
nach Wegzugsgründen und Geschlecht
- vH-Struktur der gewichteten Fallzahlen -

Wegzugsgründe	Alle Nennungen von Wegzugsgründen (Mehrfachangaben waren möglich)			Hauptwegzugsgründe		
	Männer	Frauen	Insgesamt	Männer	Frauen	Insgesamt
Anderswo bessere Aussicht auf geeignete Stelle	20,1	17,9	18,9	8,7	5,6	7,0
Anderswo bessere berufliche Aufstiegschancen	27,1	17,6	22,0	8,7	4,3	6,3
Anderswo bessere Verdienst-möglichkeiten	24,6	7,7	15,6	8,3	1,6	4,6
Familiäre/private Gründe	40,7	66,8	54,7	21,9	52,3	38,7
Anderswo Ausbildung/Fort-bildung/Studium	21,6	22,9	22,3	11,9	11,6	11,7
Neues kennenlernen wollen	53,5	48,0	50,6	26,0	17,4	21,2
Sonstige Gründe	21,9	12,8	17,0	14,5	7,2	10,5
davon:						
- Anderswo feste Stelle	5,4	5,3	5,3	.	.	3,7
- Bundeswehr/BGS	1,9	-	0,9	.	.	0,6
- Rückkehr in Heimat	1,0	0,7	0,8	.	.	0,4
- Schlechtes Berlin-Image	5,4	3,8	4,6	.	.	2,8
- Sonstiges	8,2	3,0	5,4	.	.	3,0
Zusammen	209,5	197,7	201,1	100,0	100,0	100,0
Basis	205	236	441	186	229	415

Prüfungsteilnehmer, die sicher oder wahrscheinlich aus Berlin wegziehen werden,
nach Beeinflussungsmöglichkeiten, in Berlin zu bleiben, und Geschlecht
- vH-Struktur der gewichteten Fallzahlen -

Beeinflussungs-möglichkeiten	Alle Nennungen von Beein-flussungsmöglichkeiten (Mehrfachangaben waren möglich)			Berechnete Hauptbeeinflussungs-möglichkeiten		
	Männer	Frauen	Insgesamt	Männer	Frauen	Insgesamt
1. Teilzeitstelle im erlernten Beruf	3,5	6,4	5,1	1,1	3,5	2,4
2. Vollzeitstelle im erlernten Beruf	25,0	14,8	19,5	12,7	8,3	10,3
3. Passende Stelle in einem anderen Beruf	12,1	8,4	10,1	5,8	6,0	5,9
4. Fortbildung/Umschulung durch das Arbeitsamt	7,3	10,0	8,7	3,4	4,9	4,2
5. Sonstiger Ausbildungs-/ Studienplatz	13,5	13,6	13,5	8,5	9,4	9,0
6. Passende Stelle für Partner	13,3	18,5	16,1	6,6	14,0	10,6
7. Besserer Verdienst als anderswo	34,5	15,2	24,1	19,9	7,6	13,2
8. Nichts von 1 bis 7	37,2	44,0	40,8	33,1	38,5	36,0
9. Änderung der Gegeben-heiten in Familie/mit Partner	9,6	10,4	10,1	5,9	5,1	5,5
10. Bessere berufliche Aufstiegschancen	1,2	0,8	1,0	0,4	0,4	0,4
11. Besseres Berlin-Image	1,7	3,1	2,4	0,6	1,4	1,1
12. Sonstige Gründe	4,0	1,9	2,9	2,0	0,9	1,4
Zusammen	162,9	147,1	154,3	100,0	100,0	100,0
Basis	198	233	431	198	233	431

Aus den Anteilen der teilweise mehrfach genannten Beeinflussungsmöglichkeiten wurden Haupteinflußmöglichkeiten nach folgendem Verfahren berechnet: Bei Mehrfachantworten bekam jede Antwort ein Gewicht, das von
der Zahl der Antworten abhing. Wenn beispielsweise zwei Möglichkeiten
angegeben wurden, bekam jede Antwort das Gewicht 0,5, bei vier Möglichkeiten 0,25 und entsprechend. Dadurch konnte zwar nicht der jeweils
individuelle Hauptgrund herausgefunden werden, es wurden jedoch die
Antworten so gewichtet, daß für die Gesamtheit der Untersuchungsgruppe
Aussagen gemacht werden können.

Faßt man die Anteile der Beeinflussungsmöglichkeiten 1 bis 7, 10 und 11 als
politikrelevant zusammen, so sind mehr als die Hälfte der Wegzugskandidaten beeinflußbar. Herausragende Wirkung hätten höherer Verdienst als
anderswo sowie ein geeignetes Stellenangebot für die Prüfungsteilnehmer
selbst oder für ihre Lebenspartner. Somit weisen auch die Ergebnisse dieser
Untersuchung auf die Aufgabe hin, qualifizierte Arbeitskräfte in Berlin
durch Schaffung zusätzlicher und hochwertiger Arbeitsplätze zu halten.

4   Zusammenfassung

Grundlage der Analyse war eine eigene schriftliche Befragung bei Prüfungsteilnehmern der betrieblichen Berufsausbildung in Berlin, die im Prüfungsjahr 1984/85 bei den für die Berufsausbildung in der Stadt zuständigen Stellen - in erster Linie den Kammern - die Abschlußprüfung abgelegt haben. Die hier vorgestellten Ergebnisse resultieren aus der ersten Befragung - zum Zeitpunkt der Prüfung - einer insgesamt zweistufigen Panelerhebung.

Die Ergebnisse dieser ersten Befragung umfassen:

- Strukturen von Prüfungsteilnehmern und Ausbildungsverhältnissen,

- Ausbildungsplatzsuche und Ausbildungszufriedenheit,

- Chancen der Übernahme in ein Arbeitsverhältnis im Ausbildungsbetrieb und berufliche Perspektiven sowie

- Berlin-Bindung der Prüfungsteilnehmer.

Strukturen der Prüfungsteilnehmer

Das allgemeine Schulbildungsniveau der Prüfungsteilnehmer war hoch: Fast 70 vH hatten mindestens einen Realschul- oder gleichwertigen Abschluß, 14 vH sogar das Abitur oder die Fachhochschulreife. Nur 3 vH hatten einen Sonderschul- oder keinen Abschluß, 27 vH einen Hauptschulabschluß. Hierin zeigt sich deutlich die Bedeutung der allgemeinen Schulbildung für die Chancen auf dem Ausbildungsstellenmarkt. Dies scheint besonders für Frauen zu gelten, die bei den Deutschen zu mehr als drei Vierteln einen Schulabschluß von mindestens der mittleren Reife aufwiesen.

Die Betrachtung der Berufsstrukturen nach dem Geschlecht bestätigt die bekannte Erfahrung, daß männliche Prüfungsteilnehmer überwiegend in den gewerblich-technischen Berufen, weibliche in den kaufmännischen und sonstigen Büro- und Dienstleistungsberufen ausgebildet werden. Im einzelnen liegen die beruflichen Schwerpunkte bei männlichen Prüfungsteilnehmern bei Metallberufen (28 vH), Elektroberufen (20 vH), Bau- und Baunebenberufen (18 vH) sowie Waren- und Dienstleistungskaufleuten (17 vH). Für weibliche Prüfungsteilnehmer ist der Bereich der Waren- und Dienstleistungskaufleute noch bedeutender: 33 vH aller Frauen legten hier die Prüfung ab. Weitere Schwerpunkte für Frauen sind Organisations-, Verwaltungs- und Büroberufe (28 vH), Arzthelferberufe (14 vH) sowie Körperpfleger, Gästebetreuer, Hauswirtschafts- und Reinigungsberufe (zusammen 12 vH).

Bei einer Gliederung der Berufe nach Männer-, Frauen- und Mischberufen zeigt sich, daß zwei von drei Prüfungsteilnehmern in solchen Berufen ausgebildet wurden, die als Männerberuf (43 vH) oder Frauenberuf (25 vH) zu bezeichnen sind. Jeder dritte Prüfungsteilnehmer erlernte einen Beruf, der nicht so stark geschlechtsspezifisch geprägt ist (Mischberuf). Wie zu erwarten, wurde in den Männer- beziehungsweise Frauenberufen nur eine sehr kleine Zahl des jeweils anderen Geschlechts (4 vH beziehungsweise 2 vH) ausgebildet.

Die Betrachtung von Beruf und allgemeiner Schulbildung der Prüfungsteilnehmer ergibt, daß die Berufe mit den höchsten Anteilen von Hauptschulabgängern und Schulabgängern ohne Abschluß nahezu ausschließlich zu den gewerblich-technischen Berufen gehören. Zu den Berufen, in denen die höchsten Anteile von Realschulabgängern verzeichnet wurden, gehören Fernmelde- und Elektrofeingeräteberufe (Nachrichtengerätemechaniker und Informationselektroniker) sowie Verwaltungsfachkräfte, Groß-/Außenhandelskaufleute und andere Bürofachkräfte.

Abiturienten schließlich stellen ihre höchsten Anteile bei den Metallfeinbauern (zum Beispiel Zahntechniker, Augenoptiker, Goldschmiede), Hotel- und Gaststättenkaufleuten, Bank- und Versicherungskaufleuten sowie Industriekaufleuten.

Die Strukturen nach Ausbildungsberufen und sozialer Stellung des Elternhauses der Prüfungsteilnehmer zeigen, daß gewerblich-technische Berufe zu den Berufswahlfeldern gehören, die die höchsten Anteile von Prüfungsteilnehmern aus Arbeiterfamilien aufweisen, während Prüfungsteilnehmer aus Angestellen- und Selbständigenhaushalten überdurchschnittlich hohe

188

Anteile in kaufmännischen Berufen verzeichnen. Bei Beamtenfamilien spielen neben kaufmännischen Berufen auch die post- und daher beamtennahen Fernmeldeberufe sowie die Verwaltungsberufe des öffentlichen Dienstes eine Rolle.

Die berufliche Struktur der Prüfungsteilnehmer hat ihre Entsprechung bei den Branchen: Mehr als die Hälfte der Männer wurde im verarbeitenden Gewerbe und im Baugewerbe ausgebildet, mehr als drei Viertel der Frauen hingegen machten ihre Ausbildung in den Bereichen Handel und Dienstleistungen einschließlich der öffentlichen Verwaltung.

Vergleicht man die Ausbildungsaktivitäten in den Branchen mit der - zugegeben als Maßstab groben - entsprechenden Struktur der sozialversicherungspflichtig Beschäftigten, dann bilden insbesondere die Bereiche allgemeine öffentliche Verwaltung sowie Organisationen ohne Erwerbscharakter unterdurchschnittlich Fachkräfte aus und bestätigen damit die Ergebnisse aus der vorangegangenen Auswertung der Beschäftigtenstatistik, nach denen vor allem diese Bereiche woanders ausgebildete Fachkräfte übernehmen.

Strukturen der Ausbildungsverhältnisse

Bei den Strukturen der Ausbildungsverhältnisse steht die Integration der Ausbildung in den Betriebsablauf im Mittelpunkt der Betrachtung. Die Prüfungsteilnehmer wurden gefragt, ob die praktische Ausbildung durch den Betrieb überwiegend in gesonderten Lehr-/Unterrichtseinrichtungen oder überwiegend im regulären Arbeitsprozeß stattfand, ober ob sich beides etwa die Waage hielt.

Nach Ausbildungsbereichen differenziert sind die Anteile der Ausbildung in gesonderten Lehr-/Unterrichtseinrichtungen in Industrie und Handel sowie im öffentlichen Dienst einschließlich Sozialversicherung beachtenswert hoch (im ersten Lehrjahr ein Drittel beziehungsweise ein Viertel).

Im öffentlichen Dienst einschließlich Sozialversicherung fand darüber hinaus die Ausbildung nur zu einem Drittel überwiegend im regulären

Arbeitsprozeß statt - und zwar in allen Lehrjahren - und lag damit weit unter dem Durchschnitt von zwei Dritteln bis vier Fünfteln. Neben dem Bereich Industrie und Handel ist die Berufsausbildung im öffentlichen Dienst einschließlich Sozialversicherung am stärksten formal organisiert.

In den Bereichen Handwerk, freie Berufe sowie Land- und Hauswirtschaft fand die Ausbildung überwiegend im regulären Arbeitsprozeß statt, und zwar bei Anteilen von 81 vH bis 96 vH der Prüfungsteilnehmer.

Nach Berufen betrachtet haben gewerblich-technische Berufe die höchsten Anteile der überwiegenden Ausbildung in besonderen Lehr-/Unterrichtsein-richtungen, besonders im ersten Lehrjahr. Berufe mit überdurchschnittlich hohen Anteilen überwiegender Ausbildung im Arbeitsprozeß - auch schon im ersten Lehrjahr - sind neben kaufmännischen auch einige handwerklich orientierte gewerbliche Berufe (Maler, Gas-, Wasserinstallateure, Bäcker und Konditoren).

Ausbildungsplatzsuche

Ein Viertel aller Prüfungsteilnehmer hatte schon mindestens eine andere berufliche Vorbildung beziehungsweise Ausbildung begonnen oder abge-schlossen, meist ein Berufsgrundbildungsjahr beziehungsweise einen ande-ren Eingliederungslehrgang (13 vH), ein Praktikum, Volontariat beziehungs-weise eine betriebliche Einarbeitung (6 vH) oder eine andere Lehre (7 vH). Ein Fünftel der Prüfungsteilnehmer (20 vH) hatte vor der Berufsausbildung schon mindestens eine regelmäßige Beschäftigung. Etwa ebensoviele (22 vH) waren vorher arbeitslos, die Hälfte davon allerdings nicht länger als 3 Monate.

Vor diesem Hintergrund muß die überraschend geringe Quote von 28 vH der Prüfungsteilnehmer gesehen werden, die ihre Ausbildungsstelle durch Ver-mittlung des Arbeitsamtes bekommen haben. Die vorhandenen Kontakte mit der Berufswelt haben offenbar die selbständige Ausbildungsstellensuche stimuliert, die zu 28 vH durch Bewerbung "auf Verdacht" erfolgte, weitere 20 vH bewarben sich auf eine Zeitungsanzeige. Bei 20 vH der Prüfungsteil-

nehmer haben Eltern, Verwandte oder Bekannte bei der Ausbildungsstellensuche mitgeholfen.

Auch wenn die Ausbildungsstelle nicht durch das Arbeitsamt vermittelt
wurde, hatten sich viele Lehrstellensuchende bei der Berufsberatung gemeldet. Die Einschaltquote entsprach mit 52 vH etwa dem langjährigen
Durchschnitt auch im Bundesgebiet.

Insgesamt wurden den Prüfungsteilnehmern durchschnittlich 7,3 Absagen
erteilt, bevor sie schließlich den Ausbildungsvertrag abschließen konnten,
bei Männern waren es mit durchschnittlich 5,5 Absagen deutlich weniger
als bei Frauen (9,7 Absagen). Rund ein Drittel aller Prüfungsteilnehmer
erhielt keine Absage, ein weiteres Drittel höchstens fünf Absagen.

Ausbildungszufriedenheit

Die Zufriedenheit mit der Ausbildung wurde einerseits durch den Grad der
Berufswunscherfüllung, andererseits durch die Frage nach der hypothetischen Wiederwahl des Ausbildungsberufs gemessen.

Mehr als die Hälfte der Prüfungsteilnehmer konnte sich ihren Berufswunsch
erfüllen. Ein Drittel wollte ursprünglich eine andere Lehre, 8 vH eine ganz
andere Ausbildung und nur 1 vH wollte eigentlich gar keine Ausbildung
beginnen. Insgesamt haben sich also mehr als 40 vH der Prüfungsteilnehmer
in ihren Ausbildungsaktivitäten den Verhältnissen auf dem Ausbildungsstellenmarkt angepaßt und ihre Pläne geändert. Frauen mußten dies zur Hälfte
und damit öfter tun als Männer (35 vH).

Die Identifikation mit der Ausbildungsentscheidung im nachhinein zeigt
insgesamt zum Ende der Ausbildung eine Zunahme der Zufriedenheit mit
der Entscheidung gegenüber den ursprünglichen Beurteilungen. Rund 40 vH
derjenigen, die zunächst eine andere Lehre machen wollten, fast die Hälfte
derjenigen mit ganz anderen Ausbildungsplänen und rund 60 vH derjenigen,
die eigentlich ohne Ausbildung arbeiten gehen wollten, würden im nachhinein ihren Ausbildungsberuf noch einmal wählen. Von denen, die zunächst

eine andere Lehre machen wollten, würde nach der Lehre mehr als die Hälfte immer noch lieber eine andere betriebliche Berufsausbildung eingegangen sein und nur ein Viertel derjenigen mit ursprünglich ganz anderen Ausbildungsabsichten würde nach wie vor eine Ausbildung ohne Lehre vorziehen. Von denen, die ihren Berufswunsch erfüllen konnten, sind vier Fünftel mit ihrer Berufswahl zufrieden. Der Rest hätte lieber eine andere Lehre oder - zu weniger als 3 vH - eine ganz andere Ausbildung gemacht.

Chancen der Übernahme in ein Arbeitsverhältnis nach Abschluß der Ausbildung

Mit der erfolgreich abgelegten Abschlußprüfung endet der Ausbildungsvertrag zwischen Betrieb und Auszubildenden, ohne daß eine Verpflichtung zur Übernahme in ein Arbeitsverhältnis besteht. Die Mehrheit der Prüfungsteilnehmer weiß zum Zeitpunkt der Befragung bereits, ob für sie die Möglichkeit der Weiterbeschäftigung im Ausbildungsbetrieb besteht:

43 vH der Prüfungsteilnehmer hat der Ausbildungsbetrieb einen Arbeitsvertrag angeboten, 28 vH wissen, daß sie sich anderweitig Beschäftigung suchen müssen. Bei einem guten Viertel der Prüfungsteilnehmer (27 vH) ist die Übernahme noch offen. Ein Vergleich mit Ergebnissen anderer Untersuchungen deutet darauf hin, daß die Übernahmechancen der Ausbildungsabsolventen in den letzten Jahren offensichtlich deutlich zurückgegangen sind.

Die Übernahmechancen sind überdurchschnittlich gut bei

- Prüfungsteilnehmern mit Mittlerer Reife, Fachhochschulreife oder allgemeiner Hochschulreife;

- einer Ausbildung im öffentlichen Dienst;

- Waren- und Dienstleistungskaufleuten, Organisations-, Verwaltungs- und Büroberufen sowie bei Technischen Sonderfachkräften;

- Prüfungsteilnehmern, die in größeren Betrieben ausgebildet wurden.

Besonders schlechte Weiterbeschäftigungsmöglichkeiten im Ausbildungsbetrieb bestehen

- bei Prüfungsteilnehmern mit dem Abschlußzeugnis einer Sonderschule oder ohne allgemeinbildenden Schulabschluß;

- in den freien Berufen (zum Beispiel Arzthelfer, Rechtsanwalts- und Notargehilfen), für Kraftfahrzeuginstandsetzer und Friseure.

Frauen haben etwas geringere Chancen der Übernahme in ein reguläres Arbeitsverhältnis im Ausbildungsbetrieb als Männer. Dies ist teilweise darauf zurückzuführen, daß Männer und Frauen in unterschiedlichem Ausmaß in Berufen mit guten beziehungsweise weniger guten Übernahmechancen ausgebildet werden; Ursachen hierfür können sowohl geschlechtsspezifisch unterschiedliche Präferenzen derjenigen, die einen Ausbildungsplatz suchen, als auch geschlechtsspezifische Selektionsmechanismen der Ausbildungsbetriebe sein. Allerdings haben in den meisten Berufen, in denen sowohl Männer als auch Frauen in nicht zu kleinem Umfang ausgebildet werden, die Männer erheblich bessere Chancen der Weiterbeschäftigung im Ausbildungsbetrieb; außer dem Ausbildungsberuf spielen offenbar noch andere - mit dem Geschlecht verknüpfte - Faktoren eine Rolle.

Verbleibabsicht im Ausbildungsbetrieb

Die Mehrheit (63 vH) der Prüfungsteilnehmer aus regulären Ausbildungsbetrieben (also ohne externe Prüfungsteilnehmer und ohne außerbetrieblich Ausgebildete, bei denen eine Übernahme ohnehin nicht möglich ist) würde nach Abschluß der Ausbildung am liebsten im Betrieb bleiben. Etwa jeder fünfte (19 vH) sucht sich lieber eine andere Stelle, ein kleiner Teil (9 vH) hat bereits eine andere Stelle in Aussicht. Der Anteil derjenigen, die gerne im Betrieb bleiben würden, ist damit deutlich höher als der Anteil derjenigen, denen vom Betrieb bereits ein Arbeitsvertrag angeboten wurde. Zwischen Angebot und Übernahmewunsch bestehen Wechselwirkungen: Auszubildende, die vom Betrieb nicht übernommen werden, bemühen sich häufiger oder früher um eine andere Stelle und werden - selbst wenn sie gerne im Ausbildungsbetrieb geblieben wären - dies im nachhinein seltener

angeben. Lediglich 6 vH der Prüfungsteilnehmer, die - nach eigenen Angaben - vom Betrieb nicht übernommen werden, würden gerne bleiben. Über
die tatsächliche Weiterbeschäftigung im Ausbildungsbetrieb werden dann
die Ergebnisse der zweiten Befragung genaueren Aufschluß geben.

Eine Reihe von Ausbildungsberufen fällt durch einen besonders hohen
Anteil von Prüfungsteilnehmern auf, die angeben, lieber den Betrieb zu
wechseln oder bereits eine andere Stelle in Aussicht zu haben. Es sind dies
vor allem Hotel- und Gaststättenkaufleute, Friseure, Arzthelfer, Rechts-
anwalts- und Notargehilfen, Bekleidungsnäher und Gartenbauer. Der
Wunsch, den Ausbildungsbetrieb zu verlassen, wird von einer Reihe von
Faktoren beeinflußt:

- fehlende Weiterbeschäftigungsmöglichkeiten im Ausbildungsbetrieb (zum
  Beispiel überdurchschnittlich oft in den freien Berufen);

- Betriebswechsel als "normaler" Bestandteil der Berufsbiographie (zum
  Beispiel bei Hotel- und Gaststättenkaufleuten);

- Erwartung interessanterer Tätigkeit, höheren Einkommens, höherer Arbeitsplatzsicherheit etc. bei Betriebswechsel;

- geringe Zufriedenheit und geringe Identifikation mit dem Ausbildungsberuf;

- Pläne, die bisherige Ausbildung zu ergänzen.

Berufliche Pläne für die Zeit nach dem Ausbildungsabschluß

Vier von fünf Prüfungsteilnehmern wollen direkt nach der Ausbildung,
überwiegend im erlernten Beruf, arbeiten; jeder vierte gibt an, eine
weitere (teilweise berufsbegleitende) Aus- oder Weiterbildung anschließen
zu wollen.

Die am häufigsten angestrebte weitere Ausbildung ist ein Studium an einer
Fachhochschule oder Universität (9 vH der Prüfungsteilnehmer insgesamt,
31 vH der Prüfungsteilnehmer mit (Fach-)Hochschulreife). Der Anteil ist
niedriger als in früheren, auf das Bundesgebiet bezogenen Untersuchungen;

194

dies könnte an Berliner Besonderheiten oder an einem Rückgang der Studierneigung betrieblich ausgebildeter Abiturienten liegen. Dabei zeigen sich beträchtliche Unterschiede zwischen den Ausbildungsberufen; besonders auffallend ist die geringe Studierneigung der Abiturienten, die als Versicherungs- oder sonstige Dienstleistungskaufleute, als Industriekaufleute oder als Rechtsanwalts- und Notargehilfen ausgebildet wurden.

7 vH der Prüfungsteilnehmer wollen eine weitere betriebliche Berufsausbildung anschließen. Dabei ist allerdings als Besonderheit zu berücksichtigen, daß ein Teil (vor allem in den Elektroberufen und bei den Verkäufern) in Stufenberufen ausgebildet wird, bei denen nach erfolgreicher Absolvierung der Grundstufe der Übergang in eine Aufbaustufe möglich ist. Eine geplante weitere Lehre ist für Prüfungsteilnehmer an der Grundstufe solcher Stufenberufe Weiterführung der bisherigen Ausbildung, also keine Ausbildung in einem anderen Beruf. Bei den Berufen ohne Stufenausbildung fallen zwei Berufsgruppen durch besonders hohe Anteile derjenigen auf, die eine weitere Lehre anschließen wollen: Gartenbauer (14 vH) sowie Bäcker und Konditoren (13 vH). Ob es sich hierbei überwiegend um eine Verbreiterung der beruflichen Ausbildung (durch Abschluß als Bäcker und Konditor, oder durch Ausbildung in einer weiteren Fachrichtung bei den Gärtnern) oder um eine berufliche Umorientierung handelt, können erst die Ergebnisse der zweiten Erhebung zeigen.

6 vH der Prüfungsteilnehmer planen die Ergänzung der betrieblichen Ausbildung durch den Besuch einer Fachschule. Bei den Elektrikern will jeder zehnte die Fachschule (überwiegend wohl Technikerschule) besuchen, bei den Gästebetreuern sind es fast ebensoviele.

Weitere berufliche Ausbildung kann auch dem Ziel dienen, sich später einmal selbständig zu machen; immerhin 6 vH der Prüfungsteilnehmer wollen diesen Schritt schon in den nächsten 5 Jahren realisieren, weitere 31 vH planen dies für einen späteren Zeitraum. Dabei zeigen sich deutliche Zusammenhänge zwischen den berufsspezifisch unterschiedlichen Möglichkeiten einer selbständigen Tätigkeit und dem Plan der Ausbildungsabsolventen in den einzelnen Berufen, sich später selbständig zu machen.

Verhaltensalternativen bei Arbeitsmarktschwierigkeiten

Arbeitslosigkeit von ausgebildeten Fachkräften unmittelbar nach Abschluß der Berufsausbildung hat sich bundesweit in zunehmendem Maße zum Problem entwickelt. Die Prüfungsteilnehmer stehen kurz vor einer Situation, die möglicherweise eine Anpassung ihrer Wünsche nach einem Arbeitsplatz an reale Möglichkeiten hinsichtlich Beruf, Region und Beschäftigungsform fordert.

Die Prüfungsteilnehmer würden bei solchen Berufsstartproblemen mehrheitlich sehr flexibel reagieren:

- 85 vH würden zunächst einen Übergangsjob annehmen und weiter nach einer passenden Stelle suchen, 8 vH würden sich mit einem solchen Job zufrieden geben und nicht weiter suchen;

- 48 vH würden versuchen, sich für einen anderen Beruf umschulen oder weiterbilden zu lassen, in der Hoffnung, danach einen passenden Arbeitsplatz zu finden;

- 31 vH würden gegebenenfalls auch nach Westdeutschland ziehen, um eine passende Stelle zu finden;

- 52 vH würden notfalls anstelle der angestrebten Vollzeitstelle auch eine Teilzeitbeschäftigung mit weniger als 30 Wochenstunden akzeptieren, 7 vH würden notfalls anstelle der gesuchten Teilzeitstelle auch ganztags arbeiten;

- 78 vH würden notfalls auch ein von vornherein befristetes Arbeitsverhältnis annehmen.

Frauen sind - besonders deutlich hinsichtlich Umschulung und Arbeitsvolumen - flexibler und konzessionsbereiter als Männer; ihre schlechteren Chancen auf dem Arbeitsmarkt und die größere Unsicherheit der Berufsperspektiven erhöhen offensichtlich die Flexibilität. Nur in einem Punkt ist ihre Anpassungsbereitschaft geringer als die der Männer: Sie würden seltener einen Wegzug aus Berlin ins Auge fassen.

Berlin-Bindung

Für 3 vH der Prüfungsteilnehmer stand bereits fest, daß sie innerhalb der nächsten zwei Jahre nach Prüfungsabschluß Berlin verlassen würden, bei weiteren 5 vH war der Wegzug wahrscheinlich. Diesen zusammen 8 vH Prüfungsteilnehmern mit Wegzugsabsichten standen gut 50 vH gegenüber, die sicher in Berlin bleiben und weitere mehr als 25 vH, die dies wahrscheinlich tun werden. Zusammen 16 vH hatten keine präzisen Vorstellungen über Wegzug oder Verbleib oder machten keine Angaben.

Neben den Wechselbeziehungen zwischen Verbleib- beziehungsweise Wegzugsverhalten einerseits und sozialen und demographischen Merkmalen der Prüfungsteilnehmer andererseits sind Einflüsse der Übernahmechancen der Prüfungsteilnehmer in ein Arbeitsverhältnis im Ausbildungsbetrieb sowie die der weiteren Berufs- und Ausbildungspläne der Prüfungsteilnehmer auf die Berlin-Bindung untersucht worden.

Die Übernahmezusage des Ausbildungsbetriebs auf einen Arbeitsplatz in Berlin bewirkt erwartungsgemäß eine überdurchschnittlich hohe Verbleibabsicht der Prüfungsteilnehmer in der Stadt. Ein eher indifferentes Verhalten hinsichtlich der Wegzugspläne zeigen die Prüfungsteilnehmer, wenn der Betrieb eine Übernahme ablehnt oder wenn die Übernahme noch offen ist, wenngleich im ersten Fall leichte Wegzugs-, im zweiten leichte Verbleibtendenzen gegenüber dem Durchschnitt erkennbar sind.

Wenn beabsichtigt ist, im erlernten Beruf zu arbeiten, sind die weiteren beruflichen Pläne sicherer zugunsten der Tendenz, in Berlin zu bleiben. Im Gegensatz dazu steht auffallende Unsicherheit über den Verbleib in der Stadt, wenn die beabsichtigte Tätigkeit nicht unbedingt im erlernten Beruf erfolgen kann oder soll. Besteht von vornherein die feste Absicht, den Beruf zu wechseln, dann sind die Wegzugsabsichten überdurchschnittlich hoch.

Pläne für eine weitere Aus- und Weiterbildung bewirken insgesamt eine leicht überdurchschnittliche Wegzugshäufigkeit, die allerdings je nach Art der Weiterbildungsabsicht verschieden ist. Eher zum Wegzug als andere neigen Prüfungsteilnehmer, die ihrer betrieblichen Berufsausbildung eine Fachschulausbildung oder ein Hochschulstudium folgen lassen wollen. Eine angestrebte Beamtenausbildung hingegen bewirkt einen überdurchschnittlich häufigen Verbleib in der Stadt.

Bei der Beurteilung ihrer persönlichen Berufschancen in Berlin gegenüber Westdeutschland zeigen die Prüfungsteilnehmer insgesamt starke Unsicherheiten: Nur knapp ein Drittel (32 vH) entschied sich definitiv für die eine oder andere Region, 23 vH sahen keine Unterschiede. 45 vH konnten oder wollten kein Urteil abgeben. Unter den definitiven Antworten dominiert jedoch die positive Einschätzung der beruflichen Chancen in der Stadt: Derjenige Teil der Prüfungsteilnehmer, dem man aus beruflichen Gründen eine latente Abwanderungstendenz nach Westdeutschland unterstellen kann - der also angab, in Westdeutschland bessere Berufschancen als in Berlin zu haben -, ist mit 10 vH relativ gering. Der Anteil derjenigen, die glauben, sich in Berlin besser beruflich entwickeln zu können, ist mit 22 vH mehr als doppelt so hoch.

Bei der Nennung von Wegzugsgründen stechen zwei Hauptgründe hervor: Bei 55 vH der Wegzugskandidaten waren familiäre/private Gründe mitverantwortlich für die Wegzugspläne, bei 39 vH war dies Hauptursache; bei Frauen wesentlich häufiger als bei Männern. Ebenfalls bei über der Hälfte (51 vH) spielte der Wunsch, etwas neues kennenlernen zu wollen, eine Rolle, bei 21 vH war es der Hauptgrund, hier bei Männern stärker als bei Frauen. Beide Hauptgründe des Wegzugs entziehen sich weitgehend arbeitsmarktpolitischer Einflußnahme. Die Anteile der direkt beeinflußbaren Gründe - anderswo gäbe es bessere Aussichten auf Arbeitsplätze, Aufstiegschancen und Verdienst sowie ein schlechtes Berlin-Image - machen hingegen zusammen nur etwa ein Fünftel aller primären Wegzugsursachen aus.

Anders als bei den geäußerten Wegzugsgründen besteht erhebliche Einflußmöglichkeit von Arbeitsmarktpolitik auf den Verbleib in Berlin beim Angebot konkreter Maßnahmen. Mehr als die Hälfte der Prüfungsteilnehmer mit Wegzugsabsichten würde sich durch mindestens eine der in der Befragung in Aussicht gestellten arbeitsmarktpolitischen Maßnahmen unter

Umständen beeinflussen lassen. Herausragende Beeinflussungsmöglichkeiten sind dabei ein in Berlin höherer Verdienst als anderswo sowie ein geeignetes Stellenangebot für die Prüfungsteilnehmer selbst oder für ihre Lebenspartner. Somit weisen die Ergebnisse dieser Untersuchung auf die Aufgabe hin, qualifizierte Arbeitskräfte in Berlin durch Schaffung zusätzlicher und hochwertiger Arbeitsplätze zu halten.

Fazit

- Bei der Ausbildungsstellensuche entwickeln die Jugendlichen hohe Eigeninitiative und Flexibilität, wenn sich für den eigentlich angestrebten Beruf kein Ausbildungsplatz findet. Gut 40 vH der Prüfungsteilnehmer wurden in einem Beruf ausgebildet, der nicht dem ursprünglichen Berufswunsch entspricht.

- Die Zufriedenheit mit dem schließlich gewählten Ausbildungsberuf hat während der Ausbildung im allgemeinen zugenommen, auch dann, wenn Berufswunsch und Ausbildungsberuf nicht übereinstimmen. Dennoch würde ein Drittel aller Prüfungsteilnehmer den Ausbildungsberuf nicht noch einmal wählen.

- Unterproportionale Ausbildungsaktivitäten in der allgemeinen öffentlichen Verwaltung und insbesondere bei den Organisationen ohne Erwerbscharakter - also hauptsächlich Verbänden, Kirchen, Organisationen der Wohlfahrtspflege, Wissenschaft, Erziehung, Sport und Kultur - werden auch aus den Ergebnissen dieser Untersuchung deutlich.

- Die Chancen der Übernahme in ein Arbeitsverhältnis nach Abschluß der Ausbildung haben sich in den letzten Jahren auch in Berlin offenbar deutlich verschlechtert. Weniger als die Hälfte der Prüfungsteilnehmer hat ein Weiterbeschäftigungsangebot des Ausbildungsbetriebs erhalten, bei einem Viertel ist die Übernahme noch offen.

- Frauen haben geringere Chancen bei der betrieblichen Berufsausbildung als Männer. Dies zeigt sich daran, daß sie

- mehr Absagen bei der Bewerbung um eine Ausbildungsstelle erhalten;

- seltener ihren Wunschberuf realisieren können;

- häufiger in Kleinbetrieben ausgebildet werden und ihnen somit später auch häufig nur die weniger sicheren Arbeitsplätze dieser Betriebe zur Verfügung stehen;

- geringere Chancen der Übernahme in ein Arbeitsverhältnis nach Abschluß der Ausbildung haben.

- Auf Schwierigkeiten bei der Suche nach einem Arbeitsplatz würden die Prüfungsteilnehmer sehr flexibel reagieren. Viele sind bereit, kurzfristig auch eine Übergangstätigkeit anzunehmen, bis sie eine passende Stelle gefunden haben, oder sich umschulen zu lassen. Mehr als die Hälfte würde notfalls auch eine Teilzeitstelle oder ein befristetes Arbeitsverhältnis akzeptieren. Frauen sind insgesamt flexibler und konzessionsbereiter als Männer - Reflex ihrer schlechteren Position auf dem Arbeitsmarkt.

- Die Wegzugsabsichten ausgebildeter Fachkräfte aus Berlin sind gering und haben überwiegend nicht direkt mit den Arbeitsmarktverhältnissen zu tun. Dennoch ist ein besseres Arbeitsplatzangebot in der Stadt zweifellos ein Mittel, den Wegzug noch weiter zu begrenzen.

Fußnoten

1) K.-P. Gaulke und D. Filip unter Mitarbeit von H. M. Duseberg: Berufsstart in Berlin. Mobilitätsverhalten von Absolventen der betrieblichen Berufsausbildung in Berlin (West). Teil I: Eine regionalisierte Längsschnittauswertung der Beschäftigtenstatistik der Bundesanstalt für Arbeit. Gutachten im Auftrage des Senators für Wirtschaft und Arbeit, Berlin 1985. Veröffentlicht unter dem Titel: Lehre und Berufsausübung. Eine Längsschnittuntersuchung für Berlin (West). Beiträge zur Strukturforschung, Heft 89, Berlin 1986. Die folgenden Zitate beziehen sich auf die veröffentlichte Fassung.

2) Wiederholer innerhalb des Untersuchungszeitraums wurden nur einmal befragt.

3) Anhang 8, S. 223 ff.

4) Es handelte sich um eine BMW K 100 RS. Den Bayerischen Motoren Werken sei auch an dieser Stelle für die Unterstützung der Untersuchung gedankt.

5) Beteiligung der befragten Prüfungsteilnehmer an der ersten Befragungswelle der Untersuchung - Zur Frage der Repräsentativität der vorliegenden Ergebnisse, S. 216 ff.

6) Vgl. ebenda.

7) Bundesminister der Justiz (Hrsg.): Bekanntmachung des Verzeichnisses der anerkannten Ausbildungsberufe und des Verzeichnisses der zuständigen Stellen vom 07.08.1984. Beilage Nr. 53/84 zum Bundesanzeiger, Jg. 86, Nr. 208a.

8) Eine Übersicht über die für diese Untersuchung relevanten Berufsklassen findet sich im Anhang 1.

9) Statistisches Bundesamt (Hrsg.): Klassifizierung der Berufe. Systematisches und alphabetisches Verzeichnis der Berufsbenennungen, Ausgabe 1975, Stuttgart und Mainz 1975.

10) Bundesanstalt für Arbeit (Hrsg.): Verzeichnis der Wirtschaftszweige für die Statistik der Bundesanstalt für Arbeit, Ausgabe 1973, Nürnberg 1973.

11) Nach § 40, Abs. 2 und 3 Berufsbildungsgesetz sind Zulassungen zur Externenprüfung dann möglich, wenn entweder eine praktische Berufserfahrung - von in der Regel zweifacher Dauer der üblichen Ausbildungszeit - oder eine einschlägige schulische oder sonstige Ausbildung vorliegt, etwa die in einer Berufsfachschule.

12) Vgl. § 2, Abs. 2 Arbeitserlaubnisverordnung, Bundesgesetzblatt 1980, Teil I, S. 1754 ff.

13) Immer mehr Hochschulberechtigte streben eine betriebliche Berufs- ausbildung an. Auf Bundesebene stieg der Anteil an allen hochschul- berechtigten Schulabgängern von 9,0 vH im Jahre 1977 auf 32,3 vH im Jahre 1985. Vgl. Der Bundesminister für Bildung und Wissenschaft (Hrsg.): Berufsbildungsbericht 1986, Bonn 1986, S. 34, Übersicht 17.

14) Vgl. K.-P. Gaulke und D. Filip, a.a.O., S. 17, Übersicht 1.

15) Es wurde eine Mindestfallzahl von 50 Prüfungsteilnehmern (ungewich- tet) zugrunde gelegt.

16) Bundesminister der Justiz, a.a.O. Die amtliche Gliederung differen- ziert in der Regel nach vierstelligen Berufsklassen, einige Berufsklas- sen enthalten jedoch mehr als einen Ausbildungsberuf.

17) Detaillierte absolute Angaben zu den Prüfungsteilnehmern nach Beru- fen und Geschlecht befinden sich im Anhang 6, Tabelle A2.

18) Bundesminister für Bildung und Wissenschaft (Hrsg.): Berufsbildungs- bericht 1981, Bonn 1981, S. 60.

19) Berechnungsgrundlage waren die Verhältnisse von 1977 im gesamten Bundesgebiet. Die hier vorgenommene Zuordnung der Ausbildungsbe- rufe zu Männer-, Frauen- und Mischberufen ist im Anhang 7 doku- mentiert. Vgl. zu dieser Thematik u. a. auch H. Kraft: Mädchen in Männerberufen. In: Materialien aus der Arbeitsmarkt- und Berufsfor- schung, Heft 3/1985, S. 3.

20) Amtliche Nachrichten der Bundesanstalt für Arbeit, Heft 3/1985, S. 424.

21) Von geringfügigen - sachlich gebotenen - Ausnahmen abgesehen war auch hier wie bei den Berufen die Richtgröße mindestens 50 Fälle (ungewichtet).

22) Nach den Ergebnissen der Zählung nicht-landwirtschaftlicher Ar- beitsstätten in Berlin (West) vom Mai 1970 betrug der Beschäftigten- anteil in dieser Betriebsgrößenklasse 8,9 vH. Vgl. Statistisches Lan- desamt Berlin (Hrsg.): Berliner Statistik, Sonderheft 180, März 1972, S. 42 - 43.

23) Diese Variablen - hier als erklärende Variablen herangezogen - wer- den im Abschnitt 3.2.3 selbst erklärt.

24) Vgl. zur Dunkelziffer jugendlicher Arbeitsloser K.-P. Gaulke: Be- schäftigung und Ausbildung Jugendlicher in Berlin (West) und in der Bundesrepublik Deutschland. In: Vierteljahrshefte zur Wirtschaftsfor- schung, Heft 2/1980, S. 217 - 229. - I. Pfeiffer: Zur Ausbildungs- und Beschäftigungssituation Jugendlicher in Berlin. Gutachten des DIW im Auftrage des Senators für Schulwesen, Berufsausbildung und Sport, Berlin 1986 (Vervielfältigtes Manuskript).

25) Wie schon angemerkt, erfolgt die Behandlung der Variablen im Abschnitt 3.2.3.

26) Bundesanstalt für Arbeit: Berufsberatung 1983/84, S. 22, ebenda 1982/83, S. 20, Tabelle 11.

27) K.-P. Gaulke und D. Filip, a.a.O., S. 76, Übersicht 23.

28) Vgl. K. Schober: Jugend im Wartestand: Zur aktuellen Situation der Jugendlichen auf dem Arbeits- und Ausbildungsstellenmarkt. In: Mitteilungen aus der Arbeitsmarkt- und Berufsforschung, Heft 2/1985, S. 247 ff. - H. Stegmann: Wird die "zweite Schwelle" immer höher? Empirische Ergebnisse zum Übergang von der betrieblichen Berufsausbildung in die Erwerbstätigkeit. In: M. Kaiser, R. Nuthmann, H. Stegmann (Hrsg.): Berufliche Verbleibsforschung in der Diskussion. Beiträge zur Arbeitsmarkt- und Berufsforschung, Band 90.1, Nürnberg 1985, S. 379 ff.

29) Vgl. B. Casey: Teilzeitarbeit für Jugendliche. Eine Auswertung von Experimenten in Großbritannien, den Niederlanden und der Bundesrepublik, Berlin 1984. - R. Zedler: Übergänge von ausgebildeten Fachkräften in die Berufstätigkeit. In: M. Kaiser, R. Nuthmann, H. Stegmann (Hrsg.): Berufliche Verbleibsforschung in der Diskussion. Beiträge zur Arbeitsmarkt- und Berufsforschung, Band 90.1, Nürnberg 1985, S. 421 ff.

30) Vgl. H. Stegmann, H. Kraft: Jugendliche an der Schwelle von der Berufsausbildung in die Erwerbstätigkeit: Methode und erste Ergebnisse der Wiederholungserhebung Ende 1980. In: Mitteilungen aus der Arbeitsmarkt- und Berufsforschung, Heft 1/1982, S. 20 ff. - H. Stegmann, H. Kraft: Vom Ausbildungs- zum Arbeitsvertrag. Übernahmeangebot, beabsichtigter Betriebswechsel sowie tatsächliches Übergangsverhalten nach Abschluß der betrieblichen Berufsausbildung. In: Mitteilungen aus der Arbeitsmarkt- und Berufsforschung, Heft 3/1983, S. 235 ff.

31) Vgl. H. Stegmann, H. Kraft: Vom Ausbildungs- zum Arbeitsvertrag, a.a.O., S. 236 f.

32) Ausgewählt wurden alle Ausbildungsberufe (Viersteller), in denen 1984/85 jeweils mindestens 30 Männer und 30 Frauen an der Ausbildungsabschlußprüfung und an der Befragung teilgenommen haben (ungewichtete Fallzahlen).

33) Vgl. H. Stegmann, H. Kraft: Vom Ausbildungs- zum Arbeitsvertrag, a.a.O., S. 240.

34) Vgl. B. Casey, a.a.O. - H.-J. Podzun, R. Zedler: Nach der Lehre. Modelle zur beruflichen Eingliederung von ausgebildeten Jugendlichen, Köln 1985.

35) Vgl. H. Stegmann: Wird die "zweite Schwelle" immer höher? A.a.O., S. 385.

36) Vgl. H. Stegmann, H. Kraft: Vom Ausbildungs- zum Arbeitsvertrag, a.a.O., S. 235 ff.

37) Vgl. H. Herget: Abiturienten in der Berufsausbildung - Studienaufschub oder Studienverzicht? In: Berufsbildung in Wissenschaft und Praxis, Heft 1/1984, S. 4 ff.

38) Vgl. IAB-Kurzberichte vom 06.03.1985, 19.06.1985 und 02.12.1985. In: Beiträge zur Arbeitsmarkt- und Berufsforschung, Band 42.7, Nürnberg 1986, S. 5 ff, 47 ff, 122 ff. - K. Schober, a.a.O., S. 247 ff.

39) Vgl. W. Klauder, P. Schnur, M. Thon: Arbeitsmarktperspektiven der 80er und 90er Jahre. Neue Modellrechnungen für Potential und Bedarf an Arbeitskräften. In: Mitteilungen aus der Arbeitsmarkt- und Berufsforschung, Heft 1/1985, S. 41 ff.

40) Vgl. Ch. v. Rothkirch, M. Tessaring: Projektionen des Arbeitskräftebedarfs nach Qualifikationsebenen bis zum Jahre 2000. In: Mitteilungen aus der Arbeitsmarkt- und Berufsforschung, Heft 1/1986, S. 105 ff.

41) Vgl. G. Kärtner: Zur Entwicklung beruflicher Perspektiven während der dualen Berufsausbildung. Ergebnisse aus einer Längsschnittuntersuchung. In: M. Kaiser, R. Nuthmann, H. Stegmann (Hrsg.): Berufliche Verbleibsforschung in der Diskussion. Beiträge zur Arbeitsmarkt- und Berufsforschung, Band 90.1, Nürnberg 1985, S. 549 ff.

42) Vgl. H. Stegmann, H. Kraft: Abiturient und betriebliche Berufsausbildung. Nachfrage nach Ausbildungsplätzen, Übergang in eine betriebliche Berufsausbildung und späteres Studium. In: Mitteilungen aus der Arbeitsmarkt- und Berufsforschung, Heft 1/1983, S. 36.

43) Zitiert nach H. Herget, a.a.O., S. 8.

44) Vgl. H. Conrad: Teilzeitarbeit: Theorie, Realität, Realisierbarkeit. München 1982. - J. Frerichs, K. Kock, J. Ulber: Rahmenbedingungen betrieblicher Arbeitszeitpolitik. Köln 1984 (Institut zur Erforschung sozialer Chancen, Arbeitsmaterialien Nr. 7). - W. Kohl, V. Korndörfer, C. Wanner, Fraunhofer Institut für Arbeitswirtschaft und Organisation (IAO): Planung und Einführung flexibler Arbeitszeitmodelle. Stuttgart 1985. - H. Bielenski, F. Hegner (Hrsg.): Praktizierte flexible Arbeitszeitformen. Frankfurt, New York 1985.

45) Vgl. B. Casey, a.a.O. - H.-J. Podzun, R. Zedler, a.a.O.

46) Vgl. H. Herget, K. Schöngen und G. Westhoff: Berufsausbildung abgeschlossen - was dann? Übergang von Absolventen mit betrieblicher Berufsausbildung in das Beschäftigungssystem, Berlin 1986.

47) K.-P. Gaulke und D. Filip, a.a.O., S. 16 ff sowie Übersicht 1.

48) Dies bestätigen auch die Ergebnisse aus der Auswertung der Beschäftigtenstatistik. Vgl. K.-P. Gaulke und D. Filip, a.a.O., S. 23 und S. 103.

Verzeichnis der zitierten Literatur

Amtliche Nachrichten der Bundesanstalt für Arbeit, Heft 3/1985.

Arbeitserlaubnisverordnung, Bundesgesetzblatt 1980, Teil I, S. 1754 ff.

Berufsbildungsgesetz, Bundesgesetzblatt 1969, Teil I, S. 1112 ff. Zuletzt geändert am 23.12.1981 (Bundesgesetzblatt 1981, Teil I, S. 1692).

Bielenski, H. und F. Hegner (Hrsg.): Praktizierte flexible Arbeitszeitformen. Frankfurt, New York 1985.

Bundesanstalt für Arbeit (Hrsg.): Berufsberatung, Hefte 1982/83 und 1983/84.

Bundesanstalt für Arbeit (Hrsg.): Verzeichnis der Wirtschaftszweige für die Statistik der Bundesanstalt für Arbeit, Ausgabe 1973, Nürnberg 1973.

Bundesminister für Bildung und Wissenschaft (Hrsg.): Berufsbildungsbericht 1981, Bonn 1981.

Bundesminister für Bildung und Wissenschaft (Hrsg.): Berufsbildungsbericht 1986, Bonn 1986.

Bundesminister der Justiz (Hrsg.): Bekanntmachung des Verzeichnisses der anerkannten Ausbildungsberufe und des Verzeichnisses der zuständigen Stellen vom 07.08.1984, Beilage Nr. 53/84 zum Bundesanzeiger, Jg. 36, Nr. 208a.

Casey, B.: Teilzeitarbeit für Jugendliche. Eine Auswertung von Experimenten in Großbritannien, den Niederlanden und der Bundesrepublik. Berlin 1984.

Conrad, H.: Teilzeitarbeit: Theorie, Realität, Realisierbarkeit. München 1982.

Frerichs, J., K. Kock und J. Ulber: Rahmenbedingungen betrieblicher Arbeitspolitik. Köln 1984 (Institut zur Erforschung sozialer Chancen, Arbeitsmaterialien Nr. 7)

Gaulke, K.-P.: Beschäftigung und Ausbildung Jugendlicher in Berlin (West) und in der Bundesrepublik Deutschland. In: Vierteljahreshefte zur Wirtschaftsforschung, Heft 2/1980, S. 217 - 229.

Gaulke, K.-P. und D. Filip unter Mitarbeit von H. M. Duseberg: Berufsstart in Berlin. Mobilitätsverhalten von Absolventen der betrieblichen Berufsausbildung in Berlin (West). Teil 1: Eine regionalisierte Längsschnittauswertung der Beschäftigtenstatistik der Bundesanstalt für Arbeit. Gutachten im Auftrage des Senators für Wirtschaft und Arbeit, Berlin 1985. Veröffentlicht unter dem Titel: Lehre und Berufsausübung. Eine Längsschnittuntersuchung für Berlin (West). Beiträge zur Strukturforschung, Heft 89, Berlin 1986.

Herget, H.: Abiturienten in der Berufsausbildung - Studienaufschub oder Studienverzicht? In: Berufsbildung in Wissenschaft und Praxis, Heft 1/1984, S. 4 - 10.

Herget, H., K. Schöngen und G. Westhoff: Berufsausbildung abgeschlossen - was dann? Übergang von Absolventen mit betrieblicher Berufsausbildung in das Beschäftigungssystem. Berlin 1986 (Manuskript).

IAB-Kurzberichte vom 06.03.1985, vom 19.06.1985 und vom 02.12.1985. Institut für Arbeitsmarkt- und Berufsforschung (Hrsg.): Kurzberichte 1985. Beiträge zur Arbeitsmarkt- und Berufsforschung, Band 42.7, Nürnberg 1986.

Kärtner, G.: Zur Entwicklung beruflicher Perspektiven während der dualen Berufsausbildung. Ergebnisse aus einer Längsschnittuntersuchung. M. Kaiser, R. Nuthmann, H. Stegmann (Hrsg.): Berufliche Verbleibsforschung in der Diskussion. Beiträge zur Arbeitsmarkt- und Berufsforschung, Band 90.1, Nürnberg 1985, S. 421 - 433.

Klauder, W., P. Schnur, M. Thon: Arbeitsmarktperspektiven der 80er und 90er Jahre. Neue Modellrechnungen für Potential und Bedarf an Arbeitskräften. In: Mitteilungen aus der Arbeitsmarkt- und Berufsforschung, Heft 1/1985, S. 41 - 62.

Kohl, W., V. Korndörfer und C. Wanner, Fraunhofer Institut für Arbeitswissenschaft und Organisation (IAO): Planung und Einführung flexibler Arbeitszeitmodelle. Stuttgart 1985.

Kraft, H.: Mädchen in Männerberufen. In: Materialien aus der Arbeitsmarkt- und Berufsforschung, Heft 3/1985.

Pfeiffer, I.: Zur Ausbildungs- und Beschäftigungssituation Jugendlicher in Berlin. Gutachten des DIW im Auftrage des Senators für Schulwesen, Berufsausbildung und Sport, Berlin 1986 (vervielfältigtes Manuskript).

Podzun, H.-J. und R. Zedler: Nach der Lehre. Modelle zur beruflichen Eingliederung von ausgebildeten Jugendlichen, Köln 1985.

Rothkirch, Ch. v. und M. Tessaring: Projektionen des Arbeitskräftebedarfs nach Qualifikationsebenen bis zum Jahre 2000. In: Mitteilungen aus der Arbeitsmarkt- und Berufsforschung, Heft 1/1986, S. 105 - 118.

Schober, K.: Jugend im Wartestand: Zur aktuellen Situation der Jugendlichen auf dem Arbeits- und Ausbildungsstellenmarkt. In: Mitteilungen aus der Arbeitsmarkt- und Berufsforschung, Heft 2/1985, S. 247 - 264.

Statistisches Bundesamt (Hrsg.): Klassifizierung der Berufe. Systematisches und alphabetisches Verzeichnis der Berufsbezeichnungen, Ausgabe 1975, Stuttgart und Mainz 1975.

Statistisches Landesamt Berlin (Hrsg.): Berliner Statistik, Sonderheft 180, März 1972.

Stegmann, H.: Wird die "zweite Schwelle" immer höher? Empirische Ergebnisse zum Übergang von der betrieblichen Berufsausbildung in die Erwerbstätigkeit. In: M. Kaiser, R. Nuthmann, H. Stegmann (Hrsg.): Berufliche Verbleibsforschung in der Diskussion. Beiträge zur Arbeitsmarkt- und Berufsforschung, Band 90.1, Nürnberg 1985, S. 379 - 419.

Stegmann, H. und H. Kraft: Abiturient und betriebliche Berufsausbildung. Nachfrage nach Ausbildungsplätzen, Übergang in eine betriebliche Berufsausbildung und späteres Studium. In: Mitteilungen aus der Arbeitsmarkt- und Berufsforschung, Heft 1/1983, S. 28 - 38.

Stegmann, H. und H. Kraft: Jugendliche an der Schwelle von der Berufsausbildung in die Erwerbstätigkeit: Methode und erste Ergebnisse der Wiederholungserhebung Ende 1980. In: Mitteilungen aus der Arbeitsmarkt- und Berufsforschung, Heft 1/1982, S. 20 - 35.

Stegmann, H. und H. Kraft: Vom Ausbildungs- zum Arbeitsvertrag. Übernahmeangebot, beabsichtigter Betriebswechsel sowie tatsächliches Übergangsverhalten nach Abschluß der betrieblichen Berufsausbildung. In: Mitteilungen aus der Arbeitsmarkt- und Berufsforschung, Heft 3/1983, S. 235 - 251.

Zedler, R.: Übergänge von ausgebildeten Fachkräften in die Berufstätigkeit. In: M. Kaiser, R. Nuthmann, H. Stegmann (Hrsg.): Berufliche Verbleibsforschung in der Diskussion. Beiträge zur Arbeitsmarkt- und Berufsforschung, Band 90.1, Nürnberg 1985, S. 421 - 433.

Anhang

Berufsgruppen (zweistellig) und Berufsklassen (vierstellig),

die 1984/85 in Berlin (West) Teilnehmer an Abschlußprüfungen zur betrieblichen Berufsausbildung verzeichneten

02 Tierzüchter, Fischereiberufe
0210 Tierwirte

04 Landwirtschaftliche Arbeitskräfte, Tierpfleger
0440 Tierpfleger

05 Gartenbauer
0510 Gärtner
0531 Floristen

10 Steinbearbeiter
1011 Steinmetzen, Steinbildhauer
1015 Natursteinschleifer

11 Baustoffhersteller
1120 Formsteinhersteller

12 Keramiker
1211 Geschirr-, Figuren-, Technokeramformer

13 Glasmacher
1353 Glasschleifer
1354 Feinoptiker

14 Chemiearbeiter
1410 Chemiefacharbeiter
1419 Pharmakanten
1441 Vulkaniseure

15 Kunststoffverarbeiter
1510 Kunststoff-Formgeber

16 Papierhersteller, -verarbeiter
1621 Verpackungsmittelmechaniker
1631 Buchbinder

17 Drucker
1711 Schriftsetzer
1721 Druckvorlagenhersteller
1723 Druckformenhersteller
1730 Drucker
1754 Siebdrucker

21 Metallverformer (spanlos)
2125 Kabeljungwerker

22 Metallverformer (spanend)
2210 Dreher
2212 Revolverdreher
2221 Fräser
2240 Bohrer
2241 Bohrwerkdreher
2250 Universalschleifer
2259 Schleifer

23 Metalloberflächenbearbeiter, -vergüter, -beschichter
2321 Graveure
2323 Ziseleure
2331 Universalhärter
2341 Galvaniseure und Metallschleifer

24 Metallverbinder
2412 Schmelzschweißer

25 Schmiede
2510 Schmiede
2521 Kessel-, Behälterbauer
2522 Kupferschmiede

26 Feinblechner, Installateure
2610 Feinblechner, Klempner
2613 Karosseriebauer
2621 Gas- und Wasserinstallateure
2622 Zentralheizungs- und Lüftungsbauer
2631 Rohrleitungsbauer
2632 Hochdruckrohrschlosser

27 Schlosser
2710 Bauschlosser, Schlosser
2721 Blechschlosser
2723 Kunststoffschlosser
2730 Maschinenschlosser
2739 Maschinenbauer
2740 Betriebsschlosser
2751 Stahlbauschlosser

28 Mechaniker
2811 Kraftfahrzeuginstandsetzer
2840 Feinmechaniker
2843 Chirurgiemechaniker
2849 Orthopädiemechaniker
2850 Mechaniker, allgemein
2852 Büromaschinenmechaniker

2859 Teilzurichter, Gerätezusammensetzer
2865 Uhrmacher

29 Werkzeugmacher
2910 Werkzeugmacher
2912 Stahlformenbauer

30 Metallfeinbauer und zugeordnete Berufe
3011 Gürtler
3021 Goldschmiede
3031 Zahntechniker
3041 Augenoptiker
3054 Geigenbauer

31 Elektriker
3110 Elektroinstallateure, -monteure
3114 Kraftfahrzeugelektriker
3120 Fernmeldemonteure, -handwerker
3130 Elektromaschinenbauer
3133 Elektromaschinenwickler
3140 Elektrogerätebauer
3141 Elektromechaniker
3142 Energie-, Feingeräteelektroniker
3143 Elektrofeingerätemechaniker
3151 Radio- und Fernsehtechniker
3153 Funkelektroniker
3159 Hörgeräteakustiker

32 Montierer und Metallberufe anderweitig nicht genannt
3237 Metallbearbeiter

34 Textilhersteller
3441 Textilmaschinenführer - Maschinenindustrie
3442 Sticker

35 Textilverarbeiter
3510 Bekleidungsschneider
3511 Herrenschneider
3512 Damenschneider
3520 Bekleidungsnäher, -fertiger

37 Lederhersteller, Leder- und Fellverarbeiter
3720 Schuhmacher
3722 Orthopädieschuhmacher
3741 Sattler
3744 Bandagisten
3751 Feintäschner
3782 Kürschner, Pelzwerker

39 Back-, Konditorwarenhersteller
3911 Bäcker
3920 Konditoren

40 Fleisch-, Fischverarbeiter
4010 Fleischer

41 Speisenbereiter
4110 Köche

42 Getränke-, Genußmittelhersteller
4220 Brauer
4231 Destillateure

43 Übrige Ernährungsberufe
4321 Müller
4329 Fachkraft für Lebensmitteltechnik
4334 Fachkraft für Südwarentechnik

44 Maurer, Betonbauer
4410 Maurer
4420 Beton-, Stahlbetonbauer

45 Zimmerer, Dachdecker, Gerüstbauer
4511 Zimmerer
4520 Dachdecker

46 Straßen-, Tiefbauer
4620 Straßenbauer
4663 Kanalbauer

48 Bauausstatter
4811 Stukkateure
4820 Isolierer, Klebeabdichter
4821 Trockenbaumonteure
4830 Fliesen-, Platten-, Mosaikleger
4840 Kachelofen- und Luftheizungsbauer
4850 Glaser

49 Raumausstatter, Polsterer
4910 Raumausstatter
4913 Parkettleger

50 Tischler, Modellbauer
5010 Tischler
5021 Modellbauer
5041 Bootsbauer

51 Maler, Lackierer und verwandte Berufe
5110 Maler und Lackierer
5121 Lackierer (Holz, Metall)
5141 Kerammaler

52 Warenprüfer, Versandfertigmacher
5223 Handelsfachpacker

54 Maschinisten und zugehörige Berufe
  5491 Automateneinrichter

62 Techniker
  6241 Vermessungstechniker

63 Technische Sonderfachkräfte
  6311 Biologielaborant
  6321 Physiklaborant
  6323 Werkstoffprüfer
  6329 Thermometerjustierer
  6330 Chemielaborant
  6332 Textillaborant
  6333 Lacklaborant
  6340 Fotolaborant
  6343 Filmkopienfertiger
  6350 Technische Zeichner
  6352 Bauzeichner
  6354 Karthographen

68 Warenkaufleute
  6811 Groß- und Außenhandelskaufleute
  6812 Einzelhandelskaufleute
  6820 Verkäufer
  6821 Gewerbegehilfen im Bäcker-, Konditor- und Fleischerhandwerk
  6831 Verlagskaufleute
  6832 Buchhändler
  6833 Musikalienhändler
  6841 Drogisten
  6851 Apothekenhelfer
  6861 Tankwarte

69 Bank-, Versicherungskaufleute
  6910 Bankkaufleute
  6940 Versicherungskaufleute

70 Andere Dienstleistungskaufleute und zugehörige Berufe
  7011 Speditionskaufleute
  7022 Reiseverkehrskaufleute
  7030 Werbekaufleute

71 Berufe des Landverkehrs
  7140 Berufskraftfahrer

72 Berufe des Wasser- und Luftverkehrs
  7240 Binnenschiffer

75 Unternehmer, Organisatoren, Wirtschaftsprüfer
  7535 Fachgehilfen in steuer- und wirtschaftsberatenden Berufen

77 Rechnungskaufleute, Datenverarbeitungsfachleute
  7743 Datenverarbeitungskaufleute

78 Bürofachkräfte
  7810 Bürofachkräfte, allgemein
  7811 Verwaltungsfachkräfte öffentlicher Dienst
  7812 Industriekaufleute
  7813 Rechtsanwalts- und Notargehilfen
  7814 Kaufleute in der Grundstücks- und Wohnungswirtschaft

80 Sicherheitswahrer
  8042 Schornsteinfeger

83 Künstler und zugeordnete Berufe
  8344 Schilder- und Lichtreklamehersteller
  8362 Schauwerbegestalter
  8370 Fotografen
  8382 Pferdewirte

85 Übrige Gesundheitsberufe
  8561 Arzthelfer
  8562 Zahnarzthelfer
  8563 Tierarzthelfer

87 Lehrer
  8762 Schwimmeistergehilfen

90 Körperpfleger
  9011 Friseure

91 Gästebetreuer
  9113 Hotel- und Gaststättenkaufleute
  9122 Restaurantfachleute

92 Hauswirtschaftliche Berufe
  9211 Hauswirtschafter

93 Reinigungsberufe
  9321 Textilreiniger
  9342 Gebäudereiniger

99 Arbeitskräfte ohne nähere Tätigkeitsangabe
  9999 ohne Angabe des Ausbildungsberufs

Gliederung der Berufe

nach ausgewählten Berufsgruppen und Berufsklassen

	Berufsgruppen darunter: Berufsklassen	gewichtete Fälle:
05	Gartenbauer	104
26	Feinblechner, Installateure	174
	dar.: 2621 Gas-, Wasserinstallateure	90
27	Schlosser	261
	dar.: 2710 Bauschlosser	82
	2730 Maschinenschlosser	102
28	Mechaniker	273
	dar.: 2811 Kraftfahrzeuginstandsetzer	163
30	Metallfeinbauer und zugeordnete Berufe	46
31	Elektriker	621
	dar.: 3110 Elektroinstallateure, -monteure	280
	3120 Fernmelde-monteure, -handwerker	58
	3143 Elektrofeingerätemechaniker	145
35	Textilverarbeiter	105
	dar.: 3520 Bekleidungsnäher	89
39	Back-, Konditorwarenhersteller	61
48	Bauausstatter	48
51	Maler, Lackierer und verwandte Berufe	184
63	Technische Sonderfachkräfte	73
68	Warenkaufleute	969
	dar.: 6811 Groß-, Außenhandelskaufleute	64
	6812 Einzelhandelskaufleute	240
	6820 Verkäufer	467
	6821 Gewerbegehilfen	120
69	Bank-, Versicherungskaufleute	257
	dar.: 6910 Bankkaufleute	211
	6940 Versicherungskaufleute	46
70	Andere Dienstleistungskaufleute und zugehörige Berufe	67
	dar.: 7011 Speditionskaufleute	34
7535	Fachgehilfen in steuer- und wirtschaftsberatenden Berufen[1]	106
78	Bürofachkräfte	729
	dar.: 7810 Bürofachkräfte, allgemein	324
	7811 Verwaltungsfachkräfte öffentlicher Dienst	150
	7812 Industriekaufleute	138
	7813 Rechtsanwalts- und Notargehilfen	104
85	Arzthelferberufe	327
	dar.: 8561 Arzthelfer	198
	8562 Zahnarzthelfer	118
9011	Friseure[2]	220
91	Gästebetreuer	81
	dar.: 9113 Hotel-, Gaststättenkaufleute	64
	Übrige Berufsgruppen[3]	670
	Insgesamt	5 378

1) Einzige Berufsklasse in der Berufsgruppe 75: Unternehmer, Organisatoren, Wirtschaftsprüfer. - 2) Einzige Berufsklasse in der Berufsgruppe 90: Körperpfleger. - 3) (02), 04, 10, (11), (12), 13, 14, 15, 16, 17, 21, 22, 23, 24, 25, 29, (32), 34, 37, 40, 41, (42), (43), 44, 45, 46, 49, 50, 52, (54), 62, (71), (72), 77, 80, 83, 87, 92, 93, 99. ( ) = ohne Beteiligung an der Befragung.

Anhang 3

Gliederung der Berufe nach zusammengefaßten Berufsgruppen

Zusammengefaßte Berufsgruppen		gewichtete Fälle
21 - 30	Metallberufe	856
31	Elektroberufe	622
34 - 37	Textil-, Bekleidungs- und Lederberufe	110
39 - 43	Ernährungsberufe	147
44 - 51	Bau- und Baunebenberufe einschließlich Tischler, Maler und Lackierer	549
63	Technische Sonderfachkräfte	73
68 - 70	Waren- und Dienstleistungskaufleute	1 292
75 - 78	Organisations-, Verwaltungs- und Büroberufe	849
85	Arzthelferberufe	327
90 - 93	Körperpfleger, Gästebetreuer, Hauswirtschafts- und Reinigungsberufe	344
	Sonstige Berufsgruppen[1]	209
Zusammen		5 378

1) (02), 04, 05, 10, (11), (12), 13, 14, 15, 16, 17, (32), 52, (54), 62, (71), (72), 80, 83, 87, 99. ( ) = ohne Beteiligung an der Befragung.

Anhang 4

Gliederung der Ausbildungsbereiche
nach für die Berufsausbildung zuständigen Stellen

Ausbildungsbereich	Zuständige Stelle
Industrie und Handel	Industrie- und Handelskammer zu Berlin
Handwerk	Handwerkskammer Berlin
Öffentlicher Dienst einschließlich Sozialversicherung	Senator für Inneres Landesversicherungsanstalt Allgemeine Ortskrankenkasse Landesarbeitsamt Berlin Landespostdirektion Berlin Bundesversicherungsamt Bundesverwaltungsamt
Freie Berufe	Apothekerkammer Berlin Zahnärztekammer Berlin Ärztekammer Berlin Tierärztekammer Berlin Rechtsanwaltskammer Berlin Steuerberaterkammer Berlin
Land- und Hauswirtschaft	Berufsamt

Gliederung der Wirtschaftszweige

Wirtschaftszweige		gewichtete Fälle
Gruppe Nr.	Bezeichnung	
01	Gartenbau	57
04	Energiewirtschaft	57
09 - 58	Verarbeitendes Gewerbe	1 065
	dar.: 09 Chemische Industrie	58
	30 Reparatur von Kraftfahr-zeugen ...	113
	34 Elektrotechnik	419
	52 Bekleidungsgewerbe, Nähereien	62
	54 Herst. von Nahrungs-mitteln, Bäckereien	59
59 - 61	Baugewerbe	548
62	Handel	986
63 - 68	Verkehr und Nachrichtenübermittlung	138
69	Kreditinstitute und Versicherungs-gewerbe	265
70 - 86	Sonstige Dienstleistungen	892
	dar.: 70 Gaststätten und Beherbergung	129
	73 Friseur- und sonst. Körperpflegegewerbe	207
	78 Gesundheits- und Veterinärwesen	287
	79 Rechtsberatung sowie Wirtschaftsberatung und -prüfung	172
87 - 90	Organisationen ohne Erwerbscharakter	13
91 - 94	Gebietskörperschaften und Sozial-versicherung	230
	dar.: 91 Allgemeine öffentliche Verwaltung	108
	93 Sozialversicherung	95
98	Nicht zuzuordnen	361
99	Ohne Angaben	766
Zusammen		5 378

Anhang 6

Beteiligung der Prüfungsteilnehmer
an der ersten Befragungswelle der Untersuchung
- zur Frage der Repräsentativität der vorliegenden Ergebnisse

Von 15 040 ausgegebenen Fragebogen sind 5 378 ausgefüllt an das DIW zurückgesandt worden - ein für derartige freiwillige Befragungen beachtlicher Rücklauf von 35,8 vH.

Von der Gesamtheit der Prüfungsteilnehmer sind drei wesentliche Merkmale bekannt: Ausbildungsberuf, Geschlecht und die für die Berufsausbildung zuständige Stelle. Die Daten hierzu resultieren aus Totalzählungen der zuständigen Stellen, die dem DIW zur Verfügung gestellt wurden. Diese Informationen ermöglichten eine weitgehende strukturelle Anpassung der eingegangenen Antworten an die zu untersuchende Grundgesamtheit. Das durchgeführte Gewichtungsverfahren wird im folgenden dargestellt.

Im Prüfungsjahr 1984/85 gab es in Berlin 174 Berufsklassen (vgl. Anhang 1), in denen Prüfungsteilnehmer verzeichnet wurden.[1] Befragungsteilnehmer gab es in 126 Berufsklassen, aus 48 Berufsklassen sind also keinerlei Informationen eingegangen. In der Regel waren diese Berufe jedoch nur gering mit Prüfungsteilnehmern besetzt. Ausnahmen hiervon waren in der Reihenfolge der Besetzung (Fälle in Klammern angegeben) Dreher (117), Elektromechaniker (82), Berufskraftfahrer (69), Karosseriebauer (37), Isolierer, Klebeabdichter (29), Elektromaschinenbauer (28), Drucker (25). Gemessen an allen Prüfungsteilnehmern betraf dieser Totalausfall jedoch lediglich 581 Fälle von allen 15 040 Prüfungsteilnehmern oder rund 4 vH.

---

1) Die Daten der Prüfungsteilnehmer wurden vom DIW nach Angaben der für die Berufsausbildung zuständigen Stellen zusammengestellt und systematisiert, Wiederholer nur einmal gezählt, die Geschlechtsstruktur der Wiederholer teilweise geschätzt.

Die Streuungen sowohl der Zahlen der Berufsklassen als auch der Zahlen der Prüfungsteilnehmer über Klassen von berufsbezogenen Rücklaufquoten (Anteile der Befragungsteilnehmer an den Prüfungsteilnehmern in den einzelnen Berufsklassen) sind in Tabelle A 1 angegeben. Dabei zeigt sich, daß die Hälfte aller Prüfungsteilnehmer sich in Berufen mit Rücklaufquoten über dem Durchschnitt (36 vH) befanden, mehr als drei Viertel in Berufen mit Rücklaufquoten über 20 vH (vgl. Spalte "Kumulierte vH-Anteile der Prüfungsteilnehmer" in Tabelle A1).

Die Angaben zur Streuung der berufsspezifischen Rücklaufquoten werden ergänzt durch detaillierte Angaben über den Rücklauf innerhalb einzelner beruflicher Kategorien, weiter diffenziert nach dem Geschlecht (vgl. Tabelle A2). Insgesamt kann festgestellt werden, daß Frauen sich mit 41 vH stärker als Männer mit 32 vH an der Befragung beteiligten - ein auch aus anderen Untersuchungen bekannter Effekt.

Für die Berechnung der Gewichtungsfaktoren ist das Datenmaterial bis auf einzelne Berufsklassen nach dem Geschlecht und nach zuständigen Stellen differenziert worden (hier aus Datenschutzgründen nicht dokumentiert). Dabei gab es 13 Berufsklassen, in denen sowohl bei der Industrie- und Handelskammer als auch bei der Handwerkskammer Prüfungsteilnehmer auftraten, eine weitere Berufsklasse (Fernmeldemonteure, -handwerker) verzeichnete Prüfungsteilnehmer gleichzeitig bei der Industrie- und Handelskammer und der Deutschen Bundespost. Schließlich waren bei den Verwaltungsfachkräften des öffentlichen Dienstes insgesamt vier Stellen für die Abschlußprüfung zuständig.

Die einzelnen Gewichtungsfaktoren wurden nach folgender Formel berechnet:

$$F_{ijk} = \frac{P_{ijk}}{B_{ijk}} \cdot c$$

Dabei bedeuten:

F = Gewichtungsfaktor

P = alle für die Befragung infrage kommenden Prüfungsteilnehmer

B = Befragungsteilnehmer

c = Konstante, die bewirkt, daß die Gesamtzahl der ungewichteten Fälle mit der Gesamtzahl der gewichteten übereinstimmt

i = Berufsklasse

j = Geschlecht

k = für die Berufsausbildung zuständige Stelle

Tabelle A 1

Streuung der Zahl der Berufe über Klassen berufsbezogener
Rücklaufquoten[1] sowie zugehörige Zahlen von Prüfungsteilnehmern

Berufs-bezogene Rück-laufquote[1] in vH	Fälle Berufs-klassen	Fälle Prüfungs-teilnehmer	Prüfungs-teilnehmer in vH	Kumulierte vH-Anteile der Prüfungs-teilnehmer
100	9	76	0,5	0,5
99 - 91	1	15	0,1	0,6
90 - 81	2	77	0,5	1,1
80 - 71	3	54	0,4	1,5
70 - 61	15	1 765	11,7	13,2
60 - 51	7	1 156	7,7	20,9
50 - 41	21	3 019	20,1	41,0
40 - 36	6	1 340	8,9	49,9
35 - 31	11	1 574	10,5	60,4
30 - 21	22	2 399	15,9	76,3
20 - 11	18	2 283	15,2	91,5
10 - 1	11	701	4,6	96,1
0	48	581	3,9	100,0
Zusammen	174	15 040	100,0	-

1) Anteile der Befragungsteilnehmer an den Prüfungsteilnehmern in den Berufs-klassen.

Tabelle A 2

Teilnehmer an Abschlußprüfungen zur betrieblichen Berufsausbildung in Berlin (West)
im Sommer 1984 und im Winter 1984/85 sowie ungewichtete und gewichtete Fallzahlen der Teilnehmer
an der ersten Welle der Befragung und Rücklaufquoten nach Berufen und Geschlecht

Ausbildungsberufe (ausgewählte Berufsgruppen und -klassen)	Prüfungsteilnehmer bei den zuständigen Stellen [4)			davon beteiligten sich an der Befragung (ungewichtete Fallzahlen)			Beteiligung in vH (Rücklaufquoten)			Gewichtete Fallzahlen [5)		
	Männer	Frauen	Zusammen	Männer	Frauen	Zusammen	Männer	Frauen	Zusammen	Männer	Frauen	Zusammen
05 Gärtenbauer	148	130	278	32	45	77	22	35	28	55	49	104
26 Feinblechner, Installateure	500	3	503	127	-	127	25	0	25	174	-	174
dar.: 2621 Gas-, Wasserinstallateure	241	1	242	68	-	68	28	0	28	90	-	90
27 Schlosser	691	10	701	255	2	257	37	20	37	259	2	261
dar.: 2710 Bauschlosser	219	3	222	92	1	93	42	33	42	82	0	82
2730 Maschinenschlosser	267	5	272	82	1	83	31	20	31	100	2	102
28 Mechaniker	724	24	748	250	5	255	35	21	34	269	4	273
dar.: 2811 Kraftfahrzeugmechaniker-setzer	435	2	437	150	1	151	34	50	35	163	0	163
30 Metallfeinbauer und zugeordnete Berufe	96	67	163	27	26	53	28	39	33	35	11	46
31 Elektriker	1 695	87	1 782	477	21	498	28	24	28	594	27	621
dar.: 3110 Elektroinstallateure, -monteure	722	24	746	209	5	214	29	21	29	271	9	280
3120 Fernmeldemonteure, -handwerker	153	4	157	103	1	104	67	25	66	57	1	58
3143 Elektrogeräte-mechaniker	366	22	388	63	7	70	17	32	18	137	8	145
35 Textilverarbeiter	10	282	292	1	83	84	10	29	29	0	104	105
dar.: 3520 Bekleidungsnäher	9	237	246	-	61	61	0	26	25	-	89	89
39 Beck-, Konditorwarenhersteller	149	14	163	51	2	52	34	7	32	56	5	61
48 Bausausstatter	154	3	157	88	2	90	57	67	57	47	1	48
51 Maler, Lackierer u. verwandte Berufe	473	31	504	95	1	96	20	3	19	177	7	184
63 Technische Sonderfachkräfte	79	123	202	37	64	101	47	52	50	29	45	73
68 Warenkaufleute	935	1 649	2 584	414	698	1 112	44	42	43	350	618	969
dar.: 6811 Groß-, Außenhandelskaufl.	98	72	170	40	46	86	41	64	51	37	27	64
6812 Einzelhandelskaufleute	312	328	640	185	214	399	59	65	62	117	123	240
6820 Verkäufer	452	793	1 245	163	289	452	36	36	36	169	297	467
6821 Gewerbegehilfen	7	314	321	3	108	111	43	34	35	3	118	120
69 Bank-, Versicherungskaufleute	367	319	686	206	199	405	56	62	59	138	120	257
dar.: 6910 Bankkaufleute	290	272	562	173	169	342	60	62	61	109	102	211
6940 Versicherungskaufleute	77	47	124	33	30	63	43	64	51	29	18	46
70 Andere Dienstleistungskaufleute und zugehörige Berufe	81	97	178	50	62	112	62	64	63	30	36	67
dar.: 7011 Speditionskaufleute	65	25	90	41	17	58	63	68	64	24	9	34
7535 Fachgehilfen in steuer- und wirtschaftsberatenden Berufen [1)	84	199	283	39	95	134	46	48	47	31	75	106
78 Bürofachkräfte	403	1 542	1 945	224	697	921	56	45	47	151	578	729
dar.: 7810 Bürofachkräfte, allgem.	90	775	865	52	379	431	58	49	50	34	291	324
7811 Verwaltungsfachkräfte öffentlicher Dienst	93	308	401	54	159	213	58	52	53	35	115	150
7812 Industriefachleute	195	174	369	104	85	189	53	49	51	73	65	138
7813 Rechtsanwalts- und Notargehilfen	4	274	278	2	66	68	50	24	24	1	103	104
85 Arzthelferberufe	5	868	873	2	373	375	40	43	43	2	325	327
dar.: 8561 Arzthelfer	1	526	527	1	220	221	100	42	42	0	197	198
8562 Zahnarzthelfer	4	312	316	1	151	152	25	48	48	1	117	118
9011 Friseure [2)	40	547	587	3	110	113	8	20	19	15	205	220
91 Gaststättenberufe	72	185	217	26	49	75	36	34	35	27	54	81
dar.: 9113 Hotel-, Gaststättenkaufl.	33	137	170	11	46	57	33	34	34	12	51	64
Übrige Berufsgruppen [3)	1 897	297	2 194	362	79	441	19	27	20	585	85	670
Zusammen	8 603	6 437	15 040	2 766	2 612	5 378	32	41	36	3 026	2 352	5 378

1) Einzige Berufsklasse in der Berufsgruppe 75: Unternehmer, Organisatoren, Wirtschaftsprüfer. - 2) Einzige Berufsklasse in der Berufsgruppe 90: Körperpfleger. - 3) (02), 04, 10, (11), (27), 13, 14, 15, 16, 17, 21, 22, 23, 24, 25, (32), 34, 37, 40, 41, (42), (43), 44, 45, 46, 49, 50, 52, (54), 62, (71), (72), 77, 80, 83, 87, 92, 93, 99 (zu den Bezeichnungen vgl. Anhang 1). () = Prüfungsteilnehmer vorhanden, jedoch keine Beteiligung an der Befragung. - 4) Ohne Wiederholer. - 5) Abweichungen in den Summen durch Rundungen bei der Gewichtung.

Anhang 7

Kennziffern der Berufsklassen[1], die zu
Männer-, Frauen- oder Mischberufen gerechnet wurden

Männerberufe: Berufe, in denen der Anteil weiblicher Auszubildender im
Jahre 1977 auf Bundesebene weniger als 20 vH betrug.

0510	1011	1353	1410	1441	1510
1621	1711	2125	2221	2240	2259
2341	2412	2521	2610	2620	2621
2622	2631	2632	2710	2721	2723
2730	2739	2740	2751	2811	2840
2849	2850	2852	2859	2910	2912
3110	3114	3120	3133	3140	3142
3143	3151	3153	3441	3720	3722
3911	3920	4010	4110	4410	4420
4511	4520	4620	4663	4811	4821
4830	4840	4850	4910	4913	5010
5110	5121	5223	6241	6329	6861
8042	8344	9122	9342		

Frauenberufe: Berufe, in denen der Anteil männlicher Auszubildender im
Jahre 1977 auf Bundesebene weniger als 20 vH betrug.

0531	3510	3512	3520	6340	6821
6841	6851	7022	7810	7813	8561
8562	8563	9011	9211		

---

1) Die Bennungen der Berufsklassen befinden sich im Anhang 1.

<u>Mischberufe:</u>   Berufe, in denen der Anteil beider Geschlechter im Jahre
1977 auf Bundesebene jeweils mindestens 20 vH, höch-
stens 80 vH betrug.

0440	1419	1631	3021	3031	3041
3751	6311	6330	6333	6343	6350
6352	6354	6811	6812	6820	6831
6832	6833	6910	6940	7011	7030
7535	7743	7811	7812	7814	8362
8370	8382	8762	9113	9321	9999

Erklärung: Das Jahr 1977 wurde gewählt, weil damals das Problem
"Mädchen in Männerberufen" erstmals ausführlich diskutiert wurde, also
die "natürlich" gewachsenen Strukturen noch weitgehend durch berufsbil-
dungspolitische Maßnahmen unbeeinflußt waren. Durch die Wahl der
Bundesebene sollten Vergleiche Berlins mit dem Bundesgebiet ermöglicht
werden.

Anhang 8

Erhebungsinstrumentarium

Deutsches Institut
für Wirtschaftsforschung,
Königin-Luise-Straße 5
1000 Berlin 33

BERUFSSTART IN BERLIN

Absolventenbefragung 1984/85

Wir bitten um Ihre Mitarbeit

Bitte sorgfältig ausfüllen und zum ersten Prüfungstermin

im verschlossenen Umschlag mitbringen!

Befragt werden alle Prüfungsteilnehmer der beruflichen Ausbildung in Berlin.

Die Angaben sind freiwillig. Die wissenschaftliche Aussagekraft hängt aber entscheidend von der Beteiligung **aller** Absolventen ab. Deshalb kommt es auch ganz besonders auf **Ihre** persönliche Mitarbeit an.

Und so wird es gemacht:

- In die kleinen Kästchen machen Sie bitte bei den zutreffenden Antworten ein Kreuz . . . . ☒

- In die großen Kästchen tragen Sie bitte die zutreffende Zahl oder den zutreffenden Buchstaben ein, z. B. . . . . $\boxed{0}\ \boxed{3}\ \boxed{A}$

- In den vorgezeichneten Kasten schreiben Sie bitte einen Text oder ein Stichwort, z. B. . . . . $\boxed{\textit{Arzthelferin}}$

- Gehen Sie bitte der Reihe nach vor, Frage für Frage. Überspringen Sie Fragen nur dann, wenn im Text ausdrücklich ein entsprechender Hinweis gegeben ist.

17492

1. Welche allgemeine Schulbildung haben Sie? *Wenn Sie mehrere Schulabschlüsse haben, geben Sie bitte nur den höchsten an.*

- Abschlußzeugnis einer Sonderschule . . . . □
- Hauptschulabschluß . . . . □
- Mittlere Reife (Realschulabschluß oder gleichwertiger Abschluß) . . . . □
- Fachhochschulreife . . . . □
- Abitur (oder gleichwertiger Abschluß) . . . . □
- Ohne Abschluß . . . . □

2 Haben Sie <u>vor Ihrer jetzigen</u> Berufsausbildung schon eine andere Berufsausbildung gemacht oder an berufsbildenden Lehrgängen teilgenommen, egal, ob mit oder ohne Abschluß?

- **Nein,** ich habe vor meiner jetzigen Ausbildung noch keine Berufsausbildung/keinen berufsbildenden Lehrgang gemacht . . . . □

Wenn ja, nennen Sie uns bitte, welche Ausbildung(en)/Lehrgänge das war(en) und ob Sie sie zu Ende geführt haben oder nicht

	Ja,bis zum Ende geführt	Ja, aber nicht bis zum Ende geführt
• Berufsgrundbildungsjahr (BGJ) (auch: Berufsvorbereitungsjahr)	□	□
• Berufliche Eingliederungslehrgänge, z.B. berufsbefähigende Lehrgänge an Berufsschulen (BB 10), Grundausbildungslehrgänge des Arbeitsamtes (BB 10 M), Maßnahmen zur Berufsvorbereitung und sozialen Eingliederung junger Ausländer (MBSE) oder andere	□	□
• Eine andere betriebliche Berufsausbildung (Lehre) als die jetzige	□	□

Welche Lehre war das? *Bitte angeben:*

• Berufsfachschule (z.B. Handelsschule)	□	□
• Praktikum, Volontariat	□	□
• Betriebliche Einarbeitung	□	□
• Sonstige Ausbildung,	□	□

und zwar *(bitte angeben)*:

3. Hatten Sie vor Ihrer jetzigen Berufsausbildung schon eine oder mehrere regelmäßige Teilzeit- oder Vollzeit-beschäftigung(en)?

Ja . . . □   Nein . . □

War darunter auch eine vom Arbeitsamt geförderte Arbeitsbeschaffungsmaßnahme (ABM)?

Ja . . . □   Nein . . □

4. Waren Sie zwischen Verlassen der Schule und Beginn Ihres jetzigen Ausbildungsverhältnisses vorüberge-hend ohne Beschäftigung, das heißt weder in Ausbildung noch erwerbstätig? Wenn ja, wie viele Monate waren Sie ohne Beschäftigung?

Nein . . □   Ja . . . . □

und zwar . □□ Monate

Waren Sie da beim Arbeitsamt arbeitslos gemeldet?

Nein . . . □
Ja . . . . □
Teils/teils . □

5. Und nun zu Ihrer **jetzigen** Berufsausbildung:

Wie heißt Ihr jetziger Ausbildungsberuf? *Bitte geben Sie die genaue Bezeichnung Ihres Ausbildungsberufes an.*

---

6. Haben Sie für Ihre jetzt anstehende Prüfung eine reguläre Berufsausbildung – auch Umschulung – absolviert oder haben Sie sich als »Externer« zur Prüfung gemeldet?

- Ich habe eine reguläre Berufsausbildung/ Umschulung absolviert . . . . ☐ ▶ | *Bitte weiter mit Frage 7* |

- Ich habe mich als »Externer« zur Prüfung gemeldet. . . . . ☐ ▶ | *Sie springen bitte auf Frage 25* |

7. Handelt es sich bei Ihrer jetzigen Berufsausbildung um eine vom Arbeitsamt geförderte Umschulung

Ja . . . ☐   Nein . . ☐

8. Wann genau haben Sie mit Ihrer jetzigen Berufsausbildung begonnen?

Monat ☐☐   Jahr | 1 | 9 | ☐☐

---

9. Haben Sie einen Ausbildungsvertrag mit einem regulären Betrieb oder werden Sie im Rahmen der außerbetrieblichen Berufsausbildung (etwa beim Berufsamt, Jugendaufbauwerk oder sonstigen Einrichtungen) ausgebildet?

Regulärer Ausbildungsbetrieb . . . . ☐   außerbetriebliche Berufsausbildung . . . ☐
▼   ▼

| *Bitte weiter mit Frage 10* | | *Sie springen bitte auf Frage 19* |

---

10. Zu welcher Branche gehört Ihr Ausbildungsbetrieb? Geben Sie bitte möglichst genau die Branche an.
Beispielsweise: Nicht nur Handwerk, sondern Glaserhandwerk, nicht nur Industrie, sondern Elektroindustrie, nicht nur Handel, sondern Lebensmittel-Einzelhandel, nicht nur Dienstleistungen, sondern Gaststättengewerbe, Hauswirtschaft, Chemische Reinigung, Zahnmedizinische Betreuung, nicht nur Öffentlicher Dienst, sondern Bezirksverwaltung und ähnliches.

11. Wieviel Auszubildende gibt es in Ihrem Betrieb, Sie selbst mit eingerechnet? *Bei Mehrbetriebsunternehmen bitte nur die Filiale, Niederlassung, Dienststelle, das Zweigwerk angeben, wo die Ausbildung überwiegend erfolgte.*

- Ich bin der einzige Auszubildende . . . . ☐
- 2 bis 4   Auszubildende . . . . ☐
- 5 bis 9   Auszubildende . . . . ☐
- 10 bis 19   Auszubildende . . . . ☐
- 20 und mehr Auszubildende . . . . ☐

12. Und wieviele regelmäßig Beschäftigte hat der Betrieb <u>ohne</u> Auszubildende? Zählen Sie bitte gegebenenfalls den Geschäftsinhaber mit hinzu. *Bei Mehrbetriebsunternehmen bitte nur die Filiale, Niederlassung, Dienststelle, das Zweigwerk angeben, wo die Ausbildung überwiegend erfolgte.*

- Ein-Mann-Betrieb . . . . ☐
-   2 bis 4   Beschäftigte . . . . ☐
-   5 bis 9   Beschäftigte . . . . ☐
- 10 bis 49   Beschäftigte . . . . ☐
- 50 bis 99   Beschäftigte . . . . ☐
- 100 und mehr Beschäftigte . . . . ☐

13. Fand Ihre praktische Ausbildung durch den Betrieb überwiegend in gesonderten Lehr-/Unterrichtseinrichtungen oder überwiegend im regulären Arbeitsprozeß statt, oder traf beides in etwa gleichem Umfang zu?

Bitte geben Sie es getrennt für Ihre einzelnen Lehrjahre an!

wie war das...	überwiegend in Lehrwerkstatt/ Übungsfirma »Lehrecke«	überwiegend im regulären Arbeitsprozeß	teils/teils hielt sich die Waage
• im ersten Lehrjahr	☐	☐	☐
• im zweiten Lehrjahr	☐	☐	☐
• im dritten/vierten Lehrjahr	☐	☐	☐

14. Handelt es sich bei Ihrem Ausbildungsbetrieb um eine Filiale, Niederlassung, Dienststelle oder ein Zweigwerk eines Unternehmens/einer Behörde?

Ja, Filiale, Niederlassung, Zweigwerk eines Unternehmens . . . . ☐

Ja, Dienststelle einer übergeordneten Behörde . . . . ☐

Nein . . ☐

▼

Bitte weiter mit Frage **15**

Sie springen bitte auf Frage **16**

15. Hat dieses Unternehmen/diese Behörde auch Geschäftsstellen, Filialen, Niederlassungen, Zweigwerke, Dienststellen in Westdeutschland?

Ja . . . . ☐
Nein . . . . ☐
Weiß ich nicht . . . . ☐

16. Hat man Ihnen in Ihrem Ausbildungsbetrieb zugesagt, daß Sie nach erfolgreichem Abschluß in ein reguläres Arbeitsverhältnis übernommen werden können?

- Ja, und zwar im selben Betrieb . . . . ☐
- Ja, und zwar in einem anderen <u>Berliner</u> Betrieb des Unternehmens/der Behörde . . . . ☐
- Ja, und zwar in einem anderen Betrieb des Unternehmens/der Behörde <u>außerhalb Berlins</u> . . . . ☐

▶ | *Bitte weiter mit Frage* **17** |
|---|

- Nein, das ist noch offen . . . . ☐
- Nein, mir wurde bereits gesagt, daß ich nicht übernommen würde . . . . ☐

▶ | *Sie springen bitte auf Frage* **18** |
|---|

17. Handelt es sich bei der zugesagten Stelle um

- eine Teilzeitbeschäftigung mit weniger als 30 Stunden pro Woche? . . . . ☐
- eine Vollzeitbeschäftigung?. . . . . ☐
- ein von vornherein befristetes Arbeitsverhältnis? . . . . ☐
- ein unbefristetes Arbeitsverhältnis? . . . . ☐

18. Was wäre Ihnen am liebsten: Würden Sie nach Ihrer Ausbildung in Ihrem Ausbildungsbetrieb bleiben oder was trifft auf Sie zu?

- Ich würde gern im Ausbildungsbetrieb bleiben . . . . ☐
- Ich suche mir lieber eine andere Stelle . . . . ☐
- Ich habe schon eine andere Stelle in Aussicht . . . . ☐
- Ich möchte vorerst gar nicht arbeiten . . . . ☐

19. Wie war das, bevor Sie Ihre jetzige Berufsausbildung begonnen haben:
Wie haben Sie damals Ihren jetzigen Ausbildungsplatz gefunden? *Bitte kreuzen Sie alle Antworten an, die auf Sie zutrafen.*

- Ich habe mich auf eine Anzeige in der Zeitung hin beworben . . . . ☐
- Ich habe selbst eine Anzeige in der Zeitung aufgegeben. . . . . ☐
- Ich habe mich einfach auf Verdacht beworben . . . . ☐
- Das Arbeitsamt hat mich vermittelt . . . . ☐
- Ich habe die Ausbildung im elterlichen/einem Verwandten gehörenden Betrieb gemacht . . . . ☐
- Ich habe die Ausbildungsstelle über Eltern, Verwandte oder Bekannte erhalten, die in dem Betrieb beschäftigt sind . . . . ☐
- Eltern, Verwandte oder Bekannte haben mir die Ausbildungsstelle besorgt. . . . . ☐
- Der Kontakt zum Ausbildungsbetrieb kam durch die Schule (Lehrer, Betriebserkundung u. ä.) zustande . . . . ☐
- Ich habe auf eine andere Weise als hier angegeben meine Ausbildungsstelle gefunden . . . . ☐
  Bitte stichwortartig schildern.

20. Hatten Sie sich damals bei der Berufsberatung als Ausbildungsstellensuchender gemeldet?

Ja ☐   Nein ☐

21. Bei der Suche nach einem Ausbildungsplatz kommt es vor, daß man sich bewirbt und dann trotzdem eine Absage oder gar keine Antwort erhält. Wie war das bei Ihnen? Haben Sie Absagen erhalten, bevor Sie Ihren jetzigen Ausbildungsplatz gefunden haben?

Nein, keine Absage ☐   **Wenn ja,** wie viele Absagen haben Sie erhalten?
Bitte angeben.

☐☐

22. Haben Sie sich ursprünglich auch um Ausbildungsplätze **in anderen Ausbildungsberufen** als Ihrem jetzigen beworben? Wenn ja, was für Ausbildungsberufe waren das? *Geben Sie bitte die Berufe an, für die Sie sich beworben hatten.*

1. _____

2. _____

3. _____

23. Entsprach Ihr jetziger Ausbildungsberuf Ihren damaligen Berufswünschen oder hätten Sie damals lieber einen anderen Beruf erlernt?

- Ich wollte schon damals meinen jetzigen Ausbildungsberuf ergreifen . . . . □
- Ich hätte lieber eine <u>andere betriebliche</u> Berufsausbildung (Lehre) gemacht . . . . □
- Ich hätte lieber eine andere Ausbildung gemacht (z.B. Abitur, Berufsfachschule, Studium) . . . . . . □
- Ich hätte lieber gleich zu arbeiten angefangen. . . . . □

24. Und wie beurteilen Sie das aus heutiger Sicht? Wenn Sie noch einmal vor der Entscheidung stünden, würden Sie Ihren jetzigen Ausbildungsberuf noch einmal ergreifen, oder was würden Sie tun?

- Ich würde wieder meinen jetzigen Ausbildungsberuf ergreifen. . . . . □
- Ich würde einen anderen betrieblichen Ausbildungsberuf (Lehre) ergreifen. . . . . □
- Ich würde überhaupt keine Lehre beginnen, sondern etwas anderes machen . . . . □

25. Was wollen Sie direkt nach Ihrer Ausbildung machen? *Kreuzen Sie bitte an, was auf Sie zutrifft.*

- Ich will in meinem erlernten Beruf arbeiten . . . . □
- Ich will arbeiten, aber es muß nicht unbedingt in meinem erlernten Beruf sein . . . . □
- Ich will in einem anderen Beruf arbeiten. . . . . □
- Ich will noch eine weitere Ausbildung anschließen, und zwar

  - eine Fachschulausbildung . . . . □
  - eine andere betriebliche Berufsausbildung (Lehre). . . . . □
  - ein Studium (Fachhochschule, Hochschule). □
  - eine allgemeine (nicht berufliche) Weiterbildung . . . . □
  - eine andere Ausbildung, und zwar *(bitte angeben)*: . . . . □

- Ich will zunächst einmal gar keine Arbeit oder Ausbildung, sondern etwas anderes machen . . . . . □

26. Haben Sie vor, sich einmal selbständig zu machen?

- Ja, und zwar innerhalb der nächsten fünf Jahre . . . . □
- Ja, aber erst später. . . . . □
- Nein . . . . □

27. Angenommen, Sie finden nach Ihrem Ausbildungsabschluß keine Stelle, die Ihren Vorstellungen entspricht: Was würden Sie in dieser Situation voraussichtlich tun? *Kreuzen Sie bei jeder Vorgabe bitte an, ob das für Sie in Frage käme oder nicht.*

	Würde ich tun	Würde ich <u>nicht</u> tun
Ich würde zunächst einen Übergangs-Job annehmen und weiter nach einer passenden Stelle suchen	□	□
Ich würde warten, bis sich eine passende Stelle findet und solange erst einmal nicht arbeiten.	□	□
Ich würde einen anderen Job annehmen und nicht weiter nach einer passenden Stelle suchen	□	□
Ich würde gegebenenfalls auch einen Wegzug nach Westdeutschland ins Auge fassen, um eine passende Stelle zu finden.	□	□
Ich würde versuchen, mich für einen anderen Beruf umschulen oder weiterbilden zu lassen	□	□
Ich würde gar nicht arbeiten und auch nicht weiter nach einer passenden Stelle suchen	□	□

- Was sonst würden Sie tun? *Bitte angeben.*

28. Falls Sie nach Ihrer Ausbildung eine Stelle suchen: Streben Sie da eine Vollzeitbeschäftigung oder eher eine Teilzeitbeschäftigung mit weniger als 30 Wochenstunden an?

Möchte Teilzeitstelle ☐   Möchte Vollzeitstelle ☐

▼   ▼

Käme für Sie notfalls auch eine Vollzeitbeschäftigung in Frage?   Käme für Sie notfalls auch eine Teilzeitbeschäftigung in Frage?

Ja ☐   Nein ☐   Ja ☐   Nein ☐

29. Und würden Sie, wenn sich nichts anderes fände, notfalls auch ein von vornherein nur befristetes Beschäftigungsverhältnis annehmen?

Ja ☐   Nein ☐

30. Wie beurteilen Sie Ihre persönlichen Berufschancen hier in Berlin? Meinen Sie, daß Sie hier in Berlin bessere Chancen haben als anderswo, oder glauben Sie, daß Sie in Westdeutschland bessere Chancen hätten?

- Bessere Chancen in Berlin . . . . ☐
- Bessere Chancen in Westdeutschland . . . . ☐
- In etwa gleiche Chancen in Westdeutschland und Berlin . . . . ☐
- Kann ich nicht beurteilen . . . . ☐

31. Sind Sie in Berlin geboren?

Ja ☐   Nein ☐

32. Wieviele Jahre Ihres Lebens haben Sie insgesamt in Berlin verbracht?

- Ich lebe hier seit meiner Geburt. . . . . ☐
- Ich habe hier insgesamt . . . . ☐☐ Lebensjahre verbracht

33. Und wie wird das voraussichtlich in den nächsten zwei Jahren sein: Werden Sie da voraussichtlich in Berlin bleiben oder beabsichtigen Sie wegzuziehen?

- Steht schon fest, daß ich wegziehen werde . . . . ☐
- Ich werde wahrscheinlich wegziehen . . . . ☐ ▶ *Bitte weiter mit Frage* **34**

- Ich werde wahrscheinlich in Berlin bleiben . . . . ☐
- Ich werde ganz sicher in Berlin bleiben . . . . ☐ ▶ *Sie springen bitte auf Frage* **37**
- Kann ich noch nicht sagen . . . . ☐

17492

34. Welche Gründe sind für Ihren beabsichtigten Wegzug aus Berlin ausschlaggebend? *Bitte kreuzen Sie alle Gründe an, die für Sie Bedeutung haben*

(A) Ich habe anderswo bessere Aussichten, eine geeignete Stelle zu finden . . . . ☐
(B) Ich habe anderswo bessere berufliche Aufstiegschancen . . . . ☐
(C) Ich habe anderswo bessere Verdienstmöglichkeiten . . . . ☐
(D) Ich habe familiäre/private Gründe wegzuziehen . . . . ☐
(E) Ich möchte anderswo eine Ausbildung/Fortbildung/ein Studium aufnehmen . . . . . ☐
(F) Ich möchte etwas Neues kennenlernen . . . . ☐
(G) Sonstige Gründe *(bitte angeben)* . . . . ☐

Und welches war der Hauptgrund? Tragen Sie bitte von der Liste oben
den zutreffenden Buchstaben ein. . . . . ☐

35. Für Berlin ist es wichtig, daß ausgebildete Fachkräfte in der Stadt bleiben. Welches der folgenden Angebote könnte Sie unter Umständen beeinflussen, doch in Berlin zu bleiben. *Kreuzen Sie bitte jeden Punkt an, der Sie beeinflussen könnte.*

• Wenn sich für Sie eine Teilzeitstelle in Ihrem Beruf findet?. . . . . ☐
• Wenn sich für Sie eine Vollzeitstelle in Ihrem Beruf findet?. . . . . ☐
• Wenn sich für Sie eine passende Stelle in einem anderen Beruf findet? . . . . ☐
• Wenn das Arbeitsamt Ihnen eine Fortbildung oder Umschulung anbietet,
  die Ihren beruflichen Vorstellungen entspricht? . . . . ☐
• Wenn sich für Sie in Berlin ein sonstiger geeigneter Ausbildungs-/
  Studienplatz findet? . . . . ☐
• Wenn Ihr Ehepartner/Lebenspartner in Berlin eine geeignete Stelle findet?. . . . . ☐
• Wenn Sie in Berlin mehr verdienen können als anderswo?. . . . . ☐
• Nichts davon könnte mich beeinflussen. ☐

36. Gibt es andere Gründe, die Sie beeinflussen könnten in Berlin zu bleiben? *Bitte geben Sie Gründe an:*

Und nun noch einige Angaben zu Ihrer Person:

37. Ihr Geschlecht: . . . . männlich ☐ . . . . weiblich ☐

38. Ihr Geburtsjahr: | 1 | 9 | | |

39. Wohnen Sie bei Ihren Eltern oder Verwandten?

Nein ☐   Ja ☐

▼

Planen Sie in den nächsten zwei Jahren
von den Eltern/Verwandten wegzuziehen?

Ja ☐   Nein ☐

40. Ihr Familienstand:

Verheiratet/   Nicht verheiratet/
mit Lebenspartner   nicht mit Lebenspartner
zusammenlebend . . . ☐   zusammenlebend . . . . ☐

▼

Planen Sie in den nächsten zwei Jahren
zu heiraten bzw. mit einem Lebenspartner
zusammenzuziehen?

Ja ☐   Nein ☐

41. Haben Sie Kinder?

Ja, und zwar ☐ Kinder . . . . Nein ☐

42. Welche Staatsangehörigkeit haben Sie?

- Deutsch . . . . ☐
- Türkisch . . . . ☐
- Jugoslawisch. . . . . ☐
- Griechisch . . . . ☐
- Andere Staatsangehörigkeit . . . . ☐

Bitte angeben:

| |

43. Wieviele von den <u>erwachsenen</u> Personen (ab 16 Jahre) in Ihrem Haushalt – Sie selbst eingeschlossen – sind zur Zeit

- In betrieblicher Berufsausbildung/Umschulung . . . . Personen

- Voll berufstätig . . . . Personen

- Teilzeitbeschäftigt . . . . Personen

- Zur Zeit arbeitslos . . . . Personen

- Nicht erwerbstätig . . . . Personen

44. Welche berufliche Stellung trifft derzeit auf Ihre Eltern (Stiefeltern) zu? Bitte geben Sie es getrennt für Vater (Stiefvater) und Mutter (Stiefmutter) an.

	Vater (Stiefvater)	Mutter (Stiefmutter)
Nicht erwerbstätig	☐	☐
Arbeiter		
• einfache Arbeiter	☐	☐
• Facharbeiter, Vorarbeiter, Gesellen	☐	☐
• Meister, Poliere	☐	☐
Angestellte		
• einfache Angestellte	☐	☐
• mittlere Angestellte	☐	☐
• leitende Angestellte	☐	☐
Beamte		
• Beamte im einfachen/mittleren Dienst	☐	☐
• Beamte im gehobenen/höheren Dienst	☐	☐
Selbständige/Mithelfende		
• Selbständige mit bis zu 5 ständig Beschäftigten	☐	☐
• Selbständige mit mehr als 5 ständig Beschäftigten	☐	☐
• Mithelfende im Familienbetrieb	☐	☐
Verstorben, verschollen u. ä.	☐	☐

45. Tragen Sie bitte das Datum ein, an dem Sie den Fragebogen ausgefüllt haben.

Tag   Monat | 1 | 9 | 8 | | Jahr

46. Bitte geben Sie jetzt noch Ihren Namen und Ihre Adresse an. Falls Sie umziehen wollen und Ihre neue Adresse schon wissen, bitte auch die künftige. *Diese Angaben sind notwendig, damit wir Sie später fragen können, welchen Verlauf Ihr Berufsweg inzwischen genommen hat.*

Meine jetzige Adresse ist: *(Bitte in Druckschrift angeben)*

Name, Vorname:

Straße:

1000 Berlin

Meine künftige Adresse ist: *(Bitte in Druckschrift angeben)*

Name, Vorname:

Straße:

PLZ, Ort:

Vielen Dank für Ihre Mitarbeit!

Den ausgefüllten Fragebogen stecken Sie bitte in das beigefügte Kuvert. Verschließen Sie das Kuvert sorgfältig und bringen Sie es bitte zum ersten Prüfungstermin mit.

DIW
Deutsches Institut
für Wirtschaftsforschung,
Königin-Luise-Straße 5
1000 Berlin 33

BERUFSSTART IN BERLIN

Sehr geehrte Damen und Herren,

für viele junge Menschen ist es heute nicht leicht, einen geeigneten Ausbildungsplatz oder Arbeitsplatz zu finden. Will man die Situation verbessern, dann muß man zunächst mehr über die Probleme am Arbeitsmarkt wissen. Und da ist es am besten, die Betroffenen selbst zu Wort kommen zu lassen und sie nach ihren eigenen Vorstellungen und Erfahrungen zu fragen. Deshalb bitten wir Sie um Ihre Mitarbeit bei unserer Befragung **BERUFSSTART IN BERLIN**.

Und damit auch für Sie dabei etwas »herausspringt«, nehmen Sie gleichzeitig an einer Verlosung teil.

Worum wir Sie bitten, wer »wir« sind und was Sie persönlich davon haben, darüber wollen wir Sie im folgenden informieren.

Worum es geht:

Um mehr über die Schwierigkeiten des Berufsstarts in Berlin aus der Sicht der Betroffen zu erfahren, bitten wir alle Absolventen der betrieblichen Berufsausbildung um Beantwortung des beiliegenden Fragebogens. Darin wollen wir erfahren

☐ wie Sie zu Ihrem jetzigen Ausbildungsberuf gekommen sind,

☐ wie Sie Ihre Ausbildungsstelle gefunden haben,

☐ wie Sie rückblickend Ihre Ausbildung einschätzen und

☐ welche beruflichen Pläne, Erwartungen und Aussichten Sie für die Zukunft haben.

Was wir Sie zu tun bitten:

Ganz einfach:

1. Den beiliegenden Fragebogen sorgfältig durchzulesen und Frage für Frage zu beantworten. Wie dies gemacht wird, sagen wir Ihnen auf dem Deckblatt des Fragebogens.

2. Am Ende des Fragebogens bitten wir Sie um Angabe Ihres Namens und Ihrer Adresse. Warum? In circa einem Jahr möchten wir uns noch einmal mit einem Fragebogen an Sie wenden, um zu erfahren, was sich bis dahin beruflich bei Ihnen ereignet hat.

3. Den ausgefüllten Fragebogen stecken Sie dann bitte in das beigefügte Kuvert und geben es <u>verschlossen</u> bei Ihrer Prüfung dem zuständigen Prüfungsleiter ab.

Warum es auf Ihre persönliche Mitarbeit ankommt:

Sie sind einer der rund 16.000 Berliner Absolventen einer betrieblichen Berufsausbildung, die dieses Jahr Ihre Ausbildung abschließen werden. Und bei jedem von Ihnen sieht die konkrete Ausbildungs- und Berufssituation anders aus. Nur wenn möglichst alle Berliner Ausbildungsabsolventen an der Befragung teilnehmen, ergibt sich nachher ein vollständiges Bild der Ausbildungs- und Berufssituation Ihres Absolventenjahrgangs. Deshalb kommt es auch auf <u>Ihre</u> Mitarbeit an.

Ihre Teilnahme an der Befragung ist selbstverständlich freiwillig. Sie können sich jedoch vorstellen, daß mit jedem Befragten, der nicht teilnimmt, ein Mosaiksteinchen im Gesamtbild fehlt.

Und was Sie persönlich davon haben:

1. Durch Ihre Mitarbeit tragen Sie dazu bei, Denkanstöße zu geben, wie man Probleme beim Übergang ins Berufsleben in Berlin lösen kann. Dies ist das vorrangige Ziel unserer Untersuchung.

2. Was bei unserer Untersuchung herausgekommen ist, werden wir Ihnen in einigen Monaten in Form einer Informationsschrift berichten.

3. Und damit es sich auch persönlich für Sie lohnt, nehmen Sie zugleich an einer Verlosung teil. Zu gewinnen gibt es

ein nagelneues **BMW-Motorrad.**

Teilnehmer an der Verlosung ist jeder, von dem wir einen ausgefüllten Fragebogen erhalten.

Was mit Ihren Angaben geschieht:	Die für Sie zuständige Prüfungsstelle wird den Umschlag mit Ihrem Fragebogen verschlossen an uns, das Deutsche Institut für Wirtschaftsforschung (DIW) in Berlin, weiterleiten. Erst bei uns werden die Umschläge geöffnet, Ihr Name und Ihre Adresse von Ihren restlichen Angaben getrennt und Ihre Fragebogenangaben auf EDV gespeichert. Ihre Angaben im Fragebogen werden rein wissenschaftlich anonym ausgewertet, <u>ohne</u> Namen und Adresse. Rückschlüsse darauf, welche Person welche Angaben gemacht hat, sind damit nicht möglich. Der Datenschutz ist also voll gewährleistet. Hierüber informiert Sie die nachfolgend abgedruckte »Erklärung zum Datenschutz«.
Und wer steht dahinter?	»Wir« – das sind die Mitarbeiter des Deutschen Instituts für Wirtschaftsforschung (DIW) in Berlin. Das DIW zählt zu den großen Wirschaftsforschungsinstituten in der Bundesrepublik Deutschland, ist eine nicht–kommerzielle Einrichtung und wird von der Bundesregierung sowie dem Land Berlin finanziell gefördert. Beauftragt mit der Durchführung der Untersuchung **BERUFSSTART IN BERLIN** hat uns der Berliner Senator für Arbeit und Betriebe. Die Untersuchung wird von den zuständigen Kammern unterstützt.
An wen Sie sich mit persönlichen Rückfragen wenden können:	Sollten Sie zu unserer Untersuchung allgemein oder zum Ausfüllen des Fragebogens noch Fragen haben, so stehen Ihnen hier im DIW jederzeit zur Verfügung: Klaus-Peter Gaulke Telefon 829 91 689 Christoph F. Büchtemann Telefon 829 91 300 Unsere Anschrift lautet: Deutsches Institut für Wirtschaftsforschung Königin-Luise-Straße 5 1000 Berlin 33

Erklärung zum Datenschutz und zur absoluten Vertraulichkeit Ihrer Angaben:	Bei der Untersuchung **BERUFSSTART IN BERLIN** trägt das Deutsche Institut für Wirtschaftsforschung (DIW) in Berlin die datenschutzrechtliche Verantwortung. Das DIW garantiert die Einhaltung der gesetzlichen Bestimmungen über den Datenschutz. Die Daten aus der Befragung werden ausschließlich in anonymisierter Form, d. h. ohne Namen und Anschrift, und stets nur zusammengefaßt mit den Angaben der anderen Befragungspersonen ausgewertet. Das bedeutet: Niemand kann aus den Ergebnissen erkennen, von welcher Person die Angaben gemacht worden sind.

Für die Einhaltung der Datenschutzbestimmungen sind verantwortlich:

Prof. Dr. Hans-Jürgen Krupp
Präsident des DIW

Diplom-Soziologin Jutta Kloas
Datenschutzbeauftragte des DIW

Wir danken Ihnen für Ihre Mitarbeit!